KB129100

외상 후 성장

상담 및 심리치료에의 적용

Lawrence G. Calhoun · Richard G. Tedeschi 공저
강영신 · 임정란 · 장안나 · 노안영 공역

Posttraumatic Growth in Clinical Practice

학지사

역자 서문

　나는 미국 유학 시절 지역사회 상담센터의 Trauma Team에 참여하면서 가정폭력 및 학대 등으로 인한 트라우마에 시달리는 내담자들을 직·간접적으로 만났다. 상담 과정에서 내담자가 단순히 트라우마에 따른 증상으로 힘들어하는 것뿐 아니라 '왜 그런 일들이 나에게 일어났는가?'에 대한 의미를 찾지 못하는 것 때문에 더 고통스러워함을 알게 되었다. '의미를 찾는 과정'이 상담의 과정이라고 한다면, Calhoun과 Tedeschi가 제안한 상담자와 내담자의 '동반자적 전문가' 관계는 의미를 찾아 가는 여행에 참여하는 모든 이에게 상담자가 되기 위한 나침반과 같은 역할을 하리라 믿는다. 이 책에서 두 저자는 사례의 축어록을 통해 외상 후 성장을 위한 상담의 주요 요소 및 동반자적 전문가 관계의 특성을 세심하게 전개했다. 사례를 통한 상담 과정을 따라가다 보면, 초보 상담자는 물론이고 경험이 많은 상담자도 외상 후 성장의 개념과 상담 과정에 관한 유용한 아이디어를 얻을 것이라 믿는다.

　번역 과정 또한 긴 여행이었다. 우리는 1년여의 기간에 수많은 만남을 가지면서 책의 내용에 대한 토의에 그치지 않고 책에서 제시한 각 사례의 내담자가 되기도 하고 상담자가 되기도 하며 개인적인 삶을 나누었다. 흥미로운 것은, 이 과정에서 역자들 모두 삶의 위기를 경험했고, 이러한 경험이 삶을 더 성장시키고 풍요롭게 하는 토양이 되었음을 깨달았다는 점이다. 이 책을 번역하는 데서 가장 주요한 원칙은 저자들이 전달하고자 하는 메시지와 어조를 손상시키지 않는 범위에서 책의 가독성을 높여 독자가 역서의 한계점을 인식하지 않도록 하는 것이었다. 이 책을 읽는 독자가 우리의 노력을 인정해 준다면 큰 보람이겠다. 끝으로, 세 명의 공동 역자인 임정란 선생님, 장안나 선생님, 노안영 교수님께도 긴 여행 동안 좋은 동반자가 되어 주신 데 깊은 감사의 마음을 전한다.

— 강영신

　나는 산부인과 전문의로 개원한 후 이십여 년간 진료실에서 만난 수많은 환자 및 주변 지인과 함께 삶이 흔들리는 위기 경험에 관련된 이야기를 종종 나누어 왔으며, 또한 직접 경험하기도 했다. 그리고 '삶의 어려움은 왜 생기는가?'와 '그것을 어떻게 극복해야 하는가?'라는 의문을 풀기 위해 노력하는 과정에서 심리학을 다시 전공하게 되었다. 사람들이 피할 수 없는 삶의 역경이나 위기를 겪은 후 부정적인 결과만 남는다면, 어려움에 부닥친 사람들은 절망하여 이중고를 겪게 될 것이다. 하지만 어려움을 겪은 후 긍정적인 변화, 즉 '외상 후 성장'이 일어날 가능성이 있다는 사실은 현재의 힘듦 가운데서도 희망의 싹이 트게 해 주고, 이겨 낼 용기를 갖게 해 줄 것이다. Calhoun과 Tedeschi는 1995년에 처음으로 '외상 후 성장'이라는 용어를 사용한 이 분야의 효시이면서 가장 대표적인 연구자이며, 이 책은 그러한 두 저자의 최근 저서다. 우리는 대학원

수업을 진행하던 중에 노안영 교수님께서 '심도 있는 학문 연구를 위해 관심 분야의 책을 번역해 보라'고 하신 격려에 힘입어 이 책의 번역을 시작하게 되었다.

이 책이 번역되어 나오기까지 여러 고마운 분께 많은 도움을 받았다. 먼저 번역에의 동기를 부여해 주시고 출간을 위해 힘써 주신 노안영 지도교수님과 공역의 핵심 역할을 해 주신 강영신 교수님, 또한 힘든 번역 과정을 함께한 장안나 선생님 그리고 나 자신을 알아 가는 정신분석의 긴 여정 동안 함께해 주신 이무석 교수님, 마지막으로 항상 응원해 주는 동은, 하림에게 고마움과 사랑의 마음을 전한다.

– 임정란

우리 주변에는 크고 작은 여러 사건과 그것으로 인한 트라우마로 고생하고 있는 사람이 많다. 이 책은 트라우마를 잘 극복하면 '외상 후 성장'에 이를 수 있다는 희망적인 메시지를 전해 준다. 이 책에서 소개하는 상담자의 예리한 발문은 상담자에게는 물론이고 일반인에게도 그 질문에 답해 보면서 통찰의 기회를 얻게 해 준다. 특히 부지불식간에 떠오르는 상처의 트라우마에 스스로 효과적으로 대처할 수 있는 기술도 소개한다. 나의 내담자 중 몇몇은 트라우마에 빠르게 대처하지 못해서 평생 지병을 앓고 있었다. 가정과 학교 등에서 가장 안전하리라 생각한 대상으로 인해 겪는 트라우마의 경우는 더욱 그러했다. 이 책이 상담자의 능력 향상뿐만 아니라 트라우마로 고통받는 사람들에게도 큰 도움이 되길 바란다.

이 책의 탄생의 기쁨을 함께하고픈 사람들이 있다. 좋은 책을 선택하고 함께 번역할 기회를 주신 임정란 선생님, 역자들의 수장 역할을 하면서 용어 선택이나 미묘할 수 있는 축어록의 내용을 명확하게 할 수 있도록 안내해 주신 강영신 교수님께 고마움을 전하고 싶다. 상담이라는 이론을 체계적으로 배울 수 있도록 기꺼이 제자로 받아 주신 노안영 교수님께도 감사의 말씀을 전하고 싶다. '참만남 집단'의 리더로서 개인적인 성숙을 늘 강조해 주신 윤관현 소장님, 또 나를 심리극의 세계로 안내해 주신 박희석 소장님께도 감사드린다. 나를 왕언니로 대하며 잘 따라 주는 대학원 상담 교실 선후배들과 친구들을 비롯한 나의 지인들도 번역본의 탄생을 기뻐해 주실 분들이다. 끝으로 항상 격려를 아끼지 않는 남편 그리고 사랑하는 딸 윤정, 아들 현철과도 이 기쁨을 나누고 싶다.

– 장안나

우리는 삶의 여정에서 크고 작은 외상을 경험한다. 지그문트 프로이트(Sigmund Freud)가 정신분석의 주요 개념으로 출생외상(birth trauma)을 강조한 것처럼, 출생 후 우리 각자의 삶은 그 자체가 외상에 슬기롭게 대처해 가는 과정일 수 있다. 상담심리학자로서 나는 '외상 후 성장' 영역의 임상적 실제를 바탕으로 선도적인 연구를 수행해 온 Calhoun과 Tedeschi의 저작인 이 책이 국내의 많은 일반인이나 외상 경험으로 고통받은 사람 그리고 조력전문가에게 도움이 되길 바란다. 우리 각자는 현대의 발달된 전자매체를 통해 우리 주변에서 일어나는 심리적 충격을 유발하는 비극적 사건을 수시로 접하며 대리외상 현상을 경험하고 있다. 이런 점에서 이 책은 대리외상을 경험하고 있는 많은 일반인이 그러한 경험을 바탕으로 삶에서 긍정적인 성장을 꾀하는 데 큰 기여를 하리라고 본다. 또한 외상 경험으로 삶을 힘겹게 영위하는 사람에게는 이 책이 그러한 경험을 발판으로 성장할 방법을 찾는 혜안을 얻도록 도와줄 것이라고 믿는다. 마지막으로 조력전문가는 이 책을 통해 Calhoun과 Tedeschi가 제안한 것처럼 외상 경험이 있는 내담자를 돕는 '동반자적 전문가'로서의 역할을 수행하는 데 필요한 실제적 기술을 터득할 수 있을 것이라고 확신한다. 더불어 조력전문가는 외상 경험이 있는 내담자에게 조력하면서 직접적으로 겪게 되는 대리외상에 슬기롭게 대처할 수 있을 것이다.

이 책을 번역하면서 많은 시간과 정열을 쏟아 부은 상담심리학자이자 동학도인 강영신 교수 그리고 임정란 선생과 장안나 선생의 노고에 감사의 말씀을 전한다. 또한 이 책의 편집과 교정의 책임을 맡아 준 학지사 이지예 선생과 이 책이 번역 출간될 수 있도록 애써 준 학지사 정승철 이사 그리고 김진환 사장께도 진심으로 감사드린다.

— 노안영

저자 서문

상담자는 살면서 큰 스트레스를 겪은 내담자들과 상담하게 되는데, 조만간 또는 언젠가는 외상 후 성장을 경험한 내담자를 만나게 된다. 성장의 요소를 포함한 중재에 대한 예비적인 작업은 꾸준히 있어 왔지만, 아직 알려지지 않은 것이 많다. 이 책은 외상 후 성장에 관한 최근의 연구를 담고 있다. 그러나 주요 토대는 실제 상담자로서 우리가 겪은 복합적인 경험이다. 우리는 트라우마 사건을 극복하기 위해 애쓰는 과정에서 긍정적인 변화를 경험한 내담자들과 비극적인 일을 겪으면서 매우 가치 있는 변화를 이끌어 낸 내담자들을 만났다.

이 책은 비극적인 일을 극복하기 위해 애쓰는 과정에서 일어나는 성장 현상에 관한 여러 연구 성과를 담고 있다. 많은 내담자가 자신의 고통과 상실을 우리에게 이야기해 주었고, 어떤 사람들은 그러한 경험으로 인한 자신의 놀라운 변화를 이야기해 주었다. 이 책은 그들을 통해 우리가 알게 된 것을 담고 있다. 우리는 실제 상담자들에게 도움이 되는 제안을 제시하기 위해 이 책을 집필했다. 그들의 전문가 훈련은 임상심리, 상담심리, 상담, 임상 사회복지, 사목상담

등에 해당하는 여러 가지 훈련을 포함하지만, 우리는 일반인 또한 이 책에 쉽게 접근할 수 있게 하기 위해 노력했다.

실용적이고 독자 친화적인 책으로 만들기 위해서 참고자료를 인용할 때는 상세하게 하기보다 알기 쉽게 하고자 했으며, 책 전체에 구체적인 예를 제시하였고 여러 개별 사례를 인용했다. 우리는 실제 상담 회기의 사례를 제시했으나, 비밀을 지키고 익명성을 보장하기 위해 개인정보는 수정했다. 몇몇 장에서는 특정 분야의 최근 추이를 개관하였고, 실례가 되는 사례 자료를 제시했다. 또 어떤 장에서는 외상 후 성장을 단면적으로 보여 주는 회기 중 우리가 실제로 이야기한 것에 주로 초점을 맞추었다. 나아가 이러한 중재 방식이 어떻게 좋은 상담의 실제가 될 수 있는지, 그것이 우리가 동반자적 전문가라고 부르는 트라우마 상담의 실제를 어떻게 반영하는지에 대해서도 언급했다.

마지막으로, 개인적으로 큰 비극적인 일에 직면했음에도 기꺼이 자신의 경험을 우리에게 나눠 준 내담자들에게 감사의 마음을 전하고 싶다. 그들은 우리에게 큰 고통에서 큰 지혜와 성장이 나올 수 있다는 믿음을 지니는 것이 얼마나 중요한지 보여 주었다. 또한 그들은 때로는 길고 어려울 수 있는 자신들의 여정에 우리가 전문 지식을 갖춘 교수로서 신뢰 깊은 동반자가 되어 주는 것만으로도 가장 훌륭한 재능을 나타내는 것임을 일깨워 주었다.

– Lawrence G. Calhoun, Richard G. Tedeschi

차 례

1장

상담 현장에서
외상 후 성장의 과정

상담 현장에 있는 상담자는 위기 사건을 겪어 나가는 과정에서 으레 생기는 부정적인 결과에 초점을 둔다. 그 이유는 내담자가 트라우마를 경험한 후에 겪는 부정적인 스트레스와 고통스러운 반응이 완화되도록 돕는 것이 상담자의 역할이기 때문이다. 이때 상담자는 내담자가 삶의 위기 상황에서 부정적인 스트레스와 고통을 느끼고 힘든 과정을 겪지만 한편으로는 성장을 경험할 역설적인 기회를 갖는다는 것을 확인할 수 있다.

1장

상담 현장에서
외상 후 성장의 과정

    내담자는 39세까지 독신으로 지내 오던 어느 날 '완벽한 짝'이라는 느낌이 드는 여성을 만났고, 사귄 지 몇 개월 만에 결혼했다. 그녀는 지적이고 온화하며 교육 수준이 높았고, 사회적으로도 성공한 세 살 연상의 여성이었다. 두 사람은 가치관도 비슷했고 서로 상대방을 매우 만족스럽게 생각했다. 결혼 후 아이를 원했으나 임신이 안 되어 걱정했는데, 다행히도 결혼 3년째에 임신이 되어 무사히 아들을 출산했다. 아이는 태어난 후 건강하게 무럭무럭 잘 자랐다. 그러나 세월이 흐르면서 두 사람의 사이는 서서히 소원해지기 시작했다. 아내는 일 때문에 집을 비우고 출장을 가는 일이 잦았고 남편도 직장에서 밤늦게까지 장시간 일하는 날이 많았다. 이런 이유들이 치명적으로 작용하여 행복한 관계를 더 이상 유지하기가 어려워졌고 결국에는 아들이 9세 되던 해에 결혼생활을 끝내고 헤어지게 되었다. 하지만 두 사람은 이혼 후에도 서로 우호적인 관계를 유지하기로 했다. 남편이 아들의 주양육자가 되고 아내는 상황이 될 때마다 언제든지 아들을 만나기로 합의했으며, 될 수 있는 대로 서로 큰 상처를 주지 않으려고 노력하면서 순조롭게 이혼 절차를 마무리했다.

그렇게 헤어져 지내던 중 아들이 고등학교 1학년이 되던 해부터 상황은 나빠지기 시작했고, 담임선생님도 아이가 학교에 잘 적응하지 못하고 있다는 연락을 하기 시작했다. 아들은 지능이 매우 높고 능력도 뛰어났지만 학교 성적은 형편없었다. 또 어느 시점부터는 등교도 힘들어하고 마지못해 겨우 움직이거나 학교에 가기 싫다고 이야기하곤 했다. 어떤 날은 매우 안절부절못하기도 했다. 결국 부모는 전문적인 도움을 받기로 하고 상담자를 찾아갔다.

상담자는 아들이 임상적 우울 상태이므로 심리치료를 받고 항우울제를 복용해야 한다고 권고했다. 그래서 약물치료와 심리치료를 시작했고 수개월간 치료를 지속했다. 하지만 우울증은 호전되지 않았다. 아들은 감정 기복이 심하고 화난 상태로 있는 경우가 많았으며, 학교에도 가지 않고 대부분 방 안에만 있었다. 친구도 없고, 침대에 누워 있기만 했으며, 그 어떤 것에도 관심을 보이지 않았다.

그러던 어느 날, 부모나 상담자 모두 예측하지 못한 일이 아들에게 일어났다. 저녁에 아버지가 식사하라고 말하기 위해 아들의 방에 들어갔을 때, 문 뒤에서 허리띠를 이용해 목을 맨 상태의 아들을 발견한 것이다. 급하게 응급구조팀이 달려와 조치를 취했지만 아들은 살아나지 못했다. 결국 14세[1]의 아들이 생애 처음으로 한 자살 시도가 성공해 버리고 만 것이다.

그 충격으로 아버지는 전문적인 도움을 받아야 했고, 연륜이 깊고 공감적이

---

1) 역자 주: 미국 학제에서는 14세가 고등학교 1학년에 해당한다.

며 따뜻한 상담자와 정기적으로 상담했다. 아버지는 '아들이 자살한 것'에 대한 죄책감 때문에 짓눌리는 듯한 극심한 심적 고통을 느끼고 있었다. 그는 자신이 아들의 자살을 미리 알아차리고 막아야 했는데 그러지 못했다고 자책했다. 상담자는 내담자가 죄책감을 느끼는 것에 대해 그럴 수 있음을 자연스럽게 인정하면서 내담자가 안정을 되찾게 하기 위해 조력했다. 그리고 아버지가 비통해할 때, 상담자는 도움이 된다고 생각하는 경우에만 전문적 지식을 활용하여 가끔 이야기할 뿐 주로 경청하는 역할을 했다.

상담이 진행되어 가고 시간이 흘러감에 따라 아버지의 부정적 스트레스가 어느 정도 줄어들었을 때, 상담자는 내담자의 특정한 부분에 주목하게 되었다. 즉, 아버지는 죄책감, 슬픔, 아들에 대한 그리움 등에 대해 계속해서 이야기하던 도중에 가끔 그 사건과 그로 인한 고통이 자신을 어떻게 변화시켰는지에 관해 말했다. "고통을 겪음으로써 이전과는 다른 사람, 더 나은 사람이 되기 위해 노력하게 되었어요. 나는 더 이상 과거의 내가 아니고 다시는 온전하게 될 수 없는 영원히 상처 입은 사람이에요. 그렇지만 나는 이전에 내가 생각한 것보다 훨씬 강하다는 것을 알게 되었습니다. 그리고 나와 같은 고통을 경험한 다른 부모들에게 진심으로 다가가 도움을 주고 싶다는 마음이 들고, 이 고통과 경험이 그 일의 밑거름이 될 수도 있을 것 같습니다."

아버지로서 매우 큰 고통과 괴로움을 겪어야만 했을 뿐 아니라 자신이 인생의 험한 골짜기를 헤쳐 나온 결과로 더 나은 사람이 되기를 원하고 다른 사람들을 도와주고 싶다는 내담자의 이야기를 들었을 때, 상담자는 어떻게 반응하고 다루어야 하는가? 트라우마 생존자, 애도 혹은 상실을 경험한 사람들을 전문적으로 돕는 상담자나 그러한 전문성이 없는 일반 상담자도 이 아버지와 같은 내담자를 언제든지 만날 수 있다. 혹은 다른 방식으로 트라우마를 입은 사람이나 기타 주요한 삶의 위기를 경험한 사람 또는 심각한 스트레스를 겪은 사람을 만날 수도 있다. 이 책에서는 이와 같이 매우 도전적인 상황에 처해 분투하는 사람들을 상담할 때 상담자가 갖추어야 할 특정한 자세에 대해 서술하려고 한다. 이 책에서 제시하는 관점은 트라우마 이후의 사람들을 돕는 데 효과적이라고 입증된 가장 좋은 기존의 상담치료를 확장하고 그 치료에 전략적인 부분을 추가할 수 있는 치료적 관점이라고 할 수 있다. 또한 이 책은 상담 현장에서 접할 수 있는 외상 후 성장과 인생에서의 중대한 어려움을 겪는 사람을 상담하는 동반자적 전문가의 치료적 입장을 다룬다. 하지만 성장에 초점을 맞추기 전에, 사람들이 삶의 위기를 경험하면 심각한 고통을 느낀다는 것을 염두에 두어야 한다.

삶의 위기가 지닌 부정적인 면

많은 사람이 트라우마 사건을 경험한 후 심리적 탄력성이 좋아 빠르게 회복될 수 있다고 하더라도, 그들에게 더 흔하고 우세하게 나타나는 것은 부정적인 반응이다(Bonanno, 2004; Keane, Marshall, & Taft, 2006). 주요한 삶의 위기를 경험한 사람들은 어떤 경우라도 다양한 심리적 고통을 느낄 수 있다. 그러므로 심리적 탄력성이 높은 사람일지라도 트라우마를 경험할 때 심각한 고통을 함께 경험한다는 점을 기억해야 한다. 지금부터는 가장 흔한 부정적인 반응을 요약하고자 한다.

고통스러운 감정
트라우마에 노출되는 시간이 길수록, 상황이 부정적일수록 고통스러운 감정을 느낄 가능성이 더 크다는 것은 기본 법칙이다. 생명을 위협하는 사건을 경험한 사람은 주된 감정적 반응으로 불안과 공포를 느낀다. 특히 미래에도 비슷한 사건이 발생할지 모른다는 가능성에 대한 불안과 공포를 느낀다. 예를 들어, 신체적 학대를 당한 후 쉼터에서 생활하는 여성은 자신의 신체적 안전에 대해 매우 염려한다. 또 매년 미국의 여러 지역을 강타하는 토네이도를 경험한 사람은 언제 또 하늘이 어두워지고 구름이 끼고 비가 올 것인가를 늘 염려하며 근심한다.

특별한 감정은 사람과 환경에 따라 다양하게 나타날 수 있다. 그러나 대부분의 사람, 심지어 심리적 탄력성이 매우 높은 사람조차 트라우마 이후에 분투하는 과정에서 어느 정도는 고통을 경험할 것이다. 사랑하는 사람이 죽었을 때 나타나는 일반적인 반응은 슬픔이다. 사별을 경험한 사람이 슬퍼하고 죽은 사람을 애도하며 '상황이 바뀔 수만 있다면 좋으련만' 이라는 소망을 갖는 것은 애도하는 사람에게서 전형적으로 나타나는 반응이다(Neimeyer, Harris, Winokuer, & Thornton, 2011).

앞서 언급한 사례의 아버지처럼 삶의 위기를 겪은 사람이 죄책감을 느끼는 것은 흔하게 볼 수 있는 현상이다. 죄책감에는 사고와 감정의 두 가지 요소가 있으며, 대부분의 내담자에게 나타나는 죄책감은 감정의 형태다. 이른바 생존자 죄책감(survivor guilt)은 재해 등의 트라우마 사건을 당하여 다른 사람을 구하지 못하고 살아남은 사람들에게서 주로 나타나는 반응이다. 예를 들어, 처참한 통학 차량 전복 사고를 당한 후 살아남은 아이의 어머니는 그 사고로 인해 다른 아이들이 사망했을 때, 자신의 아이가 무사하다는 사실에 안도감과 기쁨을 느끼는 것에 대한 죄책감을 갖게 된다.

죄책감은 그 사람이 했을지도 모르는 일, 해야 했던 일, 하지 말았어야 했던 일들에 대한 반추(rumination)와 연결되어 있을 수 있다(Gilbar, Plivazky, & Gil,

2010). 예를 들어, 한 16세 소녀의 어머니가 간단한 수술을 받기 위해 병원에 입원해 있었다. 어느 날 그 소녀가 부모님의 자동차를 몰래 운전한 것을 들켜 어머니와 심하게 말다툼을 한 뒤 병실을 나가서 그날 밤에 들어오지 않았다. 그런데 그 일이 있고 불과 몇 시간 후에 어머니가 예상치 못한 합병증으로 사망하였다. 이후 그 소녀는 어머니와의 마지막 만남에 대한 죄책감으로 오랫동안 괴로워했다.

주요 스트레스 사건에 대한 또 다른 반응으로 분노와 안절부절못하는 행동도 흔하게 나타난다. 우리는 보통 분노나 안절부절못함을 불안이나 우울처럼 임상적 의의가 있는 것으로 간주하지는 않지만, 이것은 결코 유쾌한 감정은 아니다. 대개 분노는 그 사건에 책임이 있다고 생각되는 사람을 향해 직접적으로 표출된다. 예를 들어, 어떤 남성이 직장의 감원 정책 때문에 해고된 후 자신을 해고한 장본인이라고 생각되는 사람을 죽이려고 앙심을 품는 경우가 그렇다. 그러나 때로는 분노나 안절부절못하는 행동이 사건과 관련되지 않은 대상을 향할 수도 있다. 예를 들어, 한 남성의 어머니가 중병에 걸려 호스피스 병동에 입원해 있었다. 그 남성은 자신의 어머니가 죽어 간다는 사실에 분노를 느끼고 있었는데, 병원을 대상으로 그 분노를 분출했다. 병원에서는 어머니를 제대로 잘 돌보고 있는데도 그 남성이 전체적으로 어머니를 돌보는 데 성의가 없다며 화를 낸 것이었다.

반갑지 않은 침입자: 고통을 주는 생각과 영상

외상후스트레스장애(posttraumatic stress disorder: PTSD)의 증상 중 하나가 사건을 재경험하는 것이다. 트라우마 사건을 경험한 사람들이 모두 외상후스트레스장애로 발전되는 것은 아니다. 하지만 그 사람들에게 트라우마 사건에 대한 기억이 때로 영상 형태나 더 흔하게는 침투적 사고[2](intrusive thoughts)의 형태로 떠올라 그들이 의식 내에서 반복적인 침투(intrusion)를 경험하게 한다. 어려운 상황을 경험한 사람들이 "나는 그 상황에 대한 생각을 더는 하고 싶지 않은데 계속 생각이 난다."라고 공통적으로 표현한다. 예를 들어, 최근에 전립선암 진단을 받은 한 남자는 그것 때문에 앞으로 자신에게 일어날 일들에 대해서 혹은 어떤 치료 방법을 선택해야 할 것인가에 대해서 그리고 병과 관련되어 어떤 결과가 생길 가능성이 있는가에 대해서 사소한 것들까지 계속 반복해서 생각한다.

침투적 사고의 내용은 매우 다양하다. 그리고 침투적 사고는 흔하게 나타나고 부정적이며 불쾌한 경험일 수 있다.

문제행동과 신체 증상

주요 스트레스원에 대한 전형적인 반응은 아니지만, 트라우마를 경험한 후 어떤 사람에게서는 특정한 문제행동이 시작되거나 강화될 수 있다. 예를 들어, 약물을 문제가 될 정도로 사용할 가능성이 있다(Schwabe, Dickinson, & Wolf, 2011). 주로 술, 담배, 약물 등의 오남용이 중대한 삶의 위기를 경험한 후에 촉발되거나 강화될 수 있다. 어떤 사람은 심리적으로 안정된 기분을 느끼기 위해 음식을 과도하게 먹거나 부적절하게 먹기도 한다.

트라우마를 경험한 사람은 일반적으로 부정적인 정서 스트레스를 경험하며, 다른 사람들이 자신의 이야기를 듣고 싶어 하지 않고 또 그들이 이해할 수도 없으며, 의미 있는 방식으로 자신을 도와줄 수도 없을 것이라고 추측한다(Kaynak, Lepore, & Kliewer, 2011). 그래서 다른 사람과 거리를 두거나 지원을 받기 위해

---

2) 역자 주: 부정적인 내용의 원하지 않는 생각으로, 연구자에 따라 침입적 사고, 혹은 침습적 사고로 표현하기도 한다.

노력하지 않는다. 결국 그 사람은 가장 도움이 될 가능성이 있는 타인에게서 지지를 받지 못하게 된다. 만일 누군가가 심각한 우울증을 경험했거나 성폭력과 관련된 사건을 경험했다면 성과 관련된 어려움이 발생할 수 있으며, 이는 또 하나의 극복하기 힘든 어려움이다.

또 다른 문제행동으로 공격적 행동이 있다. 스트레스원에 노출되면 공격적 행동이 나타날 가능성이 더 커진다. 물론 이러한 결론을 내릴 때는 매우 주의 깊고 신중해야 하지만, 중대한 삶의 위기를 경험한 남성에게서 분노와 공격성이 나타날 가능성이 더 커진다고 일반화할 수 있다. 특히 분노가 높아지고 공격적 행동이 나타나는 상황에 과도한 음주가 결합했을 때는 치명적일 수 있다. 어린 시절에 신체적 학대나 성적 학대를 받은 적이 있는 사람은 성인이 된 후에 자신이 어렸을 때 당한 행동을 되풀이하게 될 가능성이 높아지며, 술을 마시면 행동을 억제할 수 없게 되기 때문에 바람직하지 못한 행동이 나타날 수 있다.

지금까지 여러 영역에서 삶의 스트레스와 신체 증상(때로 신체 질환) 간의 관계가 확인되어 왔다. 사람들이 심각한 스트레스 사건을 겪으면 심리적 문제, 심지어 외상후스트레스장애가 생길 수 있고, 스트레스원에 노출되면 신체 질환이 생길 가능성도 커진다(Spitzer, Barnow, Volzke, Ulrich, Freyberger, & Grabe, 2009). 주요 스트레스원을 경험한 사람은 뚜렷한 질병이 생기지는 않더라도 여러 가지 형태로 신체적 불편을 호소한다.

스트레스 상황에 반응하여 나타나는 신체의 물리적인 활성화를 일반적으로 '투쟁-도피 반응(fight or flight response)'이라고 하는데, 이러한 투쟁-도피 반응은 특정한 사건이 발생한 후 얼마간 지속될 수 있다. 그 반응이 나타나는 동안 사람들은 다양한 신체 증상을 호소하는데, 이는 개인의 유전적 소인이나 과거의 건강 습관과 관련될 수 있다. 이때 나타날 수 있는 증상으로는 피로감, 소화

기계 불편감, 신체적 신경과민, 호흡곤란, 근육긴장과 통증, 수면장애, 불안정한 기분 등이다.

종합하면, 트라우마 사건 이후에 어떤 사람들에게는 신체 증상이 나타날 수 있다는 사실을 상담자가 인식하는 것이 중요하며, 상황에 따라서 의료기관에 의뢰해야 할 수도 있다. 좀 더 포괄적으로 말한다면, 상담자는 개인이 매우 도전적인 상황에 처했을 때 다양한 신체 증상이 나타날 수 있다는 단순한 사실을 이해해야 한다.

요약: 부정적인 면

극심한 스트레스를 유발하는 사건은 심리적·육체적으로 불쾌한 반응을 다양하게 일으킬 수 있다. 이 가능성에 대해 시인 테드 휴스(Ted Hughes)는 자신의 두 아내가 자살한 후의 충격을 다음과 같은 방식으로 언급했다. "나는 이 두 사건을 겪으면서 마치 거대한 강철 문이 내 온몸 위로 내려와 닫히는 것처럼 느꼈다."(Allen 2002, p. 12) 예외적으로, 잠깐의 미미한 고통조차 느끼지 않는 사람이 있을 수도 있다. 그러나 대부분의 사람은 심리적·육체적으로 힘든 시간을 보낼 가능성이 크다. 다시 말해서, 매우 어려운 상황에 처하면 문제의 종류와 형태가 다를 수는 있지만 대부분의 사람이 심리적으로 고통스러울 뿐 아니라 신체적 불편함도 경험할 수 있다. 게다가 트라우마 사건을 겪는 개인들은 외상후스트레스장애나 우울증 등 정신장애를 경험할 위험성이 있다. 그러나 정신장애의 출현은 보편적이라기보다는 예외적이라는 사실을 명심해야 한다.

트라우마로 분투하는 중에 부정적인 스트레스가 발생할 가능성이 있다는 사실은 여러 상담자와 연구자가 오랫동안 증명해 왔다. 상담 현장에 있는 상담자는 위기 사건을 겪어 나가는 과정에서 으레 생기는 부정적 결과에 초점을 둔다. 그 이유는 내담자가 트라우마를 경험한 후 겪는 부정적 스트레스와 고통스러운 반응이 완화되도록 돕는 것이 상담자의 역할이기 때문이다. 이때 상담자는 내담자가 삶의 위기 상황에서 부정적 스트레스와 고통을 느끼고 힘든 과정을 겪지만, 한편으로 성장을 경험할 역설적인 기회를 갖는다는 것을 확인할 수 있다.

외상 후 성장: 배경

트로이 전쟁 후 집으로 돌아가는 오디세우스(Odysseus)의 긴 여행에 관한 이야기인 『오디세이(*Odyssey*)』에서, 저자인 호머(Homer)는 "자신이 힘써서 행하고 견뎌 낸 그 모든 것을 기억하는 자는 자신의 슬픔조차 먼 훗날 기쁨으로 기억한다."라고 했다. 기독교의 신약성경에 등장하는 사도 바울(Paul)은 "우리가 우리의 고난을 기뻐하는 것은 고난은 인내를, 인내는 연단을 이루어 냄을 알기 때문이다."라고 말했다. 그리고 "잔잔한 바다는 항해사를 노련하게 할 수 없다."라는 아프리카의 속담도 있다.

이러한 인용구들은 사람들이 주요 위기에 처했을 때 더 좋은 방향으로 변화한다는 사실이 일반적인 관점에서 낯설지 않다는 것을 보여 준다. 우리는 이러한 경험을 명명하기 위해서 **외상 후 성장**(posttraumatic growth: PTG; Tedeschi & Calhoun, 1995)이라는 용어를 도입했는데, 이러한 현상을 명확하게 발견하지는 못했다. 고대 그리스인과 히브리인, 초기 기독교인 그리고 불교와 힌두교, 이슬람교에서는 모두 고난 후에 좋은 일이 온다는 것을 강조했다. 또 최근의 연구자인 프랭클(Frankl, 1963)과 카플란(Caplan, 1964), 도렌웬드(Dohrenwend, 1978), 얄롬(Yalom, 1980) 등은 주요 위기를 겪을 때 긍정적인 변화가 나타날 가능성을 강조했다.

우리는 트라우마 사건에 맞닥뜨려 분투한 결과로 개인이 경험하는 긍정적인 변화를 외상 후 성장이라고 정의한다(Calhoun & Tedeschi, 1999). 1990년대 중반에 여러 요인에 의해 이 현상에 대한 체계적인 연구가 활성화되었다. 먼저 여러 논문(O' Leary & Ickovics, 1995)과 한 권의 책(Tedeschi & Calhoun, 1995)이 출간되어 삶에서 어려운 상황을 맞이했을 때 긍정적으로 변화할 가능성에 대한 관심을 불러일으켰다. 그 후에 성장에 대한 자기보고식 측정도구들이 발표되었다. 관점 변화에 대한 질문지(Changes in Outlook Questionnaire; Joseph, Williams, & Yule, 1993), 스트레스 관련 성장 척도(Stress-Related Growth Scale; Park, Cohen, & Murch, 1996) 그리고 외상 후 성장 척도(Posttraumatic Growth Inventory; Tedeschi & Calhoun, 1996) 등이다. 이어서 인간 행동의 긍정적인 요소를 이해하기 위해 더 많이 집중해야 한다는 요구가 재개되어 '긍정심리학' 의 발달에도 영향을 미쳤다(Seligman & Csikszentmihalyi, 2000).

현재 외상 후 성장에 관한 연구가 미국을 비롯해 영국, 브라질, 호주, 칠레, 중국, 독일, 말레이시아, 네덜란드, 포르투갈, 파키스탄, 인도, 스페인, 노르웨이, 스웨덴, 덴마크, 일본 등 많은 국가에서 폭넓게 진행되고 있다. 검색 포털 사이트에서 '외상 후 성장' 은 10만 회 이상의 조회 수를 기록한다. 전자 저널 데이터베이스에서도 같은 문구를 검색하면 650개 이상의 참고문헌을 찾을 수 있다. 따라서 이 장의 나머지 절에서는 외상 후 성장에 관한 일부 연구 결과를 개괄적으로 제시하고자 한다. 처음에는 전형적인 외상 후 성장 경험의 일반적인 관점에 대해 기술하고, 이어서 성장과 관련된 내담자의 보고가 타당한지 살펴볼 것이다. 그다음에는 성장 과정의 일반 모델을 제시하고, 부부 간이나 가족 또는 공동체 속에서의 외상 후 성장 가능성에 관해 논의하면서 1장을 마무리할 것이다.

외상 후 성장 경험

2009년 1월 15일에 미국 항공기 1549기가 기러기 떼와 부딪힌 후 엔진이 완전히 꺼져 버려서 뉴욕 허드슨 강에 불시착했다. 하지만 모든 승객이 승무원들에 의해 안전하게 구조되었다. 그래서 사람들은 이 사건을 '허드슨 강의 기적'이라고 부른다. 당시의 생존자 중 한 명인 미국은행 은행장 팸 시글(Pam Seagle)은 그때의 경험을 회상하면서 "나는 내 가족, 내 가족, 오로지 내 가족만을 생각했다."라고 했으며, 그 사고 후 부모님과 남편, 아이들을 삶의 더 높은 우선순위에 두게 되었다고 말했다. "나는 예전에는 결코 말하지 못했는데 지금은 사람들에게 늘 '사랑한다'고 말해요."(Washburn, 2011. 6. 12.)

사람들이 보고하는 성장 경험의 모든 요소를 포괄하여 요약할 수는 없으나 상당히 공통되는 일련의 요소들이 있다. 통계 분석을 바탕으로 살펴보면 성장 경험에는 다섯 가지 요소가 필요하다(Brunet, McDonough, Hadd, Crocker, & Sabiston, 2010; Taku, Cann, Calhoun, & Tedeschi, 2008; Tedeschi & Calhoun, 1996). 즉, 개인적인 힘(personal strength), 타인과의 관계(relating to others), 삶의 새로운 가능성(new possibilities in life), 삶에 대한 감사(appreciation of life) 그리고 영성(spirituality)이다. 이 다섯 가지 요소는 다음과 같이 포괄적인 세 가지 영역으로 묶을 수 있다. 즉, 자기 자신에 대해 변화된 느낌(a changed sense of oneself), 타인과의 관계에서 변화된 느낌(a changed sense of relationships with others), 인생

철학의 변화(a changed philosophy of life) 등이다.

자기 자신에 대해 변화된 느낌

"나는 더 이상 예전의 내가 아니다." 사람은 고통과 어려움을 겪으면 변화한다. 그 변화 방식 중에 하나는 인생이 잠정적으로 예측할 수 없고 통제할 수도 없다는 사실을 사람들이 어렴풋이 깨닫게 되는 것이다(Janoff-Bulman, 1992, 2006). 이런 자각 때문에 특히 트라우마 사건과 유사한 상황에 직면했을 때 사람들은 더욱 두렵고 불안할 수 있다. 그렇게 나쁜 일이 또 일어날 수 있다는 생각은 역설적으로 자기 자신을 더 긍정적인 방식으로 생각하게 만든다. 이러한 긍정적인 변화에 대하여 내담자들은 다음과 같이 이야기한다. "나는 내가 이전에 생각한 것보다 강하다. 내가 이것을 이겨 내고 살아남는다면 나는 그 어떤 일이라도 헤쳐 나갈 수 있을 것이다. 그리고 극심한 고통을 잘 견뎌 냈으니 그 어떤 일도 더는 나에게 상처를 주지 못할 것이다."

성장에 대한 이 역설은 '더 취약한, 그러나 더 강한(more vulnerable, yet stronger)'이라는 문구로 요약할 수 있다. 상실과 고통은 사람들에게 교훈을 준다. 특히 개인주의, 개인 통제의 신념, 자아탄력성 등과 같은 서구의 전통적인 개념을 지닌 사람들은 때로는 나쁜 일들이 예고 없이 일어나기도 하고 그 결과를 통제할 수 없다는 것을 깨닫는 방식으로 교훈을 얻는다. 사람들은 삶의 위기를 겪은 후에 인생의 난제를 피할 수 없음을 인식하게 된다. 어떤 사람은 주요 위기에 처했을 때 자신이 대처해서 이겨 낼 능력이 있다는 것을 깨닫게 된다. 하지만 상황이 좋을 때는 그러한 사실을 깨닫지 못했을 것이다. 언젠가 알베르 카뮈 (Albert Camus)가 다음과 같이 말한 적이 있다. "겨울의 한복판에서 나는 마침내 내 안에 굴복하지 않는 여름이 있다는 것을 알았다."

우리가 상담한 사람 중에 자동차 전복 사고로 몸을 심하게 다친 젊은 남성이 있었다. 그 남성은 당시 가파른 길을 운전하면서도 안전벨트를 매지 않았고 자동차 전면에는 보호 장치도 없었다. 그는 그 점에 대해 "놀라우리만큼 어리석었다."라고 말했다.

그는 사고를 당한 후 자신이 얼마나 강인한지 깨달았다. 사고 후 병원에 입원해 있는 몇 개월 동안 자신이 신체적·직업적 치료 과정을 잘 견뎌 낸다면, 나중에 살아가면서 어떤 일이 생겨도 잘 헤쳐 나갈 수 있을 것이라고 말했다. 그는 사고의 결과에 매우 성공적인 방식으로 대처해 나가면서 자신이 전에 생각한 것 이상으로 회복력이 크고 강하다는 사실을 깨닫게 되었다.

우리가 외상 후 성장에 관한 연구를 시작한 매우 초창기(그 용어가 존재하기도 전)에 18개월 전 남편과 사별한 80대 초반의 여성이 상담을 받기 시작했다. 그녀는 지난 55년간 남편과 함께 지낸 집에서 혼자 살고 있었다. 어느 날 상담하면서 그녀가 이렇게 말했다. "저기에는 내가 진짜 싫어하던 철망으로 된 울타리가 있어요. 하지만 남편은 콩이 자라면서 그 위로 올라가는 것이 좋다며 울타리를 마음에 들어 했어요. 남편이 죽은 후 6개월쯤 되던 날, 햇빛이 비치는 방에 앉아 넓은 뒤뜰에 둘러쳐진 그 울타리를 보면서 '내가 당장 저 울타리를 없애 버린다 해도 남편이 상관하지 않을 텐데…'라는 생각이 들었어요." 그 후 이 성미 급한 팔순 노인은 뒤뜰로 가서 직접 철망 울타리를 무너뜨리고 그것을 말아서 쓰레기 처리장에 버렸다.

"난 나에게 나쁜 일이 생길 수 있다는 것을 알아요. 그러나 이전에 그런 일을 당했을 때보다 지금은 더 잘 극복할 수 있다고 생각해요." 이것은 많은 사람의 주제가 된다. 그리고 "누구에게나 나쁜 일이 일어날 수 있고, 실제로 나쁜 일이 일어났으며, 그 일이 나에게도 일어났다."라고 인식해 가는 차분한 성찰로 전반적인 자기효능감이 더욱 강해지는 경험을 할 수 있다.

타인과의 관계에서 변화된 느낌

"삶의 위기를 경험한 내담자는 누가 자신의 진정한 친구인지 알게 됩니다." 삶의 위기는 관계의 질을 검증하고, 나아가 불필요한 관계를 숨아 낼 기회를 제공하기도 한다. 예를 들어, 자식을 잃은 부모는 상실의 고통과 그 상실에 대처하는 양상이 서로 다르고 그 점이 때로는 자신들의 관계에 특정한 역기능을 일으킬 수도 있다는 사실을 알게 된다(Rogers, Floyd, Seltzer, Greenberg, & Hong, 2008). 그러나 삶의 위기를 극복하면 사람들과의 관계가 더 깊고 강해질 수 있다. 60대의 한 여성은 몇 개월 전에 남편이 암으로 사망했는데, 그 후에 "남편이 죽고 몇 개월 동안 나는 우리 아이들과 가깝게 지냈어요. 과거에는 이만큼 가깝게 느껴 본 적이 없었어요. 이전에는 생각지도 못한 방식으로 그 사실을 알게 되었지요. 생각해 보면 나에게 진정성이 더 많이 생겼고 아이들도 그런 것 같아요."라고 했다. 또 다른 사람은 "우리는 예전에도 꽤 좋은 결혼생활을 했지만 이 일을 겪고 서로가 상대방에게 어떤 의미를 지니는지에 대해서 생각하게 된 것 같아요. … 우리는 더 나은 부부가 되자고 맹세했어요. … 날마다 우리는 더 좋은 배우자가 되려는 다짐을 새롭게 해요."라고 이야기했다.

한 기업의 임원은 심각한 희귀암 진단을 받았다. 그는 치료를 받기 위해 주기적으로 일을 쉴 수 밖에 없었고, 결국 동료들이 그의 상태를 알게 되었다. 병원에서 치료를 받고 집에서 휴양한 후 직장에 복귀하기를 반복하면서 그는 스스로 이른바 '더 깊은 내면의 일'에 집중하게 됨을 알았다. 직장에서 동료가 "안녕하세요."라고 일상적인 인사를 건넬 때 더 이상 의례적이고 중요치 않은 인사말을 하고 싶지 않다고 느낀 그는 적어도 진정한 관심이 있는 동료와의 관계에서는 진솔하게 터놓고 이야기하기 시작했다. 그는 자신의 치료와 치료 경험이 어떠한지에 대해 더 깊은 이야기를 나누었고, 동료 중 한 사람이 표현한 것처럼 다른 사람과의 관계에서 더 의미 있는 반응을 많이 하게 되었다. 동료들도 그에게 자신들의 '더 깊은 내면의 이야기', 특히 암에 맞서 싸우는 그에 대한 관심과 걱정에 관련된 이야기를 나누기 시작했다. 그러면서 어떤 관계는 더욱 깊어져 서로에게 의미 있고 중요한 유대관계로 발전했다.

이렇게 주요 위기를 경험한 후에 자기 자신을 더 자유로이 표현하게 되는 경우가 드물지 않다. 몇 년 전에 만난 한 미망인은 "난 지금 내 감정을 표현하는 게 훨씬 자유로워요. 속에 담아 두고만 살 수 없는 시간을 겪어 왔으니까요. 그리고 이제는 내가 믿을 수 있는 사람들에게 내 감정을 표현할 수 있게 돼서 좋아요."라고 말했다. 자신의 생각과 감정에 대해 이야기하는 것이 더욱 자유로워지면, 다른 사람이 그 감정과 생각을 알 수 있도록 자기 자신을 더 많이 노출한다고 느끼게 된다. 사람들은 고통을 겪으면 더 진솔해져서 스스로 어떻게 느끼고 생각하는지에 대해 최소한 믿을 수 있는 다른 사람들에게 털어 놓고, 다른 사람에게 자신의 감정을 더 쉽게 표현하는 경험을 하게 된다.

고통을 겪은 사람은 특정한 사람과 더 가까워지고 관계가 깊어지는 느낌과 더불어 다른 사람, 특히 괴로움을 겪고 있는 사람에 대한 연민(compassion)이 더 커지는 경험을 한다(Bauwens & Tosone, 2010). 예를 들어, 자녀를 잃은 부모는 비슷한 상실을 경험한 다른 부모의 심정을 더 잘 이해하고 그들에게 공감적 연민을 느낀다. 그래서 자녀를 먼저 떠나보낸 부모는 비슷한 상실로 고통을 경험하는 다른 부모에게 더 많은 연민을 느낀다고 보고하며, 작지만 특별한 행동, 예를 들어 위로하는 엽서를 보내거나 장례식에 참석하는 등 친절한 행동을 한다(Tedeschi & Calhoun, 2004). 때로는 연민이 커져서 더 강한 헌신적 행동을 함으로써 다른 사람의 고통이 완화되도록 도와주기도 한다. 한 어머니는 자신의 아이가 오랫동안 암 투병을 하다가 사망한 후, 대학교에 입학하여 간호학을 공부하기로 결심했다. 그 어머니는 특별히 소아암을 전공하고 종양학 간호사가 되었다. 아픈 아이들이 더 나은 삶을 살도록 돕는 일을 하고 싶었기 때문이다. 그녀에게 무엇보다도 중요한 것은 험난한 치료 과정을 겪어야 하는 아이를 둔 부모에게 도움을 제공하는 것이었다.

인생철학의 변화

주요 스트레스원을 겪은 후의 성장 경험 중 가장 흔한 형태는 삶에 대해 더 많이 감사하는 것이다. 이것은 특히 암 진단, 허드슨 강의 불시착, 무장 강도 사건 등과 같이 생사가 불투명한 상황에서 살아남은 생존자의 사례를 통해 살펴볼 수 있다. 그러한 상황을 경험한 사람은 아장아장 걷는 아기와 함께 놀면서 더 큰 만족을 느끼고, 아름다운 석양을 바라볼 때 더 깊이 감동하며, 따뜻하고 친한 친구와 함께 시간을 보내는 기쁨을 더 즐기게 될 것이다. 예를 들어, 포로 수용소에서 잔혹한 경험을 한 참전 미군은 핫도그를 먹거나 아이스크림을 핥아 먹는 것만으로도 그것이 얼마나 행복한 일인지 보고할 수 있다(Rodman, Engdahl, Tedeschi, & Calhoun, 2002). 트라우마 사건을 경험하면 우리가 사랑하는 많은 것이 한시적이라는 혹은 유한하다는 강력한 교훈을 얻는다. 그러므로 우리는 인생의 중요한 측면에 가능한 한 진지하게 전념해야 한다.

미국 대통령 지미 카터(Jimmy Carter)의 백악관 참모였던 해밀턴 조던(Hamilton Jordan)은 세 종류의 암에 걸려 투병했는데, 자서전(2000, p. 216)에서 자신의 경험에 대해 다음과 같이 썼다.

첫 번째 암 발병 후 아름다운 석양을 바라보는 것, 아이와 포옹하는 것, 아내와 함께 웃는 것 등 삶의 가장 작은 기쁨에서도 특별한 의미를 느꼈다. 그리고 두 번째와 세 번째 암 발병 후에는 삶의 소소한 기쁨이 어디에나 있고 무한하다는 것을 깨달았다.

이제 막 30세가 된 젊은 남성이 매우 우울한 기분 때문에 상담을 예약했다. 그는 자신이 극심한 슬픔을 느끼는 원인에 대해서 알고 있다고 말했다. 그것은 바로 자신이 세운 삶의 중요한 목표이자 어떻게 살 것인가에 대한 최우선순위가 30세 전에 백만장자가 되는 것이었는데 30세가 되는 생일에 그의 유동자산은 겨우 75만 달러에 불과해서 목표에 다다르지 못했기 때문이었다. 자신이 선택한 인생의 목표를 이루지 못했기 때문에 그 남자는 큰 절망에 빠졌다. 그는 아마도 우선순위를 바꿀 필요가 있었을 것이다.

중대한 삶의 위기에 맞닥뜨린 적이 있는 사람에게서는 삶의 우선순위에 있어서 변화가 흔하게 나타난다. 아마도 그 젊은 남성은 암 투병을 한 어느 마라토너가 말한, 다소 솔직하지만 약간은 가혹하게 들릴 수 있는 다음과 같은 충고를 들어야 할지도 모른다. "무자비하게 들릴 수도 있겠지만, 사람들은 변화하려면 모두 한 번씩 작은 암에 걸려 봐야 한다."

몇 년 전에 일어난 선박 침몰 사고의 생존자 대다수는 삶을 더 이상 당연하게 여기지 않게 되었고, 네 명 중 세 명은 하루하루 삶을 가장 충만하게 살기 위한 우선순위를 갖게 되었다(Joseph, Williams, & Yule, 1993). 심장 발작을 경험한 한 기업 임원의 이야기에서도 이와 같이 우선순위가 변화된 것을 볼 수 있다. 그 기업 임원은 대학 시절에 운동선수였으며, 이전까지 살면서 몸이 심하게 아픈 적이 없었다. 하지만 심장 발작 이후 그는 변했다. 병원에서 퇴원한 후에 세 살과 여섯 살인 자녀와 더 많은 시간을 보내기 위해 근무 일정을 바꿨다. 회사에서의 승진은 더 이상 그의 인생에서 가장 큰 비중을 차지하지 않았으며, 가장 중요한 초점은 가족이 되었다. 이 사례들은 외상 후 성장 경험의 일부분인 삶의 우선순위에서 나타나는 두 가지 전형적인 변화를 설명한다. 즉, 삶에서 소소한 일상이 지니는 의미가 커지고, 이전에는 당연한 것으로 여기던 관계의 중요성을 깨닫게 되는 것이다.

트라우마를 경험한 사람은 이전에는 결코 깨닫지 못한 것, 즉 일상의 경험과 타인과의 관계가 중요하며 그것에 더 높은 우선순위를 두어야 한다는 것을 확실하게 깨닫게 된다. 전설에 따르면 아시시의 프란시스코 성자(St. Francis of Assisi)는 앞으로 단 하루만 살게 된다면 무엇을 하고 싶은지 묻는 질문을 받고 "나는 우리 집 정원의 흙을 일굴 것이다."라고 대답했다. 극도로 어려운 상황을 경험한 사람은 인생을 보는 방식과 인생에서 가장 중요하다고 생각하는 요소를 바꿀 수 있다. 즉, 프란시스코 성자처럼 인생은 짧고 인간이 주요 상실에 취약한 존재라는 사실을 깨닫는다면 가장 중요한 일로 선택하는 것 중 하나가 아마도 마음을 다하여 정원의 흙을 일구는 것일 수 있음을 알게 될 것이다.

허먼(Herman, J. L.)은 트라우마 사건을 겪을 때 많은 사람이 "신에게서 버림받은 것 같은 비통함을 경험한다."라고 말했다(1992, p. 94). 이 문구는 트라우마를 겪을 때 특정한 사람들이 경험하는 것을 잘 표현한다. 주요 위기와 상실을 겪는 대부분의 사람이 이러한 경험을 자주 보고하는데, 최소한 일시적으로라도 그런 경험을 할 수 있다. 심지어 무신론자와 회의론자도 트라우마 이후에 느끼는 황망한 감정을 허먼의 문구를 사용하여 은유적으로 표현한다. 그렇지만 어떤 사람들에게는 트라우마 사건을 겪는 과정이 실존적 측면에서 개인이 매우 중요하게 여기는 긍정적인 변화의 맥락을 제공할 수 있다.

30대 여성인 애슐리의 남편은 3년 전 어느 날 밤 식당에서 강도에게 살해당했다. 그녀의 남편은 다른 두 사람과 함께 인질로 잡혀 있었는데, 경찰이 구조를 시도할 때 범인에게 살해당한 것이다. 몇 개월 후에 애슐리는 상담자에게 그 경험에 대해 이야기했다. 그녀는 남편을 살해한 자 때문에 자신의 종교적 신념의 기초가 흔들리고 종교적 신념에 많은 의문이 생겨 신앙에 위기가 초래됐다고 했다. 또한 그녀는 남편이 죽은 후 다소 평온하고 초월적인 어떤 것에 맞닿은 느낌을 경험했는데, 그것을 언어로 표현하기는 어렵다고 했다. 애슐리는 "내가 믿는 신이 진정으로 존재하는지 확신이 없다."라고 말하면서 신앙에 대한 전통적인 종교 용어의 사용을 꺼렸다. 그녀는 자신이 믿던 것과 진리라고 생각하던 것에 대해 종교적 의문을 품게 되었고, 아직 답을 찾지 못한 상태였다. 동시에 그녀가 영적 혹은 초월적인 무언가에 연결된 존재라고 느끼는 부분은 비극적인 상실 이전보다 어떤 면에서는 더욱 확실해졌다.

인생에서 주요 위기와 고통을 경험한 사람이 보고하는 영적 · 실존적 성장 경험을 고찰하는 한 가지 방식으로 얇은 자리(thin places)[3]에 대한 은유가 있다(Gomes, 1996). 켈트 신화(Celtic mythology)에서 얇은 자리는 '이 세상'과 '저세상' 사이의 경계로, 아주 얇아서 잘 통할 수 있는 영역이므로 직접 '저세상'으로 연결될 수도 있다. 그러한 자리는 지리상에 실제로 위치할 수도 있다. 예를 들어, 전설에 따르면 스코틀랜드 연안에 있는 이오나 섬(the Isle of Iona)이 '얇은 자리' 중 하나로 알려져 있다.

주요한 삶의 위기 경험이 어떤 사람에게는 은유적인 얇은 자리를 의미할 수도 있는데, 고통이나 죽음에 직접적으로 부닥치는 경험은 영성과 관련된 측면

....

3) 역자 주: 현세(이 세상)와 내세(저세상) 또는 삶과 죽음이 바로 가까이 맞닿아 있어서 쉽게 이쪽에서 저쪽으로 통과할 수 있는 (상징적인) 자리를 말한다.

을 더 잘 자각할 수 있게 한다. 그리고 삶의 의미에 대한 기본적인 의문이나 실존적인 의문에 더 관심을 갖고 몰두하게 한다. 어떤 사람에게는 그 경험이 전통적인 유신론의 신념 체계 내에서 일어난다. 남미 지역의 사례에서 이런 경우를 종종 볼 수 있다. 남미 지역에서는 많은 사람이 신에 대한 전통적인 관점을 받아들이고 가톨릭의 다양한 교파에 소속되어 있다. 그러나 **전통적인 종교 방식 내에서 위기를 극복하는 사람이 필연적으로 종교적 정통성에서 인정하는 방식으로 성장하는 것은 아니다.** 즉, 반드시 종교적인 성장만을 경험하는 것이 아니라는 사실을 기억하는 것이 중요하다. 그들의 성장 경험은 때로 종교적 의미를 간직하지만, 그 사람의 특정한 믿음은 교리적 정통성에서 벗어나거나 그들이 원래 수용하던 종교적 신념을 버리는 양상으로 변할 수 있다. 또는 원래의 종교적 신념의 구성 요소 중 일부는 그대로 유지되면서 더 깊게 성찰하고 더 만족스럽게 생활하는 방식으로 변하는 형태, 즉 약간 덜 교리적인 믿음의 형태로 변화를 보일 수도 있다.

이때 얇은 자리에 대한 은유를 종교적인 의미와 전적으로 동일시하지 않는 것이 중요하다. 무신론자나 회의론자도 상실이나 트라우마를 경험하면 실존적인 얇은 자리를 경험할 수 있다. 그 사람들이 직면하는 것은 신에 대한 의문이나 고통에 대한 종교적인 의미가 아니라, 종교적 세계관에 국한되지 않는 기본적인 실존적 의문에 대한 것이다. 즉, 그 의문들은 '남은 삶에서 나는 무엇을 해야 하는가? 무슨 일이 일어났는가? 그리고 앞으로 일어날 일에 대해 나는 어떤 의미를 찾아야 하는가? 만약 목적이 있다면 이 모든 일에 어떤 목적이 있는 것인가?' 등일 수 있다.

어떤 사람은 트라우마를 겪은 후 이전에는 분명하지 않았을 수 있는 의미와 목적에 의문을 품게 된다. 어떤 사람은 고통과 부정적인 스트레스의 얇은 자리에서 이러한 의문과 씨름하며 종교적 · 영적 그리고 순수한 실존적 영역에 관한 의미를 깊이 이해하게 된다.

요약하기

사람들이 주요 위기와 힘든 상황을 겪음으로써 때로는 극단적인 양상으로 바뀔 수 있다는 관점은 새롭지 않다. 하지만 이 현상에 대해 체계적으로 조사하기 시작한 것은 비교적 최근의 일이다. 20세기 중반에 선구적인 연구자들이 조사를 시작한 후 다양한 연구가 나왔으며, 현재 많은 국가에서 외상 후 성장에 관한 연구를 하고 있다.

트라우마 사건을 겪어 냄으로써 이루어지는 성장 경험은 어느 정도는 일반적인 경험이라고 볼 수 있다. 여러 가지 힘든 상황을 경험한 사람들이 외상 후 성장을 다양한 형태로 보고했다(Calhoun & Tedeschi, 2006; Weiss & Berger, 2010). 이때 외상 후 성장 경험의 공통되는 요소로는 자신에 대해 변화된 느낌, 타인과의 관계에서 변화된 느낌, 인생철학의 변화 등이 있다. 물론 자기 지각의 변화로 자신이 더 취약하다고 느낄 수 있다. 그러나 이후에 이어지는 삶의 주요한 문제를 자신이 잘 다루어 내고 고통을 충분히 견뎌 낼 수 있다는 지각이 높아질 수도 있다. 관계의 긍정적인 변화는 중요한 타인과의 관계가 더욱 깊어지고, 고통을 겪는 타인에 대한 연민과 동정심이 더 커지며, 자신을 타인에게 더 진술하고 자유로운 방식으로 표현하는 것을 포함한다. 마지막으로 어떤 사람들은 삶에 더 감사하는 태도로의 변화, 삶에서의 우선순위의 변화, 자신의 삶 가운데 종교적 · 영적 또는 실존적 요소에서의 의미 있는 변화 등을 나타낸다.

개인과 사건에 따른 특수한 경험

외상 후 성장의 포괄적인 이 세 가지 영역은 다양하고 특수한 삶의 도전 상황을 겪고 있는 사람이 경험하는 공통적인 핵심 요소를 나타낸다. 그러나 어떤 사람은 이 부류에 포함되지 않는 특수한 변화를 보고하기도 한다. 예를 들어, 암 진단을 받은 사람은 더 건강한 삶을 살기 위해 더 많이 노력하게 되었다고 보고한다. 또 자신이 신뢰하던 상대방이 외도를 하여 기만당한 경험이 있는 사람은 이제는 가깝게 지내는 다른 사람과 명확하고 개방적으로 소통하는 데 더 중점을 둔다고 보고할 수도 있다. 상담자는 이런 종류의 특수한 변화에 대한 보고를 경청하기 위해 열린 자세로 임하고 앞서 언급한 성장의 포괄적인 영역에 대해 잘 알고 있어야 내담자가 경험하고 보고하는 내용을 잘 이해할 수 있다.

그러나 부디 기억하라

비극과 고통을 경험한 사람이 모두 외상 후 성장을 경험하는 것은 아니다. 어떤 사람은 외상 후 성장의 요소 중 단 한 가지도 경험하지 않을 수 있다는 것을 상담자는 재인식해야 한다. 이 책은 상담 현장에서 외상 후 성장에 대해 경청하고 그것을 다루는 것에 초점을 두지만, 외상 후 성장을 경험하지 않을 수도 있다는 사실을 기억하는 것이 중요하다. 분류 기준에 따라 다를 수 있는데 삶의 주요한 어려움에 처한 사람의 대략 30~90%가 성장의 요소 중 한 가지 이상을 경험한다(Calhoun & Tedeschi, 2006). 외상 후 성장은 흔하지만 반드시 보편적이지는 않다. 하물며 특정한 상황에서 트라우마를 겪은 후에 성장할 가능성이 있다고 생각하는 것에 대해 트라우마 생존자는 순진한 발상이라고 여길 수도 있다. 우리의 의도는 약간의 스트레스만으로도 외상 후 성장이 쉽게 일어난다고 주장하려는 것이 아니다.

삶의 위기는 많은 부정적인 결과를 야기할 수 있는데, 이는 대부분의 사람에게 예외적인 것이 아니라 일반적이다. 심지어 심리적 탄력성이 좋은 사람들도 특정한 상황에 맞닥뜨리면 다양한 기간에 다양한 강도로 고통을 느낄 수 있다. 우리가 상담자에게 제안하는 것은 삶의 힘든 상황에 처했을 때 어떤 사람은 '그 상황을 경험한 후 더 좋게 변화했고 인간으로서 성장했다'라고 보고한다는 점이다. 트라우마 생존자들과 함께 임상 작업을 하는 상담자는 내담자 중 일부가 외상 후 성장에 대해 보고하는 것을 볼 수 있다. 그런데 과연 외상 후 성장에 대한 이러한 보고가 타당한 것인가?

외상 후 성장의 보고 내용은 신뢰할 수 있고 타당한 것인가

비록 인위적인 구분일 수 있지만 연구와 임상의 두 가지 관점에서 질문하는 것이 실제적이다. 순수하게 과학적이고 연구 지향적인 관점에서 일차적인 관심은 데이터와 숫자고, 임상적인 관점에서의 준거점은 내담자가 상담자에게 자신의 삶과 경험에 대해 이야기하는 내용이다.

연구 현장에서의 초점 맞추기

연구자에게 핵심 요소는 스트레스 관련 성장 척도(Park, Cohen, & Murch, R),

관점 변화에 대한 설문지(Joseph, Williams, & Yule, 1993), 외상 후 성장 척도 (PTGI; Tedeschi & Calhoun, 1996) 등과 같이 특수하게 구성된 측정도구를 활용해 취합한 자기 보고의 신뢰도와 타당도다. 우리는 성장을 평가하기 위해 고안된 척도에 대한 응답이 믿을 만한지 알아보기 위한 하나의 사례로 PTGI에 초점을 맞춰 설명할 것이다. 그러한 의문에 답하기 위해 먼저 다음과 같은 두 가지 질문을 고려할 필요가 있다. 즉, '연구 참여자들의 반응이 신뢰할 수 있고 타당한 것인가?' 하는 질문이다.

첫 번째 질문에 대한 답은 '성장에 관한 자기 보고는 신뢰할 수 있다' 는 것이다. PTGI의 검사−재검사 신뢰도뿐만 아니라 내적 일관성은 양호한 수준에서 우수한 수준에 이른다(Anderson & Lopez-Baez, 2008; Tedeschi & Calhoun, 1996). 사람들은 척도에 응답할 때 서로 다른 질문에 대해 일관된 방식으로 답변하는 경향이 있고, 서로 다른 두 가지 관점에서 같은 질문을 할 때 비슷한 응답을 하는 경향이 있다. 하지만 응답이 일관된다고 해서 그것이 과연 믿을 수 있는 것인가?

자기 보고의 타당도에 대해 생각할 수 있는 한 가지는 사람들이 자기 자신을 좋게 보이려고 하는 방향, 즉 척도의 항목에 응답할 때 사회적인 바람직함의 편향(social desirability bias)이 나타난다는 증거가 있다는 점이다. 그렇다면 성장에 대한 자기 보고식 연구에서 사회적인 바람직함의 편향에 대한 증거에는 어떤 것이 있는가? 외상 후 성장 척도에 반응한 응답에서는 사회적인 바람직함의 편향의 증거가 명백하게 나타나지 않았다(Salsman, Segerstrom, Brechting, Carlson, & Andrykowski, 2009; Wild & Paivio, 2003).

성장 척도에서 생길 수 있는 자기 보고의 신뢰도에 관한 의문 중 하나는 이러한 성장에 대한 자기 보고가 '진짜' 혹은 '실제' 성장을 반영하는지를 알아봐야 한다는 것이다(Gunty, Frazier, Tennen, Tomich, Tashiro, & Park, 2010). 이 질문의 답을 얻는 방법 중 하나는 트라우마 당사자가 응답한 자기 보고의 내용을 다른 사람이 얼마나 입증하는지를 평가하는 것이다. 위기 사건으로 직접적인 영향을 받은 사람, 예를 들어 암에 걸린 사람이 보인 변화가 무엇인지를 다른 사람에게 질문할 때, 암에 걸린 당사자가 자신에 대해 스스로 보고한 변화의 내용과 다른 사람이 트라우마 당사자에게서 드러난 변화라고 이야기한 내용이 일치할 것인가? 이것에 대한 답변은 '그렇다' 이다. 트라우마 당사자의 외상 후 성장에 대한 자기 보고와 다른 사람이 트라우마 당사자에게 나타났다고 이야기하는 성장 내용은 정확하게 상호연관성이 있다(Moore et al. 2011; Shakespeare-Finch & Enders, 2008; Weiss, 2002).

따라서 일반적으로 세밀하게 개발된 성장 척도에서 얻어진 성장에 관련된 보고 내용은 타당하며 신뢰할 수 있다(Aspinwall & Tedeschi, 2010). 그런데 이러한 척도들은 사람들에게 그 시기에 변화가 생겼고 그 항목의 내용이 긍정적일 것이라고 생각하도록 강요하는 경향이 있다. 따라서 PTGI와 같은 척도가 합당한 신뢰도와 타당도를 갖추었다는 점에 대한 합리적이고 양호한 지지가 있음에도, 앞서 언급한 성장의 다섯 가지 영역에서 최소한 응답자가 언제 부정적인 결과를 경험했는지를 표시하도록 성장 측정 척도의 한 종류가 개발되었다. 이 결과적 측정 척도(resulting measure)는 많이 사용되지는 않는데, 초기에 역시 부정적인 결과보다 긍정적인 결과를 더 많이 보고하게 하는 경향이 있다는 비판을 받았다(Baker, Kelly, Calhoun, Cann, & Tedeschi, 2008).

성장 척도를 사용한 양적 측정 연구에서 객관적으로 측정된 집단 평균치와는 대조적으로, 각 개인의 점수를 평가할 때는 어느 정도 주의를 기울이는 것이 현명하다. 그 자료는 집단 연구에 활용하려는 목적으로 고안되었으며, 서로 다른 많은 사람에게서 얻은 통합된 자료다. 예를 들어, PTGI와 같은 척도는 연구자가 측정하려고 하는 것을 타당하고 신뢰할 수 있는 방식으로 제대로 측정하는 역할을 한다. 그러나 한 개인의 점수를 조사할 때는 어느 정도 주의를 기울여서 점수를 해석하는 것이 현명하다. 사람들은 자기 고양 편향이 있으므로 개인의 반응에 영향을 줄 수 있다. 그렇지만 그 응답자가 속한 집단의 평균 점수에는 영향을 미치지 않는 방식으로 나타날 가능성이 있다. 또한 PTGI상에서 특정한 항목의 변화 폭이 크게 나타나는 것은 한 개인에게는 매우 중요한 개인적인 경험을 가리키지만, 그 항목에 대한 집단의 전체 점수는 낮게 측정될 수도 있다.

상담 현장에서의 초점 맞추기

연구자들 중 일부는 외상 후 성장에 관한 자기 보고 측정도구의 타당성에 의문을 제기해 왔다(Frazier, Tennen, Gavian, Park, Tomich, & Tashiro, 2009). 그러나 앞서 설명했듯이 연구를 통한 결과들이 외상 후 성장에 관한 측정도구의 신뢰도와 타당도를 전반적으로 지지해 준다. 그럼에도 그러한 의문을 제기하는 것은 중요하며, 앞으로 더 많은 연구가 추가되면 그것을 바탕으로 새로운 증거가 더해질 것이다. 이것은 어디까지나 주로 집단의 통계연구에 관심이 있는 연구자들에게 해당하는 학문적인 쟁점이다. 그러나 상담자들은 특정한 개인, 가족, 집단을 상담하는 현장에서 성장에 대한 구체적인 이야기(specific accounts)에 직면한다. 상담자는 트라우마 사건을 겪어 낸 내담자를 상담하는 현장에서 외상 후 성장과 관련된 보고를 들으면 어떻게 반응해야 할 것인가?

이 책은 상담 현장에서 내담자의 성장 주제에 대해 상담자가 어떻게 반응해야 할 것인지의 질문을 다룬다. 하지만 아직은 질문에 대한 답이 단순해서 완벽하지 않을 수 있다. 먼저 우리는 상담자가 내담자의 외상 후 성장에 관한 보고에 무비판적으로 반응할 것을 권고한다. 그리고 상담자가 내담자의 외상 후 성장과 관련된 보고를 들을 때 그 보고가 내담자 자신에게 일어난 상황을 이해하는 방식의 일부이며 내담자의 특수한 상황 및 일상생활과 관련되어 구축된 내러티브(narrative)의 일부라고 생각하기 바란다(Neimeyer, 2006). 우리의 임상 경험을 종합해 보면, 비록 철저하게 체계적인 연구는 아니었지만 고통을 경험한 내담자가 성장에 대해 보고한 경우 중에서 의미 있는 수준으로 자기 고양 편향을 보인 사례는 단 한 사례도 없었다. 그 사실이 자기 고양 편향이 작용했을 가능성을 확실히 배제한다고 말할 수는 없지만, 성장의 보고에 관해 연구하는 과학적인 관점에서 살펴보면 그러한 관심사는 중요할 수 있다. 하지만 그 관심사는 주요한 삶의 위기를 경험한 내담자와 작업하는 대부분의 일반 상담 과정에서는 적절하지 않다. 우리는 내담자가 하는 이야기를 진솔한(genuine) 의미로만 받아들이려고 한다. 그렇다면 성장의 경험은 어떤 과정을 통해 발생하며 그 과정이란 무엇인가?

상담할 때 외상 후 성장 과정을 이해하기

외상 후 성장 경험에는 어떤 요소가 작용하는가? 가장 중요하게 작용하는 것으로 생각할 수 있는 요소를 요약하면 [그림 1-1]과 같다. 이 논의는 과학적 의문과 관련된 추상적인 요소보다는 주로 내담자를 상담하는 것과 관련된 적합한 요소들에 초점을 맞출 것이다.

성장 모델은 위기 상황이 발생하기 이전의 개인 특성에서 시작한다. 여기서 외향성이나 경험에 대한 개방성 등의 성격 특성은 트라우마 경험 후의 성장 가

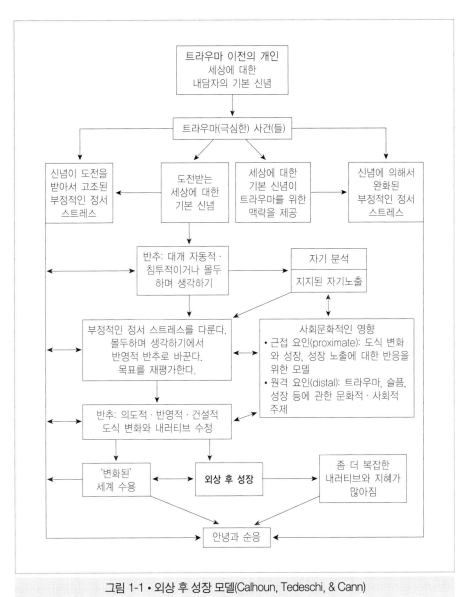

트라우마 이전의 개인
세상에 대한
내담자의 기본 신념

트라우마(극심한) 사건(들)

| 신념이 도전을 받아서 고조된 부정적인 정서 스트레스 | 도전받는 세상에 대한 기본 신념 | 세상에 대한 기본 신념이 트라우마를 위한 맥락을 제공 | 신념에 의해서 완화된 부정적인 정서 스트레스 |

반추: 대개 자동적 · 침투적이거나 몰두하며 생각하기

자기 분석
지지된 자기노출

부정적인 정서 스트레스를 다룬다. 몰두하며 생각하기에서 반영적 반추로 바꾼다. 목표를 재평가한다.

사회문화적인 영향
• 근접 요인(proximate): 도식 변화와 성장, 성장 노출에 대한 반응을 위한 모델
• 원격 요인(distal): 트라우마, 슬픔, 성장 등에 관한 문화적 · 사회적 주제

반추: 의도적 · 반영적 · 건설적 도식 변화와 내러티브 수정

'변화된' 세계 수용

외상 후 성장

좀 더 복잡한 내러티브와 지혜가 많아짐

안녕과 순응

그림 1-1 • 외상 후 성장 모델(Calhoun, Tedeschi, & Cann)

능성에 영향을 미칠 것이다(Shakespeare-Finch, Gow, & Smith, 2005). 성별(gender)도 성장 가능성에 영향을 줄 수 있는데, 특히 여성이 외상 후 성장을 보고할 경

향이 조금 더 높다(Vishnevsky, Cann, Calhoun, Tedeschi, & Demakis, 2010). 그리고 성장을 경험할 가능성에 영향을 미치는 매우 중요한 요인은 세상에 대한 개인의 기본 가정(assumptive world)이다(Janoff-Bulman, 1992; Parkers, 1971). 그것은 세상에 대한 개인의 신념, 즉 세상이 작동하는 방식, 세상 속에 놓인 개인의 위치 등에 대한 일련의 신념을 말한다. 우리가 흔히 예측하는 것과 같이 트라우마 사건은 세상에 대한 개인의 기본 가정에 큰 충격을 준다. 지진이 물리적 구조물을 흔들고 손상을 입히고 파괴하는 것처럼, 트라우마 사건은 개인이 경험을 조직화하고 이해하는 데 도움이 되는 도식과 신념에 지진과 같은 종류의 충격을 준다.

우리는 특정한 사건으로 인해 세상과 세상 속 자신의 위치에 대한 기본적인 신념에 의문을 품거나 그것을 재조명하게 된다. 이러한 핵심 신념을 재조명하고 탐색하는 과정은 트라우마 이후의 외상 후 성장을 위한 핵심적인 촉매제가 된다(Cann, Calhoun, Tedeschi, Triplett, Vishnevsky, & Lindstrom, 2010). 성장 모델이 나타내는 것처럼 주요 스트레스원에 의해서 핵심 신념을 세밀하게 탐색하는 것은 성장 단계를 세우기 위한 핵심적인 요소다. 세상에 대한 자신의 기본 가정을 바탕으로 사건을 완전히 이해하고 맥락을 파악한다면 핵심 신념은 도전을 받지 않는다. 따라서 주요 스트레스원에 직면함으로써 생기는 외상 후 성장은 아주 적거나 없을 것이다. 이런 경우에는 어려운 상황이 정서적인 고통을 일으킬 수는 있으나 성장으로 이끄는 과정을 유도할 것 같지는 않다. 예를 들어, '신이 통제하고 있다.' 혹은 '모든 일은 신의 계획에 의해서 일어난다.' 와 같은 관점을 가진 사람은 자신의 핵심 신념이 도전받거나 위협받지 않으며, 삶이 예측불허이고 위기 사건이 무작위로 일어난다고 가정하지도 않을 것이다. 이런 식의 포괄적인 가정은 삶의 위기 상황에 의해 무효화되지 않고 사건의 비극적인 정도와 상관없이 반박될 것 같지도 않다.

그러나 삶의 어려운 상황에 부닥쳐 핵심 신념이 중대한 도전을 받게 될 때는 외상 후 성장 가능성에 다가가는 단계를 밟아 가게 된다. 세상에 대한 내담자의 기본 가정이 도전받고 와해되면 내담자의 중요한 목표나 삶의 내러티브도 함께 와해될 수 있다. 그래서 내담자가 심도 있는 반추를 하게 될 가능성이 있는데, 여기서 반추란 같은 일을 반복적으로 생각하는 것을 말한다. 또한 반추는 주요 핵심 신념에 대한 도전이나 와해에 의해 촉진되는 인지적 작업을 포함한다. 위기 상황의 초기에는 반추가 침투적인 성질을 띨 가능성이 있어서 내담자가 그 상황에 대해 생각하기를 원치 않을 때에도 반복적으로 생각하게 만들 수 있다. 하지만 사람마다 성향에 따라 반복적인 사고에 대한 관심과 필요가 서로 다를 수 있다는 사실을 기억하는 것이 중요하다(Silvia, 2011). 어떤 사람은 발생한 일을 해결하려고 노력할 때 그 일에 대해 생각하는 것을 원치 않거나 생각할 필요를 느끼지 않는다. 또한 많은 사람이 "왜 하필 나인가?"라는 질문을 전혀 떠올리지 않는다. 이렇듯 '많이 생각하는 것은 사건을 이해하는 데 의미 없는 일일 뿐이다.'라는 식의 일반적인 신념을 반영한 관점은 세상에 대한 개인의 기본 가정의 일부일 수 있다. 그러나 상담 현장에서는 일반적으로 내담자가 그 사건에 대해 반추한다는 관점으로 접근하는 것이 현실적이다.

어느 정도 시간이 흐르면 무슨 일이 일어났는가와 그 일을 어떻게 이해해야 하는가에 대한 반복적인 사고가 의도적인 특성(deliberate quality)을 더 강하게 띠고 발전할 수 있다. 이러한 형태의 반추는 반영적[4](reflective)이고 의도적[5]이

---

4) 역자 주: 자신과 세상을 이해하기 위해서 도식을 새롭게 구성하거나 적극적이고 긍정적인 방향으로 문제의 원인 및 결과, 의미에 대해 사고하는 인지적 처리 과정을 말하며, 연구자에 따라 반성적 반추라고 번역하기도 한다.
5) 역자 주: 사건을 이해하기 위한 의도적인 사고로, 사건에 대처하면서 도움이 되는 것을 찾거나 트라우마 경험에서 유익한 점을 찾고 삶의 목적 혹은 의미에 대해서 깊이 생각해 보는 것 등을 포함한 반추를 의미하며, 연구자에 따라 성장적 반추(숙고) 및 성찰적 반추라고도 한다.

며 사건을 이해하는 데 초점을 둔다(Martin & Tesser, 1996). 좀 더 의도적인 형태의 이러한 반추는 트라우마 이후의 성장 가능성에 특히 중요한 것으로 나타난다(Cann, Calhoun, Tedeschi, Triplett, Vishnevsky, & Lindstrom, 2011; Stockton, Hunt, & Joseph, 2011).

개인은 트라우마 이후 초기에 부정적인 정서 스트레스에 압도당할 수 있다. 상담자는 내담자에게 외상 후 성장 가능성이 있다는 것을 생각하기 전에 그러한 요소에 중점을 두어야 한다. 내담자를 압도하는 부정적인 정서 스트레스를 줄이도록 도와주는 것이 치료나 대처하기의 목표인 것처럼, 침투적인 반추 형태를 의도적인 반추 형태로 더 많이 대치하기 시작하면 이후에 성장이 일어날 가능성이 더 커진다. 상담자는 내담자의 사회적 맥락을 가능한 한 많이 이해할 필요가 있고(3장 참고), 이러한 이해는 트라우마와 분투하는 과정에서 나타나는 성장 가능성을 이해하는 것과도 관련된다. 외상 후 세계에서 개인의 경험은 복잡하게 상호작용하는 일련의 사회문화적 영향 내에서 일어나며 그 모델은 이러한 복잡성을 반영한다. 어려운 사건은 핵심 신념에 인지적 개입을 하도록 유도하고 반추와 부정적인 스트레스를 야기하며, 이러한 것들이 반복적으로 생각하는 것과 글쓰기 또는 자신의 경험을 다른 사람과 나누는 것을 통해 자기분석에 전념하도록 순서대로 진행된다.

개인이 트라우마 사건에 맞서는 과정에서 지지해 주는 타인, 특히 요구하거나 필요로 하는 한 계속 지지해 주는 사람은 중요한 역할을 할 수 있다(Wilcox, 2010). 그리고 성장은 개인이 속한 근접문화(proximate culture)와 원격문화(distal culture) 모두의 범위 내에서 이해되고 형성된다. 그리고 문화 내에서 성장이 강화하거나 승인하는 방식뿐만 아니라 성장 주제를 활용하는 것은 개인의 성장 경험에 영향을 줄 수 있다. 예를 들면, 미국 남부 대학생들의 사례를 통해 개인이 속한 사회문화적인 맥락 내에 그 맥락과 일치하는 외상 후 성장 주제가 있음을 알 수 있었다(Lindstrom, Cann, Calhoun, & Tedeschi, 2011). 또한 성장을 반영하는 변화 중 하나인 긍정적인 변화에 대해 보고하는 방식은 문화에 따라 다양하게 나타난다(Taku, 2011).

개인이 외상 후 성장 경험을 표현할 때, 타인에 의한 사회적 수용과 사회적 승인의 반응 정도에 따라 성장에 대한 사회문화적인 주제와 이해는 달라질 수 있다. 예를 들어, 집단주의적 관점이 우세한 문화 배경에서는 개인의 성공이나 긍정적인 특질에 관해 노출하는 것이 사회적으로 부적절하게 간주된다. 그러므로 개인이 타인에게 자신의 성장 경험에 대해 노출할 가능성이 더 적고, 그러한 노출은 사회적 불승인에 부딪칠 가능성이 더 클 것이다. 한편, 전반적인 문화가 개인의 자기노출에 더 개방적이 되게 함으로써 외상 후 성장 경험을 하도록 격려할 때는 성장 경험에 관계된 자기노출을 더 많이 하게 될 것이다. 또한 자기노출을 했을 때 사회적으로 긍정적인 피드백을 받으면 외상 후 성장 경험의 가능성이 한층 커질 수 있다.

개인을 넘어선 외상 후 성장

우리는 사회적인 힘이 외상 후 성장 과정에 또 하나의 방식으로 작용한다는 것을 확인했다. 비극적인 사건은 가족 내, 집단 내, 심지어 국가 내에서 공동으로 함께 경험될 수 있다. 이렇게 공동으로 함께 경험한 사건이 그 집단의 기능에 심각한 분열을 초래할 수 있듯이, 외상 후 성장도 사람들 사이에서 공유될 수 있다. 바이스(Weiss, 2002)는 연구를 통해 유방암을 극복한 여성과 그 남편 사이에서 이런 식으로 성장이 공유됨을 증명했고, 이 장 앞부분에서도 자녀를 잃은 부모 사이에 어떻게 성장이 공유되는지를 언급했다(Tedeschi & Calhoun, 2004).

가족 내에서 이러한 성장 경험을 하는 것을 넘어, 집단 공동체가 긍정적인 결과를 얻기 위한 하나의 시도로 비극을 강조할 수도 있다. 한 예로 애리조나 주의 투손에서 여성 하원의원이었던 가브리엘 기포드(Gabrielle Giffords)를 포함하여 여러 명이 총격을 입은 사건이 있었다. 1년 후에 가브리엘의 스승인 스테파니 애론(Stephanie Aaron)이 "올해는 괴로운 해였지만 그 와중에서도 치유와 용기가 우리 공동체 안에서 경험되었고, 우리 각자는 자신의 삶에서 축복의 잔이 어떻게 흘러넘치는지를 볼 수 있었다."라고 말했다(Myers, 2012). 폭력, 자연재해 혹은 다른 트라우마 사건 이후에 개인과 사회가 공동체를 치유하려는 시도로 대응할 때 상담자는 특정한 역할을 할 수 있다. 그러나 일반적으로는 공동체 내의 많은 개인이나 지도자가 그 대응을 결정한다. 그러한 상황에서의 성장의 결과로 개인이 다른 이웃을 돕기 위한 지도자로 변신할 수도 있다. 재해로 인해 개인이 변화하는 것뿐만 아니라 사회 전체로 사회적인 운동이 확산되어 정치적 변화가 일어날 수도 있다. 그러한 변화의 사례로 2차 세계대전 후의 일본이나 인종차별정책 후의 남아프리카를 들 수 있다(Bloom, 1998; Solnit, 2009; Tedeschi, 1999).

외상 후 성장과 최상의 심리적 기능

외상 후 성장을 일반적인 심리 평가로 측정할 수 있는가에 대한 의문은 아직 수수께끼로 남아 있다. 만일 한 개인이 스스로 가능하다고 생각한 것보다 자신을 더 강하게 여기고, 타인과 더 친밀하거나 가깝게 느끼며, 더 잘 발달되고 만족스러운 삶의 철학을 가지게 되었다면 그 개인에게 '그래서, 무엇을?'에 관해 측정하는 질문을 하는 것은 다소 무례하고 어리석게 보일 수 있다. 그러나 성장 경험이 심리적 기능의 다른 영역과 관련이 있는지 혹은 없는지, 또 그 정도는 어떠한지에 관련된 질문은 아마도 연구자와 상담자가 답변하기 좋은 질문일 것이다.

성장 경험과 관련하여 물어볼 수 있는 한 가지 질문은 성장에 대한 보고가 심리 기능, 특히 부정적인 정서 스트레스나 안녕에 관련되는가다. 한쪽에서는 외상 후 성장과 심리적 스트레스의 관계, 그리고 다른 쪽에서는 외상 후 성장과 심리적 안녕의 관계에 대한 연구들이 뒤섞여 있다. 이런 식으로 관계에 대한 연구가 일관적이지 않은 이유 중 하나는 문화적 요인의 영향 때문이다(Shakespeare-Finch & Morris, 2010). 그러나 성장의 경험 및 부정적인 정서 스트레스와 고통의 경험을 독립적인 차원으로 보는 것, 즉 하나의 변화는 다른 것의 변화와 필수적으로 상관되지 않는다고 간주하는 것이 임상적으로 더 정확하고 유용할 수 있다고 암시하는 증거는 많다. 다시 말하면, 이러한 두 가지 일반적인 영역, 즉 부정적인 스트레스와 성장은 매우 힘든 사건과 그 사건을 끝까지 극복해 내려고 개인이 분투한 결과로 생긴 각기 독립적인 차원이라고 이해할 수 있다.

한 예로, 일반적으로 성장이 삶의 만족도에 영향을 미친다는 증거들이 있지만 그 영향은 간접적일 수 있다. 삶의 만족도와 성장의 관계에 관여하는 한 가지 변인은 삶의 의미 부여다(Liney & Joseph, 2011). 한 연구에서는 외상 후 성장이 삶의 의미 부여에 신뢰할 만한 영향을 주고, 나아가서 삶의 의미가 삶의 만족도에 영향을 준다고 보고했다(Triplett, Tedeschi, Cann, Calhoun, & Reeve, 2012). 즉, 외상 후 성장 경험을 한 사람은 삶의 목적과 의미를 갖게 되었음을 보고할 가능성이 더 크고, 결국 삶의 의미는 보편적인 삶의 만족도의 높은 수준과 높은 관련성을 지닌다는 것이다.

우리의 성장 모델은 개인이 말하는 자신의 삶, 특히 사건에 대한 이야기와 외상 후 성장 경험이 밀접하게 연관되어 있다. 어떤 사람에게는 사건이 정체성의 중심적인 요소가 될 수 있는데, 사건으로 인해 좋은 결과와 나쁜 결과가 모두 나타날 수 있다(Schuettler & Boals, 2011). 예를 들어, 어려운 상황에 맞서서 분투하는 것을 인생의 긍정적인 전환점으로 여기는 사람에게는 삶의 철학이 더 명료해지거나 삶의 목적이 더욱 고취된다. 또한 내러티브에서 성장의 요소가 더 명확해지고 삶의 이야기 역시 개선할 수 있다. 그러나 삶의 이야기에서 사건을 부정적인 전환점으로 여기는 사람은 전형적인 부정적 결과에 중점을 두고 삶에 매우 불만족하며, 심각한 부정적인 정서 스트레스를 경험할 수도 있다. 약간 단순하긴 하지만 트라우마 사건에 대한 다양한 해석은 크게 두 가지로 구분할 수 있다. 즉, 개인이 자기 자신의 인생 이야기를 상처 입은 희생자의 이야기라고 생각하는가, 혹은 강인하게 극복해 낸 사람의 이야기라고 생각하는가이다. 성장을 경험하는 사람은 자신을 어려운 상황을 견뎌 낸 생존자라고 생각하며, 비록 힘들었지만 이겨 냈고 성장했다고 보는 더 적응적인 삶의 이야기로 표현할 것이다(Groleau, Calhoun, Cann, & Tedeschi, 출판 예정).

또한 외상 후 성장 경험을 가능하게 한 사람은 트라우마를 겪는 경험을 더 유익한 것으로 여기고, 트라우마에 맞서서 분투한 결과로 더 큰 삶의 지혜를 얻었다고 간주한다. 놀랍게도 그러한 요소들의 연관성을 다룬 학문적인 연구는 거의 없지만(Linley, 2003), 임상적인 관점에서 그러한 요소들의 상호 관련 가능성을 고려하는 것은 유용할 것이다. 주요한 삶의 위기를 경험하는 것은 성장 가능성의 토대를 제공한다. 또한 삶의 지혜가 생기도록 촉진할 수도 있다(Ardelt, 2003; Baltes & Smith, 2008). 개인이 고통과 상실 이후에 삶을 직면할 때 외상 후 성장 경험의 기회는 많아질 수 있으며, 삶의 방식은 더 깊이 있고 더 현명하게 향상될 수 있다.

외상 후 성장이 '행복'에 기여하는가

성장 모델의 종착점은 심리적 안녕과 삶의 만족이다. 현 시대, 특히 21세기 미국의 심리학자들 사이에서 개인의 안녕에 관한 일반적인 관점은 긍정적인 정서는 있지만 부정적인 정서는 없는 주관적인 안녕이며, 상담자는 내담자가 이러한 안녕에 이르는 것에 초점을 두어 왔다(Ryan & Deci, 2001). 개인의 안녕과 그 대안에 관한 포괄적인 견해는 고대 그리스 철학자인 아리스토텔레스에 의해 발달된 관점을 본질적으로 따른다. 아리스토텔레스는 인간의 삶의 일차적인 기능은 '행복(eudaimonia)'을 성취하기 위함이라고 했다. eudaimonia의 어원은 인간으로서 번영하는 상태, 즉 온전한 삶을 살기 위해 자신의 가능성을 완전하게 깨닫는 것을 뜻한다. 우리의 관점은 이러한 아리스토텔레스의 관점을 따르는 것 또는 그 이상이다. 그리고 20세기 중반 심리학자들의 전반적인 생각과도 공통되는 부분이 많은데, 그들은 자기실현이 인간이 번영하는 가장 바람직한 상태라고 여겼다(Rogers, 1961). 외상 후 성장은 내담자가 자신이 겪은 비극적인 사건으로 인한 고통을 덜 느끼도록 하는 것이 필수적이지는 않으며, 긍정적인 감정이 커지도록 유도하는 것이 필수적이지도 않다. 우리가 앞에서 제안한 대로 상담자가 성장과 고통을 서로 독립된 차원으로 간주하는 것이 유용할 수 있다. 성장은 삶을 잘 살아가기 위해 무엇이 중요한가를 깨닫게 하는 데 기여하지만, 필수적으로 주관적인 느낌이 더 좋아지도록 직접 유도하지는 않는다.

성장 경험은 어려운 상황을 극복함으로써 더 의미 있는 삶의 내러티브가 생기고 삶의 지혜가 증가하는 데 상응하여 상실의 고통을 줄이는 것을 수반하지는 않을 것이다. 그러나 성장의 경험은 더 바람직한 방식으로 그 사람의 우선순위를 재정비하며 소소한 기쁨에도 더 깊이 감사하고, 현재 삶의 중심이 되는 질문에 스스로 더 명확하고 만족스러운 답을 찾게 한다.

Note

1. 여기에서 우리가 사용하는 '트라우마' '위기' '주요 스트레스원' 등의 용어는 세상에 대한 내담자의 기본 가정을 구성하는 중요한 요소를 무효화하거나, 기본 가정을 흔드는 매우 힘들고 어려운 상황을 표현하는 것으로서 본질적으로 같은 의미의 표현이다.

2장

동반자적 전문가를 통해
외상 후 성장을 촉진하기

우리는 고통과 혼란을 경험하고 있는 트라우마 생존자에게 상담자가 함께 있어 준다는 것을 강조하기 위해 동반자(companion)라는 용어를 사용한다. 상담자가 함께 있어 주는 것은 트라우마 생존자에게 상당한 위로가 될 수 있다.

2장

동반자적 전문가를 통해
외상 후 성장을 촉진하기

1장에서 언급한 외상 후 성장 과정은 대개 상담자의 도움을 받지 않고도 자연스럽게 일어날 수 있는 과정이며, 트라우마 생존자(trauma survivor)의 대처 방식과 와해된 신념 체계에 대해 생각하는 방식 그리고 자연적인 사회 환경과의 상호작용을 통해 발전한다. 하지만 어떤 사람은 주요 스트레스원이 야기한 심리적 혹은 신체적 어려움을 극복하는 과정에서 도움을 받기 위해 건강 전문가를 찾아온다. 그런 경우에 전문가는 그 사람이 회복하도록 돕고, 외상 후 성장을 도모하는 과정을 촉진하는 기회를 제공한다. 그렇지만 트라우마 생존자가 외상 후 성장을 할 수 있게 도와달라고 요청하는 경우는 매우 드물다. 몇몇 사람이 "나는 이 모든 과정을 통해 좋은 교훈을 얻고 싶어요."라고 말하기도 하지만, 대다수의 사람은 그저 트라우마 이후에 자신이 경험하는 고통을 이겨 낼 방법을 찾고자 분투한다.

내담자가 트라우마와 이후 여파에 대처해 가는 과정 중에 도움을 받기 위해 상담자를 찾아왔을 때 상담자가 전문가로서 내담자를 도와주는 것을 **동반자적 전문가 관계**(expert companionship)라고 한다(Tedeschi & Calhoun, 2006). 이 용어가 강조하는 관점은 상담자가 내담자에게 조력하기 위해서는 숙련된 전문적인 지식과 인본적인(human) 동반자적 관계 두 가지를 모두 갖추는 게 중요하다는 점이다. 우리는 이러한 단어를 신중하게 사용한다. 즉, 우리는 상담자를 성장의 창조자라기보다는 **촉진자**(facilitator)로 보고, 특정한 숙련된 지식을 제공하여 자연히 일어나는 치유와 성장의 과정을 조력하는 **동반자**(companion)로 본다. 의사가 신체에 행하는 많은 시술 과정이 결국 신체 스스로 치유하는 과정을 촉진하는 것이라고 생각할 수 있듯이, 우리도 상담자를 내담자 스스로가 심리를 치유하도록 촉진하는 사람이라고 간주한다. 때로는 트라우마 생존자 중에 이러한 치유 과정이 도전받아서 와해되고, 순조롭게 기능할 수 없을 정도로 매우 심하게 손상된 경우가 있다. 이때 상담자의 역할은 내담자가 더 효과적으로 기능할 수 있도록 전문가로서 돕는 것이다. 이 장에서는 동반자적 전문가가 다양한 방식으로 수행하는 촉진자 역할을 살펴본다. 즉, 트라우마 생존자와 형성하는 동반자 관계(companionship)를 보여 주는 여러 사례와 내담자가 트라우마를 겪은 후에 궁극적으로 성장을 지향하도록 돕기 위해서 상담자가 해야 할 중요한 업무인 전문성의 다양한 측면을 기술할 것이다.

동반자 관계가 우선이다

최근에 수천 명의 군인과 만나서 외상 후 성장의 개념을 설명한 후, 얼마나 많은 사람이 성장을 경험했는지 혹은 다른 사람이 성장한 사례를 알고 있는지 살펴보기 위해 설문조사를 했다. 그중 거의 90% 정도가 자기 자신이 성장을 경험했거나 다른 사람에게서 외상 후 성장을 관찰했다고 보고했다. 설문조사를 할 때 군인들에게 동반자적 전문가(어떤 식으로든지 도움을 주는 사람)가 필요한 적이 있었는지도 질문했다. 70% 정도가 '필요했다'라고 응답했고, 친구나 가족에게서 도움을 받았으며, 단 10% 정도만 전문가의 도움을 받았다고 보고했다. 트라우마 생존자는 주로 주변에서 쉽게 접근할 수 있거나 가장 신뢰할 수 있는 편한 사람과 동반자 관계를 맺는다. 트라우마 생존자가 이전부터 상담자와 관계를 맺어 온 경우가 아니라면, 상담자를 찾아가는 것이 번거롭고 힘들기 때문에 상담자의 도움을 받는 경우가 드물다. 우리는 트라우마 생존자와 그 주변에서 도움을 주는 동반자가 맺고 있는 관계의 유익한 측면을 본받기 위해 상담자로서 노력하는 것이 필요할 수 있다.

우리는 고통과 혼란을 경험하고 있는 트라우마 생존자에게 상담자가 **함께 있어 준다는 것**을 강조하기 위해 **동반자**(companion)라는 용어를 사용한다. 상담자가 함께 있어 주는 것은 트라우마 생존자에게 상당한 위로가 될 수 있다. 훌륭한 상담자는 전문 기술이나 지식을 사용할 뿐만 아니라 동반자 관계로서 함께한다. 또한 상담자가 트라우마 상황을 잘 다루려면 단지 인지적인 활동만이 아니라 내포된 많은 감정을 다루어야 함을 인식해야 한다. 특히 트라우마 생존자를 돕는 초기 단계에서 상담자는 관계 맺는 것과 경청하는 것에 대한 전문 지식을 갖추어야 한다. 또한 어떻게 하면 트라우마를 극복하고 생존할 수 있는지 알아내고자 애쓰는 사람을 위해서 상담자가 편안하게 함께 있어 주는 것은 상담자의 기본적인 기술이다. 이러한 기본적인 기술이 밑받침되지 않는다면 트라우마 과정에 대한 다른 지식이나 중재 전략은 거의 무의미하게 될 수도 있다.

한 가족이 어머니의 비극적인 자살로 인한 고통을 이겨 내려고 도움을 청했다. 그 어머니는 고통스러운 질병을 1년간 앓은 후 50세에 자살했다. 남편이 직장에서 돌아온 후 차고의 자동차 안에서 엔진을 가동시킨 채 자살한 아내를 발견했다. 남편과 20대의 두 자녀는 큰 충격을 받고 비통에 잠겼으며 혼란에 빠졌다. 이 가족에게 상담자가 무엇을 해 줄 수 있을까? 사건 후 한 달이 지났는데, 시간이 더 지나면 기분이 좀 더 나아질 것이라고 말해야 하는가? 아니면 기자가 이 사건에 대해 지역 뉴스에 보도하지 못하게 막는 방법을 알려 줘야 하는가? 혹은 가족에게 서로 도울 필요가 있다고 말해야 하는가? 아니면 죄책감을 느끼거나 비난하지 않아야 한다고 말해야 하는가? 상담자는 가족이 처한 특수한 상황을 고려하면서 가족의 이야기에 관심을 기울여 경청하고, 그들의 감정을 직접 느껴 보려고 노력하며, 가족에게 도움을 주고 싶다고 알려 주는 것 외에 해 줄 수 있는 일이 거의 없었다.

우리는 면담과 심리치료의 기본적인 기술에 관해 대학생들을 훈련하는 과정에서 학생들이 이러한 가족을 상담하기 위해 만날 때 당황스러워하는 것을 종종 볼 수 있다. 우리는 "이것이 전부입니까(Is that all)?"라는 표현으로 요약되는 메시지를 자주 듣게 된다. 물론 이런 방식은 하나의 시작일 뿐이지만 트라우마 생존자를 상담할 때 전 과정 동안 수행해야 할 방식이다. 그 가족 혹은 내담자의 특정한 자리에서 내담자의 환경, 내담자의 언어, 내담자의 감정적 욕구, 내담자의 신념, 내담자가 일어난 일에 대해 느끼는 혼란 등을 이해하면서 시작하는 것이다. 이렇게 관계 맺는 방식은 기본적이고 핵심적이어서 수십 년 동안 많은 심리학자가 언급해 왔다. 그러므로 상담자는 그 교훈을 되새겨 배울 필요가 있다.

시어도어 라이크(Theodore Reik, 1948)는 상담자들에게 "제3의 귀로 들어라."

라고 가르쳤다. '제3의 귀'는 내담자의 미묘한 표현에 반응하여 상담자의 내부에 감정적 반응, 연상, 직관 등을 불러일으키는 상담자의 특정한 부분을 가리킨다. 칼 로저스(Carl Rogers, 1957)는 치료적 변화를 위한 '필요충분조건'에 공감과 진실성 그리고 무조건적인 긍정적 존중이 포함된다고 서술했다. 조지 켈리(George Kelly, 1969)는 상담자가 내담자의 말을 듣고 의미를 파악하려고 하는 인지적 분석을 자제하고, 그 대신에 '피질하의 소리'와 '언어 이전의 외침'을 듣기 위해 노력해야 한다고 충고했다. 이렇게 개방적·수용적인 방식으로 내담자의 이야기를 경청하는 것은 내담자를 분명하게 이해하고 내담자와 관계를 맺는 데 기본이 된다. 이것은 상담 성과를 내기 위해 상담자가 기울이는 노력의 성공 여부에 다양한 차이를 가져올 수 있다. 그리고 효과적인 치료 관계나 치료 동맹의 힘을 다룬 결과에서 이 점을 분명하게 볼 수 있다(Norcross & Wampold, 2011). 상담자가 내담자의 뉘앙스에 집중하는 동반자가 되는 것은 트라우마 생존자의 인지적인 면을 넘어서 인간적인 면으로 접근을 확장하는 데 매우 기본이 된다. 동물을 훈련하는 상황에서도 같은 원리를 찾아볼 수 있다. 예를 들어, 말 조련사인 몬티 로버츠(Monty Roberts)는 야생마나 학대받은 말과의 '합류하기(joining up)' 과정이 말의 몸짓에 담긴 메시지를 이해하고 반응함으로써 연결되는 부드러운 초대(invitation)를 포함한다고 설명했다(1999). 몬티는 긴 시간 동안 말을 관찰하여 말들의 미세한 의사소통 방식을 배웠다. 그는 원래 말의 트라우마 치료자인데, 기본적으로 트라우마 생존자를 상담할 때 적용하는 관계 맺기의 원리를 똑같이 활용했다.

동반자적 전문가는 트라우마 생존자에 관해 배우려고 한다. 하지만 내담자에게서 그보다 많은 것을 배운다. 즉, 동반자적 전문가는 다양한 방식으로 자신이 내담자와 같은 배를 타고 있다는 사실을 알게 된다. 상담자 자신도 트라우마를 이미 겪었을 수 있고, 언제든지 그런 일을 당할 수도 있다. 이러한 인간의 상호 공통적인 조건에 관한 관점에서 우리는 트라우마 생존자가 겪는 내용이 무엇인지를 배우려고 한다. 상담자가 내담자를 가르치거나 치료한다기보다 내담자에게서 배우려는 입장을 취한다는 점은, 상담자를 컴퓨터 차트(electronic medical records)에 '치료 계획'을 적는 '건강관리 서비스 제공자'로 생각하는 근래의 접근과는 상이한 관점이다. 그러나 역설적으로 상담자 스스로 트라우마 생존자의 용어를 배우려고 하고, 지금 혼란스러울 수도 있는 내담자의 세계관에 공감하면서 내담자의 부정적인 스트레스에 대한 이야기를 경청할 뿐만 아니라 그 충격이 어떤 느낌인지를 느껴 보려고 노력한다면, 상담자는 트라우마를 치료할 수 있는 최상의 환경을 조성하는 것이다. 이러한 상담을 통해 트라우마 생존자들이 겪는 여러 가지 증상이 완화될 뿐만 아니라 그 트라우마 상황과 견뎌 내야 할 부정적인 스트레스가 여전히 있음에도 삶이 커다란 가치를 지니고 있음을 그들이 깨달을 수 있게 된다.

성장을 추구하는 트라우마 상담은 동반자적 전문가가 내담자의 수면 장애, 불안 반응, 의심, 안절부절못함, 고통 등과 같은 증상을 제거하려는 목표 그 이상으로 확장된다. 즉, 동반자적 전문가는 내담자가 자신의 상황에서 진행되는 모든 것을 탐색할 수 있을 만큼 감정적으로 충분히 안전하다고 느끼도록 도와주는 방식으로 내담자의 경험을 이해하는 데 전념한다. 그래서 내담자가 자신의 기억, 감정, 생각을 상담자에게 비밀로 하기 위해 또는 자신의 의식에 떠올리지 않기 위해 에너지를 낭비하지 않도록 조력해야 한다. 트라우마 생존자가 자신의 트라우마 상황을 온전하게 경험할 수 있는 더 큰 능력을 갖추었을 때, 개인의 변화 가능성이 생긴다. 그리고 내담자를 곤란에 처하게 하거나 내담자를 위험에 빠뜨릴 수 있는 기억, 감정, 사고를 적극적으로 탐색한다. 상담자는 이를 통해 트라우마 경험에 관한 특정한 방식의 관점을 세우는 기회를 얻게 된다. 상담자가 동반자적 전문가가 되면 트라우마 경험에 대해 더 많은 지식을 얻게 되고, 비슷한 상황이나 어려움을 겪어 온 사람에게서 깨닫게 된 내용을 미래에 만나게 될 내담자와 함께 나누면서 적용할 수 있게 될 것이다.

상담자가 트라우마 생존자의 이야기를 인내심 있게 듣고 내담자의 관점을 이해하며 존중할 때 내담자는 상담자를 존경하게 된다. 동반자적 전문가는 내담자의 이야기 중에 고통스러운 부분, 미칠 것 같은 느낌, 당혹스러운 일, 죄책감을 느끼는 부분 등 가장 안 좋은 면에 대해 기꺼이 들을 준비를 한다. 트라우마 생존자들이 생활하면서 만나는 많은 사람이 이러한 이야기를 견디지 못하고 불편해하거나 그런 내용을 듣는 것을 피곤해하기 때문에 동반자적 전문가가 그런 화제를 회피하지 않고 들어주는 것만으로도 내담자는 고마워한다.

증거 기반 트라우마 치료에서 동반자적 전문가 관계와 외상 후 성장

흔히 시행되는 증거 기반 트라우마 치료(evidence-based trauma treatment)를 할 때 우리가 이 책에서 서술한 원칙들을 활용하면 외상 후 성장을 촉진할 수 있다. 최근에는 트라우마 치료가 외상 후 성장의 이론 및 실제 요소들을 통합하기 시작했다(예: Meichenbaum, 2006; Zoellner & Maercker, 2006). 하지만 기존의 표준 치료도 성장 가능성에 적합하게 초점을 맞출 수 있다. 상담자가 중대한 삶의 위기로 생기는 부정적인 결과만을 확인하고 강조하려는 욕구에 초점을 맞추면 많은 사람이 비극과 상실의 영향으로 특정한 방식의 긍정적인 변화를 경험할 가능성을 부주의하게 간과할 수 있다. 우리는 상담자가 초점을 부정적인 것에만 국한

시키는 것이 아니라 그것을 넘어서 성장에 대한 힘과 가능성에 맞출 것을 제안한다.

트라우마 치료에는 다양한 접근 방식이 있다(Shapiro, 2010). 그러한 접근 방식은 다양한 치료 원리에 근거하며, 종류로는 개인, 집단, 입원환자, 외래환자를 위한 접근과 단기, 장기 치료를 위한 접근이 있다(Wilson, Friedman, & Lindy, 2001). 이러한 트라우마 치료를 위한 증거 기반 치료에는 공통된 요소를 지닌 여러 가지 방식이 있다(Foa, Keane, Terence, Friedman, & Cohen, 2009; Sharpless & Barber, 2011). 전형적인 장기노출(prolonged exposure: PE; Foa, Hembree, & Rothbaum, 2007)치료는 트라우마의 기억을 떠올리며 큰 소리로 이야기하고, 나중에 그 내용에 관해 직접적으로 상담하는 것이다. 한 회기는 90분간 실시하며 일주일 간격으로 총 8~10회 실시한다. 이러한 PE는 생활의 실제 상황에서 종종 시도할 수 있다. 한편, 인지과정치료(cognitive processing therapy: CPT)는 내담자가 12회기에 걸쳐 자신이 쓴 이야기를 매일 스스로 읽고, 상담하는 중에도 읽게 하는 글쓰기 노출치료의 형태다(Resick & Schnicke, 1993; Monson, Schnurr, Resick, Friedman, Young-Xu, & Stevens, 2006). 이때는 감각적인 기억이나 감정, 생각 등이 이야기에 포함된다. 인지과정치료의 인지행동치료(cognitive behavioral therapy: CBT)는 감정에 이름 붙이기, 자기비난과 같이 부정적인 어려움을 만드는 부분을 훈습하는 것 등을 포함한다. 이러한 CBT는 인지과정치료의 노출 요소보다 더욱 강력하다. 그리고 눈 운동 탈감작과 재처리(eye movement desensitization and reprocessing: EMDR; Shapiro, 2005)는 CBT와 마음챙김 치료 방식의 요소들을 포함한다. EMDR 치료의 독특한 단계는 마음속에 자신을 괴롭게 하는 영상이나 긍정적인 인지 요소를 떠올린 상태에서 상담자의 움직이는 손가락을 눈으로 쫓아 따라가게 하는 것이다. EMDR의 효과는 노출 기반 치료의 효과와 비슷하거나 다소 약하게 나타나며(Taylor, 2003), EMDR의 새로운 치료적 요소가 치료 결과를 더 호전시키지 않았다는 연구 결과도 있다(Cusack & Spates, 1999; Davidson & Parker, 2001). 스트레스 예방 훈련(stress inoculation training: SIT)은 이완, 생각 멈추기 그리고 실제 상황에 노출하기(in vivo exposure) 등을 포함한다. 하지만 SIT의 효율성에는 다소 한계가 있음을 보여 주는 증거가 있다(Cahill, Rothbaum, Resick, & Follette, 2009). 가상현실을 이용한 인지노출치료(cognitive-exposure therapy with virtual reality: VR)는 정교한 컴퓨터 시뮬레이션의 출현으로 가능하게 된 새로운 치료 방식이다. 즉, VR은 분명한 시각 자극과 냄새를 포함하는 트라우마 경험의 시뮬레이션이다. 전통적인 상담치료를 받는 것을 꺼리는 사람들이 이러한 VR을 선호할 수 있고, 최근의 연구들이 이 치료의 효율성을 입증하고 있다(Sharpless & Barber, 2011).

표준화된 증거 기반 트라우마 치료들은 공통되는 요소가 있다. 첫 번째로, 탈감작을 동반한 노출(exposure with desensitization)은 트라우마 치료에서 중요한 요소다. 트라우마 사건과 연합된 모든 것은 과도하게 깜짝 놀라는 반응, 과잉 경계 그리고 행동과 인지적인 요소 두 가지를 모두 포함하는 회피반응의 형태로서 불안을 유발한다. 그렇기 때문에 탈감작이 모든 트라우마 치료에 공통으로 활용된다. 탈감작은 안전한 치료 분위기, 유도된 눈 운동, 최면 또는 이완 과정 등과 더불어 트라우마 사건에 대해 상세하게 묘사하거나 생각하게 함으로써 트라우마에 다시 노출시키는 형태로 이루어진다. 물론 많은 증상을 제거하는 데는 정신약물학적 개입이 유용할 수 있다(Sharpless & Barber, 2011). 하지만 노출 치료를 할 때 노출은 불안을 일으키는 경험이기 때문에 동반자적 전문가 관계가 중요하다. 주요 스트레스원을 경험한 많은 내담자는 노출 치료에 저항할 수 있다. 그러므로 동반자적 전문가가 이와 관련된 내담자의 심리적 위험성을 분명하게 이해하면서 내담자와 함께하고 트라우마 치료에 적극적으로 개입해야 치료 효과에 큰 차이를 나타낼 수 있다.

트라우마 치료의 두 번째 공통 요소는 사건과 관련된 상황을 이해하기 위해 하는 질문, 즉 무슨 일이 일어났는가, 이 일이 왜 그리고 어떻게 일어났는가, 누구에게 책임이 있는가, 그 결과로 상황이 어떻게 달라질 수 있는가 등에 대한 답을 찾기 위해 결론을 내리는 것을 포함한다. 그래서 트라우마 사건 자체와 그 사건에 대한 충격을 자세하게 탐색하게 된다. 또한 트라우마 생존자가 사건에 대처하는 방식에 의해 생긴 충격에 대해서도 신중하게 고려해야만 한다. 이러한 사안을 인지적으로 처리하는 과정은 어느 정도 시간이 걸릴 수 있고, 내담자는 트라우마와 그 영향에 대해 일관성 있는 내러티브를 만들 수 있다. 이 내러티브는 내담자가 사건에서 의미를 찾거나 적어도 근본적인 특정 방식으로 사건을 이해하도록 이끌어 준다. 때로는 트라우마 사건이 기억 속에 불완전하게 부호화된다. 때문에 트라우마의 기억이나 그 기억이 내포하는 내적 동기(motives)에 대한 조망 그리고 트라우마의 다른 측면의 요소들을 함께 연결시켜서 내담자가 회복된 후 회상할 때 충분히 좋은 모델로 삼기 위한 내러티브를 구성할 수도 있다. 트라우마 생존자는 자신이 무엇 때문에 회복되고 있는지에 대해 어느 정도 명료하게 알아야 한다. 이때 동반자적 전문가는 내담자가 사건과 그 사건의 충격에 대해 생각할 때 그와 관련된 인지 처리 과정을 주의 깊게 탐색하도록 돕는다.

트라우마 치료에서 세 번째로 중요한 요소는 안전에 대한 느낌이 다시 생기도록 하는 것(recreation of a sense of safety)이다. 이것은 노출과 탈감작 그리고 위기 사건과 그 영향을 이해함으로써 얻을 수 있다. 동반자적 전문가 관계는 안전에 대한 느낌이 다시 생기게 하는 데 중요한 역할을 한다. 안전에 대한 느낌은 상담자와 치료 동맹을 형성할 때 다시 생기고, 다른 트라우마 생존자들과 연결되어 관계를 맺을 때도 생길 수 있다. 치료 목표는 트라우마 생존자의 지나친 회피 전략을 더 효과적인 자기방어 전략으로 대치하는 것이다. 이러한 효과적인 자기방어 전략은 자신이 덜 취약하다고 느끼게 한다.

PTG의 최종 단계: 내러티브, 구성주의자, 치료의 실존적 영역으로 옮겨 가기

마지막으로 중요한 요소는 내담자가 상담치료를 받은 후 트라우마 이후의 삶에서 잘 기능하도록 하고, 일어난 사건을 이해하는 데 토대가 되는 세계관을 재정립하게 하는 것이다. 트라우마 치료는 트라우마 상황을 묘사하는 내러티브를 재구성하고 이해하게 하는 데 어느 정도 도움을 준다. 내담자가 세상을 새롭게 가정하게 되면 미래에 대해 더 희망적인 입장을 취하게 된다. 그리고 새로운 가정에는 내담자가 어떻게 괴로운 증상에서 자유로워질 수 있는지, 또한 어떻게 하면 삶에서 또다시 희생당하지 않을지 그리고 어떤 의미와 목적을 찾는 것이 가능한지 등이 포함된다. 외상 후 성장은 트라우마 치료에서 중심 요소가 될 수 있다. 외상 후 성장을 촉진할 때의 상담자의 역할은 인지적 처리 과정을 통해 의미를 구축하는 것을 강조하는 치료 접근 방식과 개념들, 부정적인 정서 스트레스가 완화되어 정서적 안정을 되찾았을 때 나타난 요소들, 그리고 반영적·의도적 반추 등의 형태로 치료에 개입된 요소를 모두 통합하여 내러티브를 재구성하는 것이다. 의미에 집중하는 치료 중 가장 잘 알려진 형태는 프랭클(Flankl)의 의미치료(logotherapy)일 것이다. 웡(Wong, 2012)은 이 치료 접근 방식을 수정하여 의미 중심 상담(meaning-centered counseling)과 치료를 고안했다. 네이마이어(Neimeyer)의 애도 상담(grief therapy; 2006a, 2006b)과 같은 내러티브 접근법도 상실 이후 의미 있는 삶의 이야기를 만들어 내는 것에 초점을 둔다.

우리는 트라우마 상담을 하는 동안에 동반자적 전문가가 되는 방법과 PTG 원리의 활용 방법을 서술하면서 새로운 형태의 치료를 제시하지는 않을 것이다. 내러티브 접근 방식과 구성주의적 치료 접근 방식 그리고 실존주의적 치료 접근 방식을 통합함으로써 단지 증상만을 제거하기보다 내담자의 충격을 더 의미 있는 결과로 확장시키는 방법을 기술할 것이다. 또한 인지와 행동에 초점을 맞추어 인지행동치료와 유사한 증거 기반 트라우마 치료의 효과를 극대화하는 방법을 언급할 것이다. 트라우마 상담에서는 효과가 최대한 장기간 이어질 수 있게 내담자가 과거의 트라우마 사건을 떠올리는 상황을 버텨 내고 미래에 트라우마 사건이 발생했을 때 이겨 내기 위한 심리적 탄력성을 얻을 수 있도록 조력할 필요가 있다. 심리적 탄력성은 트라우마 생존자가 핵심 신념을 수정할 수 있게 도와주는 상담 과정 중에 성장 관점에 초점을 맞춤으로써 생성된다. 수정된 핵심 신념을 통해 내담자는 자신에게 발생한 이해할 수 없던 사건을 이해하게 된다. 그리고 트라우마 이후에 변화된 삶의 장기·단기 목표와 수정된 핵심 신념이 내러티브에 통합된다(Wrosch, Scheier, Miller, & Carver, 2012). 또한 내담자는 수정된 핵심 신념을 바탕으로 사건을 이해하고 의미 있게 받아들이게 된다. 이해하는 것과 의미를 찾는 것의 이러한 내부 구성 요소는 동반자적 전문가 관계를 통해 PTG를 촉진하는 중심적인 요소가 된다.

치료의 시작점: 동반자적 전문가 관계를 PTG로의 관점에 결합하기

모든 상담 관련 영역의 치료자는 내담자의 내적 세계를 정확하게 이해(즉, 공감 과정)하는 데 필요한 기술을 배우기 위해 훈련을 받는다. 즉, 상담자는 내담자의 일반적인 세계관과 신념 체계를 이해해야 한다. PTG의 가능성을 촉진하기 위해서 상담자는 내담자의 세계관과 신념 체계의 틀 안에서 상담을 시작해야 하는데, 이러한 상담에서 특별한 부분은 '긍정적인 착각'(positive illusion)을 수용하고 관용하는 것이다(Taylor & Brown, 1988, 1994). 사람들은 선량한 착각(benign illusion)을 하는 경향이 있다는 증거가 있다(Taylor, 1989). 동반자적 전문가는 비록 이러한 착각에 대해 추후 언급할 필요가 있다는 점을 인식하더라도 상담 초기에는 이러한 내담자의 긍정적인 착각을 존중하도록 주의를 기울여야 한다. 증거 기반 트라우마 치료와 성장 지향 상담 접근 방식을 함께 활용하도록 훈련받은 동반자적 전문가는 트라우마 생존자의 경험 중에서 부정적인 측면에 주의를 기울이는 동시에 내담자가 상담 초기에 서술하는 내러티브에 포함된 성장 가능성, 강점, 능력에도 주의를 기울일 것이다.

다음은 산업 재해를 입은 내담자와의 상담 중 첫 번째 회기의 발췌문이다. 동반자적 전문가가 내담자의 이야기를 단순히 들어주고 정보를 모으는 것 외에 다른 일은 하지 않는 것처럼 보이더라도, 상담자는 회기 내에서 일어나는 것을 PTG의 관점에서 생각하기 때문에 우리는 그 장면의 이면에서 더 많은 것이 진행되고 있다는 사실을 알 수 있다.

내담자: 그 사건이 발생한 후에 제 생활이 엉망진창이 되어서 주변의 사람들이

상담실에 가 보라고 했어요. 함께 일하는 냄(Nam)이 저에게 PTSD가 생겼다고 하더군요. 저는 PTSD는 전쟁 같은 것을 겪은 후에나 생기는 거라고 생각하지만, 그는 제가 심각해 보이니 점검해 봐야 한다고 했어요. 그리고 관리자를 찾아가서 저를 열 받게 하는 말을 했지만, 어쩌면 그들이 옳을지도 모르죠.

동반자적 전문가는 내담자가 도움받기를 원하는 것에 대해 양가감정을 느낀다는 것을 바로 알아차린다. 동료와 관리자가 처리한 방식이 적절하지 않았을지 모른다. 그러나 내담자는 상담받기 위해 왔고, 이것은 또다른 방식으로 상담자가 도움을 주고 내담자가 도움을 받는 경험을 할 기회를 줄 수 있다.

상담자: 무슨 일이 있었나요?
내담자: 그 사고를 말씀하시는 건가요?
상담자: 네.
내담자: 보일러가 폭발했어요. 끔찍했죠. 네드(Ned)가 보일러 옆에 있는 주차장에 서 있었어요. 사고가 너무 순식간에 일어나서 네드는 빠져나갈 시간이 없었어요. 전 약간 다쳤지만 훨씬 더 심각하게 다칠 수도 있었을 거예요.
상담자: 말씀하신 것을 토대로, 그때 어떤 상황이었는지를 상상해 보려고 노력하는 중입니다.

여기서 상담자의 말은 내담자가 겪은 경험의 틀 속으로 상담자 자신을 넣어보고자 매우 노력한다는 것을 보여 준다. 상담자는 특정한 세부사항을 자세히 묻는 대신에 내담자가 스스로 가장 중요하다고 생각하는 이야기를 집중해서 할 수 있도록 허용한다.

> 내담자: 믿을 수 없었어요. 큰 굉음이 울리자마자 위에서 끓는 물이 엄청나게 쏟아지고 금속 덩어리들이 우리를 덮쳤어요. 그 일은 정말 순식간에 일어났어요. 제기랄, 빌어먹을 일이 생긴 거죠. 전 화상을 입었고… 그리고 네드는… 네드는… 그러니까, 전에는 그런 비슷한 일을 한 번도 본 적이 없어요. 네드가 바로 전까지 살아 있었다는 게 믿기지 않았죠. 그 상황이 뭐 같았냐면… 그것에 대해 생각하기도 싫어요. 그렇지만 생각나요. 제 눈에 그 장면이 보여요. 네드가… 제 말의 의미는요….
>
> 상담자: 정말 끔찍했겠네요.

내담자가 그 사건에 대해 이야기할 기회를 얻자 얼마나 많은 말을 쏟아 내는지에 주목하라. 여기에는 불신의 요소도 존재한다. 그 사건은 이상하고 '믿을 수 없다.' 가장 믿을 수 없는 요소는 네드라는 동료가 방금 전까지 살아 있었는데 순식간에 죽었다는 것이다. 이것은 내담자의 반추 중에서 중심적인 초점이 될 수 있는 것이며, 세상에 대한 내담자의 기본 가정이 도전받았음을 암시하는 것이다. 그러나 지금은 내담자의 경험과 그 사건의 의미를, 즉 내담자가 어떻게 애쓰는지를 상담자가 분명히 이해하기 위해 단지 경청하는 시간이다. 따라서 동반자적 전문가는 이런 사안들에 대한 상담은 나중에 하려고 하며, 지금은 인내심 있게 보류한다.

> 내담자: 그게 저를 엉망진창으로 만들었어요.
>
> 상담자: 화상 말인가요?

상담자는 여기서 내담자가 "그게 나를 엉망진창으로 만들었어요."라고 애매하게 표현하는 것을 알아차린다. 내담자가 '그게'라고 표현한 것은 내담자의 신체를 엉망진창으로 만든 것을 의미하는가? 상담자는 내담자의 화상 입은 얼굴을 너무나 확실하게 마주 대하고 있기 때문에 '그게 화상을 의미하는지'를 묻는다. 당연히 내담자의 동료가 갑작스럽게 죽은 사실만 보더라도, 내담자를 심리적·감정적으로 혼란스럽게 느끼도록 하는 분명한 이유가 있을 것이다. 그러나 분명한 측면을 먼저 확인하는 것이 더 좋고, 이런 식으로 상담자는 동반자적 전문가로서 화상 혹은 내담자의 특정한 다른 경험에 대해서도 움츠리거나 물러서지 않고 들을 준비가 되어 있다는 것을 보여 준다.

내담자: 네. 2도 화상과 3도 화상을 입었어요. 여기 외에(얼굴의 한쪽 면을 가리키며) 가슴과 이쪽 팔에도 있어요. 지옥 같죠. 그렇죠?

상담자는 이 질문에 대답하지 않는다. 내담자의 그 말은 과장된 질문일 수도 있고, 내담자가 자신이 지옥처럼 보일 것이라고 생각한다는 뜻일 수도 있다. 그런데 이 초기 단계에서 상담자가 내담자에게 동의한다거나 동의하지 않는다고 말하는 것은 민감성이 부족한 징후일 수 있다. 그러므로 내담자의 경험 중 또다른 명백한 면, 즉 고통에 대해 알아보는 것을 고려하는 게 최선일 수 있다.

상담자: 화상 입은 부위에 통증을 느끼나요?
내담자: 네, 피부 이식술을 받아야 해요. 앞으로 더 많은 과정을 겪어야 하고요. 제 얼굴은 절대로 좋아지지 않을 것 같아요. 전보다 나아지긴 했지만, 예전의 잘생겼던 제 얼굴로 결코 돌아갈 수 없을 거예요.

내담자의 '예전의 잘생겼던 내 얼굴'로 결코 돌아갈 수 없다는 언급은 어떤 중요한 사실을 증명한다. 즉, 내담자가 유머를 중요한 대처 전략으로 사용하고 있다는 징후일 수 있다. 그것은 또한 내담자가 자신의 외모 변화에 관심을 기울이고 있음을 가리키며, 내담자의 정체성에 중요한 면임을 암시한다. 내담자는 트라우마 이후에 생긴 외모 변화를 최소화하기 위해 노력하고 있을 수 있다. 이 부분에 대한 내담자의 생각에 동반자적 전문가가 합류할 필요가 있고, 함께 이야기할 주제로 삼을 수도 있다. 그래서 상담자가 내담자의 '예전의 잘생겼던 내 얼굴'이라는 표현에 관해 유머를 사용해서 말하는 것이 유용할 수도 있다. 하지만 심각한 트라우마를 경험했기 때문에 유머의 사용을 트라우마를 잊게 하기 위한 방편으로 이해해서는 안 된다. 상담자는 내담자가 건설적인 방식으로 유머를 사용하고, 외상 이후의 정체성에 유머를 통합하도록 도울 수 있다.

상담자: 이 모든 것 중에서 가장 힘든 것이 무엇인가요?
내담자: 선생님도 아시겠지만, 제 생각에 저는 선생님이 생각하는 것 이상으로 통증과 수술을 더 잘 버텨 낼 방법을 알아 가고 있어요. 하지만 그곳으로 다시 일하러 가는 건 정말 힘들 것 같아요.

트라우마의 충격에 관해 이러한 질문을 하는 것은 내담자가 무엇을 가장 큰 어려움이라고 생각하는지 알기 위한 시도다. 이것을 내담자에게서 알아내는 것이 중요하며, 내담자가 어려워하는 것이 무엇인지를 상담자가 추측하지 말아야 한다. 동반자적 전문가는 내담자에게서 배운다.

상담자: 무슨 일인가요?

내담자: 오로지 그 모든 장면만 계속해서 떠올라요.

상담자: 사고가 일어난 장면?

내담자: 바비(Bobby)는 그것이 플래시백이라고 말하더라고요.

상담자: 베트남에서 온 동료 말인가요?

내담자: 네, 바비는 자기 자신이 생각하기로는 전문가예요.

상담자: 자기 자신이 생각하기로는?

　이런 식으로 동반자적 전문가는 내담자의 경험을 알아보려는 시도로서 재차 강조하는 대화를 주고받는다. 또한 상담자는 내담자를 위해 여지를 남긴다. 절제된 언어에 주목하라. 단지 몇 단어만으로도 충분하다. 함축된 메시지는 '이 것은 내담자에 관한 것이다. 나는 내담자의 이야기와 경험을 듣고 싶다. 나는 내담자에게 참견하거나 내담자를 이해하는 척하려고 하지 않을 것이다' 등이 다. 또한 동료인 바비가 스스로 '전문가'라고 생각한다는 내담자의 언급은 이 내담자가 전문가에 대해 어떻게 생각하는지를 상담자가 알게 해 주는 지침이 될 수 있다. 여기서 동반자적 전문가 관계가 강조되어야 한다. 상담자는 '자기 자신이 생각하기로는'이라는 두 마디 말을 반복하는 형태로 섬세하게 질문하 면서, 바비에 대한 내담자의 관점을 수용한다.

내담자: 바비는 돌아가는 모든 일의 원인을 아는 것처럼 행동해요. 바비가 전쟁 후에 PTSD를 앓았고 또 현재도 PTSD를 지닌 참전 군인 동료들이 주변 에 있어서 저에게 여러 가지 잡다한 이야기를 하는데, 가끔 듣고 싶지 않 을 때도 있어요. 전 단지 이것을 해결하고 정상으로 돌아가려고 노력할 뿐이죠. 하지만 주차장에 들어가려고 할 때마다 신경이 예민해져요. 들

어가면 그 폭발 장면이 재현되고 그 소리가 들릴 거예요. 그리고 그때 네드에게 일어난 일이 떠오를 거고요.

내담자는 자신의 동료가 자신을 돕고자 애쓰는 와중에도 자신이 어떻게 또 다른 불편을 느끼는지를 표현한다. 그 동료는 좋은 의도를 지닌 것일지 몰라도 동반자적 전문가는 아니다. 바비는 외상후스트레스장애에 관한 정보를 제공하는 데 중점을 두고 있고, 정작 내담자에게 필요한 도움은 주지 못한다. 동반자적 전문가는 내담자가 분투하는 바로 이 지점에서 합류해야 한다. 내담자는 지금 당장 불안과 침투적인 영상에 시달리고 있고, 더는 그런 영상과 불안을 마주 대하고 싶어 하지 않는다.

상담자: 네드에게 무슨 일이 일어났나요?

내담자: 처참하게 몸이 산산조각 났어요.

상담자: 정말 끔찍했겠네요.

내담자: 지난주에 한 남자가 창고에서 그 일에 대해 얘기하는 걸 들었어요. 나는 그냥 그 옆에 있었고, 그 사람은 그 일에 대해 얘기했는데 흥밋거리인 것처럼 얘기하더라고요. 그게 믿기나요? 처음엔 정말 화가 났어요. 그다음엔 속이 울렁거려서 나가서 토했어요.

상담자: 이런 상황을 견디기가 힘들군요.

내담자는 네드에게 일어난 일에 대한 침투적인 영상이 있음을 이야기하고, 동반자적 전문가는 네드에게 무슨 일이 생겼는지를 과감하게 질문함으로써 내담자의 경험 속으로 들어간다. 처참하게 몸이 산산조각 난 것에 대해 내담자가 보인 간략한 반응은 그 영상이 얼마나 많이 내담자를 괴롭히는지 그리고 그것이 내담자의 문제에서 어떻게 핵심이 되는지와 상반되는 반응이다. 동반자적 전문가는 이러한 사건에 대한 내담자의 반응이 이해된다는 것을 함축하여 표현함으로써, 이 모든 일이 얼마나 어려운 일인지를 간결하게 반영한다. 또한 내담자는 네드의 처참한 죽음에 대해 한 남자가 조롱하는 것을 우연히 들은 일을 언급한다. 내담자의 유머 감각은 네드의 사고에 관해서 이런 식으로 무감각해지는 것까지는 포함하지 않는다. 차고에서 그 남자가 무신경하게 한 말은 문자 그대로 내담자를 고통스럽게 했다. 이 점은 내담자가 민감한 사람이라는 것을 나타내고, 차고에서 네드에 대해 조롱하는 말을 할 정도로 무신경한 그 남자와 달리 내담자는 더 큰 영향을 받았을 수 있다는 것을 가리킨다. 또한 내담자가 더 크게 영향을 받았다는 것이 확실하지 않더라도 내담자는 차고의 그 남자가 보지 못한 것을 직접 목격한 목격자다. 목격하는 것은 사건에 대해 듣는 것과는 다르다. 이런 것이 상담자가 생각해 봐야 할 것들이고 나중에 상담에서 이야기할 수 있는 것들이다. 그러나 외상 후 성장을 촉진하고 싶어 하는 동반자적 전문가의 관점에서 보면, 내담자의 반응은 단지 극복해야 할 증상이 아니라 더 잘 수용될 수 있는 인간애와 민감성에 대한 지표이며, 내담자의 정체성에 더 확실한 면으로 자리 잡게 될 가능성이 있다.

> 내담자: 전 끝내고 싶어요. 그건 6개월 전의 일이잖아요. 제 말은 그 일이 나쁜 일이지만 끝났다는 뜻이에요. 왜 저는 떠나보내질 못할까요. 제 멍청한 뇌는 그것을 떠나보내려 하지 않아요. 다른 직업을 가져야 하나 하고 계속 생각하는 중이에요. 단지 거기서 떠나기 위해서요. 일주일 동안 일을 쉬었어요. 그런데 아직도 그 일이 계속 생각나요. 어쩌면 그 일이 계속 따

라다닐지도 모르죠. 직업을 구하기가 쉬운 일은 아니고. 그래서 지금 여기서 선생님에게 상담받고 있지만, 여전히 완전 바닥이에요. 기분 상하게 해 드리고 싶지는 않지만요.

이 언급은 트라우마 사건이 어떻게 뇌와 마음에 영향을 주는지에 대한 전문적인 이해가 부족함을 보여 준다. 내담자는 자신의 뇌가 '멍청하다'고 말한다. 이것은 트라우마 반응에 대한 심리 교육이 필요함을 알려 준다. 그러나 내담자는 다른 직업을 찾는 것 같은 단순한 해결은 명백하게 진정한 해법이 아닐 수 있다는 사실도 알고 있다. 그는 자신이 '상담자'를 만나는 것이 별로 내키지 않고, 특정한 전문적인 도움을 필요로 하는 것이 스스로의 나약함을 의미할 수도 있다는 점을 말한다.

상담자: 이 일과 비슷한 일을 겪어 본 적 있나요?
내담자: 이런 비슷한 일이 생긴 적은 없어요.
상담자: 이 일 때문에 느끼는 다른 어려움이 있나요?

이것은 매우 고통스러운 사건의 충격에 대한 또 다른 질문이다. 외상 후 성장을 촉진하는 데서 초점은 단지 사건 자체에 있는 것이 아니라 트라우마 이후에 그 사람이 어떻게 대처하는가에 있다.

내담자: 전에도 말씀드렸지만, 저는 지금 수술이나 그 밖의 치료는 감당할 수 있어요. 고통스럽긴 하겠지만 참아 낼 수 있죠. 통증은 이겨 낼 수 있어요.
상담자: 그래서 더 나쁜 일은 직장에 갔을 때 일어날 일인가요?

내담자: 음, 제 생각에 그 이상의 것이 있어요.

상담자: 그게 뭔가요?

내담자: 그것에 대해서 어떻게 얘기해야 할지도 잘 모르겠어요. 너무 무서워요.

상담자: 제가 집중해서 귀 기울여 듣고 있으니 한번 시도해 보시는 게 어떨까요?

이것은 상담자가 인내심 있는 동반자적 전문가가 되고자 한다는 것과 모든 것이 완료되었다기보다는 그저 '시도해 보기'를 할 수 있다는 것을 내담자가 알게 해 준다. 상담자가 내담자에게 "한번 시도해 보라."라고 말한 것은 내담자가 자신의 어려움에 관한 생각과 경험을 분명하게 표현하도록 도와줄 필요가 있다고 생각하기 때문이다. 이것은 동반자적 전문가가 활용하는 전문성의 일부로, 내담자가 자신의 경험을 분명하게 표현하는 것과 자각하는 것 그리고 트라우마에 대한 인간의 반응에 관해 잘 이해되지 않는 면을 드러내는 것을 돕기 위함이다. 그러므로 이 부분은 대화에서 흥미진진한 발전이다. 여기에서 상담자의 자세에 따라 내담자가 동반자적 전문가 관계의 가치를 깨닫게 되기 때문이다. 이때 상담자는 동반자 관계를 형성함으로써 더 많은 역할을 하게 될 수도 있고, 그렇지 않은 경우 상담자로서 더 적은 역할을 하게 될 수도 있다.

내담자: 글쎄요, 네드에 관해서만 계속 생각하는 거 같아요. 바로 직전까지 살아 있었는데 순식간에 죽었죠. 네드는 정말로 좋은 남자였어요. 더할 나위 없이 착했는데…. 행복한 아내, 네드가 세상의 전부라고 생각한 어린 세 아이…. 그는 순식간에 세상을 떠났어요. 생생하게 살아 움직이는 한 남자, 그리고 그를 쳐다보는 제 모습, 그러고 나서 네드가 순식간에 몸이 갈기갈기 찢긴 시체가 되어 버렸고… 정말 말도 안 되는 일이에요.

상담자: 그래요. 말도 안 되네요.

내담자: 이게 저를 괴롭혀요. 더 이상 괴롭히지 않았으면… 더 이상은… 그게 뭐 같냐면… 제가 무슨 말을 해야 하는지조차 모르겠어요. 계속 네드가 어떻게 여기에서 삶을 살았는지와 갑자기 그가 엉망진창이 된 것… 몸… 그런 거… 단지 살점덩어리에 불과한… 그것만을 생각하고 있어요.

상담자: 계속 생각이 나는군요.

상담자는 매우 절제된 언어를 계속 사용하면서 이 경험을 이해하기가 얼마나 어려운지를 인식한다. 이때 상담자는 삶과 죽음이 종이 한 장 차이라는 것과 죽음 및 그와 관련된 철학적 사고에 초점을 맞추고 싶은 유혹을 느낄 수도 있다. 그러나 상담자는 동반자 이상의 것을 하지 않는다. 그 대신에 동반자적 전문가는 이 트라우마 생존자의 바로 옆, 가까이에 머문다. 특정한 시점 이후에 내담자와 상담자는 무슨 일이 일어났는지를 재정립하고 그 일에 대한 신념을 다시세우기 위해 함께 노력할 수 있다. 그리고 장기간에 걸친 트라우마의 영향에서벗어나 다른 삶을 살기 위해 이해해야 할 다른 방식이 있는지를 찾기 위해 협력할 수도 있다. 또한 앞의 대화는 네드의 죽음이 네드의 가족에게 미친 충격을내담자가 예민하게 인식하고 있음을 분명하게 보여 준다. 그것은 내담자의 민감성에 대한 또 다른 증거가 된다.

내담자: 맞아요. 그건 좋지 않은 일이죠.

상담자: 뭐가요?

내담자: 이게 전부란 말인가? 우리는 모두 그저 잠시 머물다 가는 살점덩어리에 불과할 뿐이라는 생각… 그런가요?

상담자: 그런 의문이 계속 생기는 모양이네요.

내담자: 선생님은 그런 것을 생각하지 않을 거 같아요. 저 외에 다른 모든 사람은 다 잘 살고 있는 거 같아요. 저만 빼고요.

여기에서 내담자가 자신의 경험에 대해 또 다른 판단을 하는 것을 볼 수 있다. 삶과 죽음, 삶의 목적에 관해 내담자가 품은 의문을 다른 사람들은 품지 않았고 앞으로도 그런 의문을 품지 않을 것 같다고 내담자는 생각한다. 지금 내담자는 어쩔 수 없이 철학자가 될 수밖에 없다. 하지만 내담자는 그것을 좋아하지 않는다. 이것은 외상 후 성장 이론의 또 다른 측면을 암시한다. 외상 후 성장 모델은 세상에 대한 내담자의 기본 가정이 도전받고 허물어진 후, 내담자가 자신의 세계관이나 핵심 신념을 재구축하기 위해 분투하는 방법을 강조한다. 어떤 사람은 이 내담자처럼 트라우마 이전에는 세상에 대한 기본 가정을 선명하게 세우지 않았을 수 있다. 또 어떤 사람은 세상에 대한 자신의 기본 가정에 한 번도 의문을 품지 않았을지도 모른다. 그리고 다른 사람들은 중요한 실존적 사안에 관한 자신의 관점을 탐색하지 않고 현실적인 방식으로 단순하게 삶을 살아간다. 이 내담자는 실존적인 사안을 숙고하는 경험을 한다. 내담자는 지금 우리가 단지 육체 이상의 것인지, 몸과 영혼으로 구성된 이중적인 존재인지 그리고 우리가 사는 동안 우리 행위의 목적은 무엇인지에 관해 생각하는 중이다. 내담자의 세계에서는 사람들이 그러한 의문을 품지 않으며, 이런 의문을 품는 것은 정신이상 증상을 초래한다는 생각이 자리 잡고 있다. 동반자적 전문가 관계는 이런 정신이상을 상쇄시키는 데 중요하며, 트라우마를 경험한 후 내담자의 사고의 폭이 더 확장되는 경우도 종종 있다는 것을 내담자가 이해할 수 있게 도울 것이다.

상담자: 다른 사람들도 자기 스스로 이런 생각을 하지 않을까요?

내담자: 잘 모르겠어요. 저는 정말 이런 것에 대해서 얘기하지 않아요. 단지 제 머릿속에서 이것을 생각하지 않으려고 노력 중이에요.

상담자: 제가 생각하기에 그게 잘 안 되는 거 같군요.

내담자: 그래서 여기 와 있죠.

상담자: 우리가 지금 이런 것들에 관해 함께 이야기 나누는 게 잘된 일인 것 같네요.

동반자적 전문가는 이러한 내담자의 관심이 적절한 것이고 그것을 이야기하는 것이 상황에 맞다는 메시지를 전달하려고 노력하지만, 내담자는 자신이 낯선 영역에 들어와 있다는 느낌을 확실하게 받는다.

내담자: 네. 상담자가 하는 일이 그거 아닌가요? 사람들이 자신의 문제에 대해 우는 소리 하는 걸 들어주는 거….

상담자: 자신이 우는 소리를 하고 있다고 생각하시나요?

내담자: 아니요, 실제로는 아니죠. 이 일은 진짜로 저를 괴롭히는 일이에요. 제가 뭔가를 해야 할 것 같아요. 저는… 전 잘 모르겠어요. …이것이 항상 제 뒤를 따라다니는 것만 같아요.

상담자: 끊임없이 마음속에 떠오르는군요.

내담자: 바로 그거예요. 바로 그 말… 끊임없이 마음속에 떠오른다는 것이요.

상담자: 상담받기로 결정하셔서 반갑네요.

내담자: 그 문제가 아니었으면 여기에 오지 않았을 거예요.

상담자: 음, 어쨌든 오셔서 반갑습니다.

내담자는 자신이 도움을 필요로 하는 것에 대한 양가감정을 계속 느끼고 있다. 그리고 자신이 우는 소리를 한다고 말한 후 취소한다. 내담자는 자신이 해야 할 일이 있다고 말한다. 또 그것이 자신을 상담받으러 오게 했다고 이야기한다. 동반자적 전문가는 내담자의 경험에 대한 적절한 표현으로 '끊임없이 마음속에 떠오른다.' 라는 표현을 사용한다. 이 표현은 양가감정이 있는 이 내담자의 마음에 다가가는 데 중요하다. 그리고 궁극적으로, 상담자는 내담자가 와서 반갑다고 매우 분명하게 말한다. 이것은 때로 트라우마 생존자가 동반자적 전문가에게서 필요한 도움을 계속 받을 수 있게 해 주는 초대가 된다.

이런 식으로 내담자와 간략하게 첫 만남을 갖는 것으로 동반자적 전문가와 내담자 사이에 특정한 관계가 시작되었다. 이 관계는 내담자의 경험과 세계관에 대해 상담자가 존중하는 자세를 취하는 것이다. 그리고 상담자가 내담자의 경험에 진지한 관심을 기울이고, 계속 상담을 진행하도록 분명한 초대를 하면서 외상 후 성장의 가능성을 인식하는 것이 특징적이다. PTG의 가능성은 내담자의 민감성 부분을 포함하는데, 이 민감성 때문에 내담자는 일어난 사고의 영상과 네드 그리고 그 가족에 대한 생각을 마음속에서 쉽사리 떨쳐 내지 못한다. 또한 내담자는 다소 가학적인 유머 감각을 보이지만, 네드에게 일어난 일을 웃음거리로 만드는 것으로는 확장하지 않는다. 내담자는 트라우마 이후에 인생을 어떻게 살 것인지 선택하는 데 영향을 주는 실존적인 문제에 관심이 있다. 내담자가 트라우마를 당하면 초기에는 비록 증상이 나타나거나 극히 부정적인 경험을 하게 될지라도, 이 모든 것은 외상 후 성장으로 승화될 수 있다.

성장에 초점을 둔 상담의 핵심 구성요소

경청하는 것에 집중하라

앞에서 강조했듯이 상담자가 상담의 모든 과정에서 내담자와 온전히 함께 있어 주는 능력을 기르는 것은 중요하다. 이것이 다소 과장된 면은 있었을지 몰라도, 우리가 말하고자 하는 것은 상담자가 문제를 해결하려고 시도하지 말고 경청하는 데 집중해야 한다는 것이다. 그것이 첫 번째 단계이며 동반자적 전문가가 내담자와 함께하는 전 여정에 걸쳐 중요한 것이다. 트라우마와 비극을 경험한 내담자를 상담할 때 상담자는 때로 내담자가 말하는 끔찍한 장면을 감당하기 위해 상당한 안정을 필요로 할 수 있다. 단순한 경청은 내담자가 하는 이야기를 방해하지 않고, 내담자의 경험에 대한 반응으로 내담자가 느끼는 감정을 침범하지 않는 것이다. 분명하지만 조용히 함께 있어 주는 것이 내담자에게 가장 큰 도움이 되는 것일지도 모른다.

트라우마 이후의 증상을 상담하는 데는 경험적으로 증명된 여러 가지 상담 접근 방식이 있다. 유능한 상담자는 각 내담자에게 적절하다고 생각되는 상담 접근 방식을 활용할 것이다(Sharpless & Barber, 2011). 그러나 상담자는 내담자에게 해결책이라고 인식되는 것을 섣불리 제시하려는 유혹을 물리쳐야 한다. 그 유혹은 특정한 전문적인 지식을 제공하거나 도움이 되는 충고를 하거나, 의사가 환자에게 주는 처방전에 해당하는 심리적인 등가물을 제공하는 것이다.

상담자는 내담자가 전개하는 이야기와 상세한 설명을 들으려는 자세를 갖추어야 한다. 이러한 설명 속에서 상담자는 내담자의 외상 후 성장 경험을 가장 분명하게 볼 수 있다. 다음은 상담자가 트라우마 사건 생존자를 상담할 때 갖추어야 할 자세의 훌륭한 예를 보여 준다. 이 사례에서는 소아암 전문가가 어린 환자 곁에 가만히 함께 있으면서 단지 들어주는 반응을 보여 준다.

제이(Jay)는 고통스러운 한 시간 동안 자신의 뒤죽박죽된 마음을 쏟아냈다. 그 러고 난 후 얼굴이 눈물로 범벅된 채 의자에서 일어났다. "선생님은 제가 만난 의 사 선생님 중에서 최고예요."라고 큰 소리로 말했다. "이전에 그 누구도 선생님만 큼 저를 도와준 사람은 없어요. 선생님께 어떻게 감사를 드려야 하죠?" 나는 제이 에게 한마디도 이야기하지 않았다. 나는 단지 듣고만 있었다(Komp, 1993, p. 62).

다른 상담자는 참전 군인의 외상후스트레스 증상에 대해 상담한 내용을 서술 하면서 같은 요점을 이야기했다.

참전 군인이 끊임없이 트라우마 상담자에게 하는 조언은 "들어주세요! 들어주 기만 하세요."라는 것이다. 이런 식으로 경청하기를 통해 표현되는 존중은 말하 는 사람이 변화하는 데 필요한 준비다. 그 변화는 작을 수도 있고 클 수도 있다. 또한 그 변화는 이전에 알지 못했던 것을 단순히 배우게 만들 수도 있고, 어떤 것 을 느끼고 또 어떤 것을 새로운 관점에서 보게 만들 수도 있으며, 듣는 사람이 세 상 속에서 살아가는 방식을 재설정하게 만들 정도로 심오할 수도 있다(Shay, 1994, p. 189).

잘 경청하는 것이 모든 심리치료 접근 방식의 한 요소라고 일반적으로 이야 기한다. 특히 내담자의 외상 후 성장 가능성에 관심이 있는 상담자에게는 경청 이 더더욱 특별할 수 있다.

만일 내담자가 성장에 가까워진다면 그 성장에 주목하라

외상 후 성장의 가능성은 주로 말로 하는 대화 속에서 나타나지만 단지 대화에서만 나타나는 것은 아니다. 3장에서는 상담자와 내담자의 대화에서 나타날 수 있는 그와 같은 많은 예를 제시할 것이다. 상담자는 성장과 관련된 주제에 관해 경청할 준비를 해야 하고, 대화 중에 그 주제가 나타나면 초점을 맞추어야한다. 주로 핵심 신념이 제기되고 도전받았을 때 성장이 나타날 가능성이 크고, 성장과 관련된 주제는 트라우마 상황을 이해하기 위해 분투하는 중에 부각되며 나중에 핵심 신념에 통합된다. 앞으로의 삶에 무슨 일이 일어날 것인지와 믿기 어려운 부정적인 스트레스 그리고 이후에 삶이 어떻게 될 것인지에 관한 의문에 답하기 위해, 또 비극적인 새로운 세상을 이해하기 위해 내담자가 분투하는 것은 성장 경험을 위한 맥락을 제공할 수 있다. 따라서 상담자는 성장 가능성에 익숙해질 필요가 있고, 그 가능성이 확인되면 내담자가 그것을 분명하게 표현해 낼 수 있도록 도와주어야 한다.

만일 성장이 있다면 그것을 명명하라

상담자는 내담자의 내러티브 속에 단지 암묵적으로만 존재하는 성장을 명백하게 명명하고자 할 수 있다. 이것을 효과적으로 적절하게 하기 위해서는 요령과 민감성이 필요하다. 상담자는 외상 후의 이야기 속에서 성장을 이끌 수 있는 요소가 나타나면 반응을 보여야 한다.

예를 들어, 만성 재발성 관절염이라는 진단을 받은 한 남성이 극심한 관절통을 몇 주간 앓은 후에 상담을 예약했다. 그 질병은 치료 방법이 없고 신체 활동을 조금이라도 오래하면 상태가 악화되는 경향이 있었다. 그래서 이 남성은 직장에서 신체 활동이 필요하지 않은 일을 하게 되었고, 부분 신체장애에 대한 보상금을 받았다. 첫 회기에서 그는 '자신과 아내가 오랫동안 잘 지내지 못했기 때문'에 결혼 상담을 받고자 상담을 예약하게 되었다고 했다. 상담 후반부의 한 회기에서는 그는 '2주 전까지'는 아내와 잘 지냈다고 말했다. 그는 '아내가 나를 정말로 많이 도와주었으며, 어쩌면 내가 이제껏 아내를 과소평가해 왔는지 모른다는 것을 깨닫기 시작했다'고 이야기했다. 그리고 그는 '지난 몇 개월 동안 아내가 나를 위해 해 준 일들이 고맙다'고 말하기 시작했다. 상담자는 "최소한 어떤 면에서는 당신의 상황과 불편함이 두 분이 더 가까워지는 데 어느 정도 기여했다는 사실을 발견한 것 같군요."라고 강조해 주는 것으로 반응했다. 상담자의 반응은 외상 후 성장 가능성의 요소 중 내담자가 중요한 사람과 맺는 관계에서의 변화가 있음을 인식하고 명명한 것이다.

그러나 상담자는 '위기가 성장을 위한 좋은 기회를 제공한다'는 것과 관련해 상투적인 용어를 쓰지 않도록 주의해야 한다. 상담자의 목표는 감정적·인지적·행동적 요소, 어쩌면 신체적 요소까지 모든 구성요소를 포함한 전체 이야기를 경청하는 것이다. 내담자가 아직 너무도 견디기 어려운 상황에 처해 있을 때는 그 상황을 잘 이겨 내도록 돕고, 기본적인 대처 과제를 잘 해 내도록 돕는 것에 초점을 둘 필요가 있다. 그리고 내담자는 혐오스럽고 이해할 수 없는 비극적인 상실이나 사건(예: 홀로코스트) 후의 성장의 경험을 배신 또는 도덕적 규범이 결여된 신호로 해석할 수도 있다. 그러한 상황에서는 상담자가 외상 후 성장 가능성의 경험을 확인하고 명명하기 위해서 내담자의 표현 중 '…했을 때' 혹은 '비록 …할지라도'에 매우 민감해져야 한다. 그러나 적절한 치료 관계가 설정되어 있을 때나 내담자의 보고를 통해 성장의 증거가 드러난 경우에는 내담자를 위해서 그 성장의 증거에 서서히 초점을 맞추는 것이 유용하다.

가능성에 대해 질문하라

상담자는 내담자의 성장 가능성에 대해 열린 자세를 갖추어야 한다. 하지만 상담자가 인식하기 전에 내담자가 자신의 성장을 먼저 인식하는 것이 더 나을 수도 있다. 이때 내담자가 자신의 트라우마 경험과 그 경험을 표현하는 것으로 상담을 주도하면 상담자는 항상 그 뒤를 따라가야 한다. 만일 상담자가 내담자에게 성장이 일어나려고 하거나 그러한 가능성이 있다는 것을 감지하였더라도, 그것이 성장이라는 것을 명확하게 표현하지는 않은 채 그 상태에서 성장 가능성을 탐색할 수 있다. 트라우마 이후 적절한 시점에서 상담자는 내담자에게 다음과 같이 질문할 수 있다. "어떤 사람은 매우 힘든 상황, 때로 트라우마 사건을 겪게 되었을 때 자신이 긍정적인 방식으로 변화했다고 말합니다. 당신은 자신이 겪어 온 일이나 현재의 일 그리고 앞으로 거쳐 갈 일을 통해 자신에게 그러한 변화가 가능하다고 생각하십니까?"

비록 많은 내담자가 자신의 성장 가능성을 이야기하거나 직접적으로 성장을 이루어 낸 반응을 보고할지라도, 우리는 외상 후 성장이 흔하긴 해도 필연적이거나 보편적인 것은 아니라는 점을 반복해서 강조한다.

맞는 단어를 선택하라

상담자는 내담자와 함께 성장에 관해 이야기할 때, 사건 자체가 아니라 사건에 대처하고 살아남기 위해 분투하는 과정에서 성장이 일어난다는 사실을 반영하는 단어를 선택할 필요가 있다. 상담자는 사건 자체보다도 일어난 사건에 대해 개인이 이겨 내려고 분투하는 것에 의미의 초점을 두어야 한다. 가령, 자녀를 잃은 후 애도하는 부모를 변화하게 하는 것은 사랑하는 두 살배기 아이의 죽음이 아니라 그 부모가 그 사건을 극복하기 위해 견뎌 낸 길고도 힘든, 또 영원히 고통스러운 분투이며 그 분투는 외상 후 성장의 요소를 낳을 수 있다. 따라서 상담자는 외상 후 성장 가능성을 반영하고, 명명하고, 강조하고, 질문하는 방식을 신중하게 선택할 필요가 있다.

3장

다문화 맥락에서의
외상 후 성장

동반자적 전문가는 내담자에게 영향을 줄 수 있는 다양한 문화와 신념, 가정
그리고 그 개인의 모습을 형성한 경험 등을 이해할 필요가 있다.

3장

다문화 맥락에서의
외상 후 성장

　캐시(Kathy)는 학교에서 약 96km 떨어진 도시로 엄마를 만나러 가던 중에 교통사고를 당해 중상을 입었다. 사고 당시 2차선 국도에서 운전하고 있었는데, 반대편 차선에서 18륜 트럭이 중앙선을 넘어 캐시의 차 앞머리를 들이받았다. 사고 후 도착한 구조팀이 구식 소형차 뒷좌석에 의식을 잃고 쓰러져 있는 캐시를 발견했다. 사고가 심각했기 때문에 캐시는 헬리콥터에 실려 현장에서 약 15분 거리의 대학병원으로 바로 이송되었고, 유능한 병원 직원들이 캐시의 생명을 구했다. 캐시는 5일 동안 혼수상태였다가 깨어난 후 꾸준하게 회복되기 시작했다.

　몇 개월 후 캐시가 우리 연구원 중 한 사람과 이야기를 나누게 되었을 때쯤엔 다리를 약간 저는 것만 제외하면 상태가 좋아지는 중이었다. 캐시는 사고를 당한 후에 대처해 나가면서 자신이 많은 변화를 겪었으며, 사고 후에 본질적으로 더 나은 사람이 되었다고 말했다. 그녀는 사고 이전에는 신에 대해 관심이 전혀 없었는데, 사고 후에 이전까지 자신이 걸어 온 방향이 잘못되었음을 알게 되었다고 했다. "저는 그냥 대부분의 사람을 귀찮게 여겼어요. 사람들은 저기에, 그리고 저는 여기에 있을 뿐이었죠. 사람들에게 전혀 관심이 없고 늘 화가 난 상태였어요. 하지만 지금은 우리 모두 하나님의 자녀라는 걸 알아요. 저는 사람들을 사랑해야 한다는 것과 제 인생에 대한 하나님의 계획을 알게 되었죠. 이전의 저는 방황했지만 지금은 제 인생에 목표가 있음을 깨달았어요. 이번 사고 경험을 통해 하나님께 진정으로 다가가게 되었어요."

상담자가 이 젊은 여성이나 앞 장에서 본 자녀의 죽음을 경험한 아버지를 상담할 때, 내담자가 영향을 받은 문화적인 맥락을 이해하는 것이 도움이 된다. 예를 들어, 자신의 인생을 위해 새로운 길을 찾고 있는 젊은 여성에게 우리는 어떻게 최선의 반응을 해 줄 수 있는가? 그리고 특정 종교가 그 여성이 자신의 삶을 살아가는 방식에 어떤 영향을 얼마나 많이 주고 있는가? 이 장에서는 특별히 내담자가 외상 후 성장을 경험할 때 상담자가 이를 어떻게 발견하는가와 상담자가 관심을 갖고 이해해야 하는 문화적 요인들을 살펴보고자 한다.

우리는 학부 수업 중에 학생들이 자신이 영향을 받은 문화와 문화적 요인에 관해 이해할 수 있도록 돕기 위한 활동을 했다. 활동이 진행되던 중에 교수가 한 학생에게 자신의 문화적 배경과 그 영향에 대해 설명하라고 요청했다. 그 학생은 당혹스러워하며 "교수님, 저는 실제적으로 특정한 문화나 그러한 문화적 영향을 받고 있지 않다고 생각합니다. 제가 백인이라서요."라고 불쑥 말했다. 이 학생은 흥미롭고 순진하게도, 모든 인간이 성장하는 데 문화적 요인의 영향을 받고 있고 문화적 요인이 삶의 모든 면에서 지속적인 역할을 한다는 점을 깨닫지 못하고 있었다. 문화란 무엇이며, 특히 어떤 문화적 요인이 상담자가 내담자를 이해하는 데 중요하고 유용할까? 다음의 논의에서는 동반자적 전문가가 매우 도전적인 상황을 겪고 있는 내담자의 사회문화적인 요인을 어떻게 다루어야 하는지에 중점을 둘 것이며, 특히 외상 후 성장에 초점을 두고 논의를 전개할 것이다.

문화란 무엇인가

　2012년 초 전자 저널 데이터베이스의 '문화'라는 검색어 조회 수가 11만 6천 358건에 이르렀다. 한편, '문화와 정의'라는 용어로 좁혀서 불린(Boolean)[1] 검색을 이용했을 때는 조회 목록이 3천 330건으로 줄어들었다. 이러한 결과는 적어도 두 가지 시사점을 지닌다. 하나는 사회 및 행동 과학에서 문화에 많은 관심을 기울이고 있다는 것이고 다른 하나는 문화가 어떻게 정의되고 이해되는지에 대한 합의가 없다는 것이다. 하지만 이는 세부사항이 일치하지 않을지라도 문화의 영향력을 이해하는 것은 중요하다는 점과 '문화'의 특성에 관해 그래도 몇 가지 합의된 사항이 있다는 것 또한 시사한다.

　문화의 중요한 특징은 문화가 사회적 산물이며, 생물학적 요소들의 직접적인 산물이 아닌 사람 간의 사회적인 과정과 상호작용의 결과라는 점이다. 우리는 애초에 다른 사람과 함께 일하고 행동하는 방법을 배울 수 있도록 진화적으로 준비가 되어 있는지도 모른다. 하지만 우리가 무엇을 하는가와 다른 사람과 어떻게 상호작용하는가는 우리가 성장하고 발전하는 환경 속에 존재하는 사회적

---

1) 역자 주: 논리적인 생각 체계에 관련된 것으로 영국의 수학자 조지 불(George Boole, 1815~1864)의 이름을 따서 명명되었다. 불린 데이터 형은 참 또는 거짓 혹은 0 또는 1이라는 이진 값을 갖는다. 불린은 1854년에 『사고의 법칙』이라는 책을 썼고, AND, OR, NOT이라는 이진 연산자를 사용해 이진 정보를 처리하는 모델을 만들 수 있게 했다. 또한 그는 인간의 정신 작용 역시 인식된 정보를 '참' 또는 '거짓'이라는 두 개의 환원된 정보로 처리하는 과정에서 이루어진다고 보았다.

인 힘에 의해서 결정된다.

문화의 또 다른 중요한 특징은 환경의 영향을 받아 한 세대에서 다음 세대로 전해진다는 것이다. 우리의 성장의 근거지이자 일반적으로 가족의 다양한 형태를 말하는 더 작은 사회 단위는 무엇을 믿어야 하는가와 어떻게 생각해야 하는가 그리고 어떻게 행동해야 하는가를 우리에게 암묵적으로나 외현적으로 가르치는 데 중요한 역할을 한다. 개인이 문화에 적응해 가는 과정은 그 개인이 사는 곳에서 우세한 문화와 모든 인간이 하나의 구성원으로 소속되어 있는 더욱 세부적인 미시 문화 요소의 영향을 받는다. 더불어 가족뿐 아니라 또래 관계도 자신이 사는 곳의 문화에 적응하는 과정에서 매우 중요하다.

다음 세대나 특정한 사회의 새로운 구성원 그리고 범죄 조직, 단체, 회사 등과 같은 좀 더 작은 규모의 사회문화 단위에 새로 유입되는 구성원에게 전달되는 문화의 요소는 무엇일까? 문화는 다음과 같은 많은 요소를 포함하지만 그것이 전부는 아니다. 즉, 한 집단의 역사, 중요하게 여기는 가치관, 세상과 집단에 대한 중요한 신념, 개인에게 기대되는 역할에 대한 신념, 집단 내에서의 위치, 특정한 사회적 상황에서의 행동 규칙, 바람직한 행동의 일반적인 기준, 바람직하거나 바람직하지 않은 삶의 목표, 성공의 정의, 좋은 삶을 산다는 것의 의미 등이 그 요소에 해당한다.

따라서 문화는 한 사회집단의 구성원들을 결속하게 해 주는(Stuart, 2004, p. 5) 아이디어, 스키마, 가치, 규범, 목표(Fiske, 2002, p. 85), 행동 규칙, 역할에 대한 기대, 사회적인 관습, 바람직하거나 바람직하지 못한 삶의 목표, 성공의 의미 등의 집합체라고 정의할 수 있다. 그 집단 문화의 신념과 행동을 충실히 따라가면 사회적 승인을 얻을 수 있고, 이러한 문화 요소에서 벗어나면 어떤 형태로든 사회적 구속을 받을 수 있다. 문화를 이런 식으로 생각한다면 각 개인은 여러 문화에 하나의 구성원으로서 소속될 수 있는데, '미국 사회'와 같이 규모가 크고 이질적인 집단에서부터 루바비치 하시디즘(Lubavitch Hasidism)[2]과 같이 작은 집단, 심지어 뉴욕 브루클린의 특정 루바비치 공동체(Lubavitch community)[3]와 같은 좀 더 작은 단위에 이르기까지 다양한 문화에 소속될 수 있다.

개인에게 여러 문화적인 고향이 있을 수 있다는 관점과 관련해, 이전에 저자들의 내담자였던 밝고 유쾌한 35세 남성을 예로 들어 설명하고자 한다. 그는 동성애자이고 공화당 소속이었다. 또한 자신은 신에게서 자유롭게 거듭난 남부 침례교 교인이며, 장래에 목사가 되는 것이 꿈이어서 현재의 고소득 직업을 포기하고 신학교에 입학하기를 원한다고 말했다. 그가 속한 '세부 문화'에는 다음과 같은 것들이 있다. 미국인으로 사는 것, 공화당원으로 사는 것, 남자로 사는 것, 다양한 동성애 남성 공동체의 일원으로 사는 것, 남부 침례교 교인으로 사는 것, 지역 교회의 구성원이 되는 것, 자신의 확대가족이나 파트너와의 결혼생활의 일원으로 사는 것이다. 그리고 실제로 신학교에 다녔다면 자신이 선택한 특정 신학교의 특정한 문화가 그 남성의 세부 문화에 추가되었을 것이다.

문화가 왜 중요한가

이 질문에 대한 아주 간략하고 명확한 답변은 '상담자는 상담 현장에서 자신

---

2) 역자 주: 유대교의 경건주의 운동으로 18세기에 폴란드와 우크라이나의 유대교도 사이에서 일어난 신비주의 경향의 신앙 부흥 운동을 가리킨다. 즉, 하시디즘으로 알려진 종교적 · 사회적 운동에서 갈라져 나온 유대교 운동과 그 교리를 말한다.

3) 역자 주: 유대교의 경건주의 운동을 같이하는 집단으로 러시아의 루바비치에서 이민 와 뉴욕 시를 중심지로 삼아 정착한 사람들을 일컫는 말이다. 이들은 학교 · 고아원 · 연구 모임을 지원하고, 모든 면에서 유대인의 종교 생활을 강화하는 다양한 활동을 펼치는 데 선교적인 열정을 쏟는 것으로 유명하다.

의 다문화적 역량(multicultural competence)을 고려해야 한다.' 라는 상담자의 직업윤리 권고지침을 통해서 알 수 있다. 예를 들어, 미국심리학회는 심리학자가 자기 자신 그리고 타인의 문화적 인식과 지식을 쌓기 위해 전념해야 한다고 권고한다(American Psychological Association, 2003, p. 382). 모든 분야의 상담자는 윤리적인 상담을 하기 위해서 문화적인 기본 요소에 민감해야 한다. 따라서 훌륭한 사회복지사, 상담자, 목회 상담자, 심리학자 또는 정신과 의사는 자신의 상담 현장에서 반드시 문화적인 요소를 이해해야 한다. 다시 말해서, 상담자라는 직업은 문화적인 이해가 반드시 필요하다.

상담자가 문화적 인식을 위해 전념해야 하는 이유는 내담자가 처한 문제의 원인이 문화적 요소 때문일 수도 있고, 어떻게 상담이 이루어져야 하는가와 어떤 치료 목표가 최상인가에 문화적 요인이 영향을 미칠 수도 있기 때문이다. 그리고 내담자가 좋은 심리치료를 받은 후 다양한 문화 속에서 일상생활을 하는 동안 그 문화와 조화를 이루는 긍정적인 변화를 일으킨다면, 이때 문화적인 요인은 내담자의 안녕에 긍정적인 역할을 할 수 있다.

광범위한 범주: 집단과 문화

민족성, 성별, 사회적 계급이 문화일까? 그것은 어떤 때는 문화이고 어떤 때는 문화가 아닐 수 있다. 더 중요한 질문은 주요한 삶의 위기를 겪거나 외상 후 성장을 특정한 형태로 경험하고 있는 내담자를 상담할 때, 과연 그런 것들을 가장 중요한 문화적 요인으로 고려해야 할 것인가다. 이러한 광범위한 범주의 하위집단에 속하는 소속감이 중요할 수도 있지만, 때로 어떤 내담자에게는 특정한 문화 요인이 더 중요할 수 있다. 이러한 광범위한 문화에 소속됨으로써 내담자는 특정한 방식으로 영향을 받게 되기 때문이다. 그런데도 다문화 상담 역량에 관해 논의하는 경우 때로 이러한 광범위한 범주가 핵심 요인으로 다루어지기도 한다.

최근 몇 년 동안 범주는 세분화하고 확대되고 있다. 특히 미국 내에서 닉슨 행정부 이후(Rodriguez, 2002) 현재까지 두드러진 민족 부류는 다음과 같다. 흑인(아프리카계 미국인), 백인(유럽계 미국인 또는 코카시안), 아시아인(아시아계 미국인), 태평양제도 원주민 및 북미 원주민 또는 에스키모(유피크족[4] 또는 이누이트 족[5]), 히스패닉(라틴계) 등이다. 미국 역사에서 특히 노예제도와 아프리카계 흑인에 대한 대우 그리고 다른 소수 민족 집단에 대한 부당한 대우를 생각해 볼 때 많은 상담자, 특히 백인 상담자가 각각의 내담자를 의식적·무의식적으로 이러한 광범위한 범주의 구성원으로만 생각할 가능성이 있다는 것은 이해할 만하다. 하지만 상담자는 문화적 요인에 대해 더 구체적이고 복잡한 방식으로 생각할 수 있어야 한다.

최근 몇 년 동안 문화적 다양성을 강조한 결과로 상담 현장에서는 바람직하지 못한 영향이 나타날 수 있다. 예를 들어 설명하면, 내담자가 앞서 언급한 광범위한 민족 부류 중 하나에 소속된 일원이라는 것 자체에만 초점을 둘 경우 상담자는 그러한 각각의 범주 안에 존재하는 문화와 문화적 영향의 엄청난 다양성을 놓칠 수 있다. 예를 들어, 히스패닉 또는 라틴계로 분류되는 사람들은 아메리카 대륙만 고려해도 출신 국가가 최소 18개국이다. 그중에서 2억 500만 명의 브라질인이 스페인어가 아닌 포르투갈어를 사용한다. 또 포르투갈어를 사용

---

4) 역자 주: 시베리아와 알래스카 남서부에서 사는 에스키모 족을 말한다.
5) 역자 주: 북극 지방에서 사는 에스키모 족을 말한다.

하는 집단 내에서도 단지 종교만 고려했을 때 가톨릭 신자, 다양한 개신교 신자, 펜테코스트파(Pentecostalism)[6]의 영향을 주로 받은 사람이 있고, 칸돔블레(Candomble)[7]와 움반다(Umbanda)[8]라는 아프리카계 브라질인의 종교를 믿는 사람도 있다. 또한 브라질인은 다수가 개인의 종교적인 관점이 명백하게 통합적이며 더 복잡해진 양상을 보인다. 즉, 하나 이상의 종교 요소와 신념을 결합하고 있다. 예를 들어, 어떤 사람은 미사에 참석하기도 하고 아프리카계 브라질인의 종교적 전통과 관련된 종교의식에 참여하기도 한다. '아메리칸'으로 명명된 인종과 민족성에 대한 광범위한 범주가 얼마나 많은 복잡성을 띠는가는 브라질의 포르투갈어에 인종과 피부색을 표현하는 단어가 127개에 이른다는 사실(Brazilian Institute of Geography and Statistics, 1999)을 통해서도 알 수 있다.

이와 유사하게, 미국에서 주로 사용하는 광범위한 민족성 범주의 문화적 요소에도 이질성과 복잡성은 존재한다. 따라서 상담자는 미국에서 상담자가 활용할 수 있는 인종이나 민족성에 대한 광범위한 범주에 이처럼 폭넓은 다양성이 있음을 고려해서 각 내담자의 문화 환경과 문화적인 영향을 추측할 때 신중을 기해야 한다. 예를 들어, 어떤 내담자가 라틴계라고 할 때 상담자는 문화적 영향력에 대해 몇 개의 검증 가능한 가설을 세울 수 있다. 하지만 상담자가 자기 인식을 바탕으로 그 가능한 가설들을 매우 신중하게 다루지 않는다면, 유익한 문화적 민감성보다는 해로운 고정관념이 상담자의 가설에 반영될 수 있다. 한 개인이 자신의 문화 속에서 공동체, 가족, 다른 친밀한 관계의 근접한 영향을

----

6) 역자 주: 범신론적 종교로 개신교의 한 종파를 말한다.
7) 역자 주: 아메리카 대륙에 노예 신분으로 건너온 아프리카인들이 들여 온 종교로 아프리카 민속 종교에서 브라질 고유의 형태로 변형되었다.
8) 역자 주: 브라질의 아프리카 색채가 농후한 심령주의적 집합 종교의 총칭으로, 어원을 살펴보면 의사, 주의(呪醫), 제사(祭司)라는 뜻을 지닌다.

다양하게 받고 있다면, 그 사람이 같은 문화 속의 다른 구성원들과 구별될 수 있게 해 줌을 고려하는 것이 유익하다. 즉, 내담자를 상담할 때 문화에 근거한 일반화를 피하는 것이 중요하다.

미국의 역사는 부끄러운 인종주의를 보인다. 특히 유럽 앵글로색슨 계열 백인들의 아프리카인, 스페인인, 아시아인에 대한 인종주의가 심하다. 그러한 역사적인 현실이 차별받는 집단에 속한 사람들의 일상생활에 여전히 영향을 미치고 있는데, 이는 과거에도 그리고 어쩌면 지금도 계속되고 있다. 상담자는 그러한 인종주의의 가능성을 반드시 인식하고 있어야 한다. 그러나 개인, 부부, 가족을 상담하기 위한 상담 전략, 즉 모든 임상 사례에 적용할 수 있는 상담 전략은 내담자를 유일무이한 존재로 간주하면서 관계를 형성하고, 내담자의 유일무이함, 특히 내담자의 문화적인 독특함 안에서 내담자를 이해해야 함을 강조한다. 내담자가 라틴계인 경우, 만일 상담자가 라틴 문화에 대해 배웠거나 믿고 있는 대략적인 정보만 가지고 내담자를 판단한다면 그 판단은 내담자의 최소 일부 측면에만 들어맞고 내담자를 전인적으로 보는 측면에서는 맞지 않을 수 있다. 그리고 매우 광범위한 의미에서 예를 들면, 일본과 같이 집단주의 성향이 더 강한 문화 집단과 북미와 같이 개인주의 성향이 더 강한 문화 집단 간의 일반적인 문화적 차이를 밝히는 것은 가능할 수 있다(Fiske, 2002; Nisbett, 2003). 그렇지만 단지 광범위한 문화 범주의 구성원이라는 제한된 창을 통해서만 내담자를 바라본다면 상담자는 내담자를 독립적인 한 인간으로 보기보다는 단지 넓은 범주에 속하는 구성원으로만 보는 데 중점을 두게 되는 함정에 빠질 수 있다. 여기에서 범주는 여러 가지 면에서 지리적 · 문화적 산물과 역사적 기간의 독특한 산물 그 자체라고 할 수 있다.

내담자를 단지 몇 개의 종족 또는 인종 범주, 미국 내의 정치적인 이유로 만들어진 범주(Rodriguez, 2002) 중의 하나로 분류하는 것은 위험하다고 일반적으로 경고하는 한편으로, 민족성과 성별 그리고 계층이 유용한 문화적 범주를 구성한다고 생각하는 것은 유익할까? 한 심리학자가 제시한 바와 같이 '모든 집단이 문화를 가지거나 문화를 구성하는 것은 아니다.'(Cohen, 2010, p. 59) 즉, 단지 개인이 특정 집단에 속해 있다는 이유만으로 그 집단이 특정한 문화를 구성하는 것은 아니라는 점을 상담자는 중요하게 기억해야 한다.

남성 또는 여성이라는 성별, 특정 민족 집단, 특정 사회 계층의 구성원으로 성장하는 것이 한 개인에게 중대한 문화적인 영향을 줄 수 있을까? 분명히 그런 경우도 있다. 예를 들어, 자기노출과 내면의 심리 상태에 대해 이야기하는 것을 꺼리는 남성 내담자를 상담한 상담자는 그 내담자에게서 북미 남성 문화의 영향을 확인했다(Shay, 1996). 미국에서는 아프리카계 미국인이 백인보다 많은 차별을 경험했을 가능성이 있다. 이러한 경험의 공통성 때문에 어느 정도 비슷한 신념을 공유할 수 있고, 이런 신념에는 아마도 공유된 문화라고 간주할 수 있는 공동 유대가 반영되어 있을 수 있다(Corning & Buchianneri, 2010). 같은 맥락으로 더 낮은 사회 계층에서 성장한 사람들의 경험은 몇 개의 공통점을 지니는데, 예를 들어 더 높은 사회 계층에서 자란 사람보다 더 정확하게 공감한다는 것이다(Kraus, Piff, & Keltner, 2011).

한 사람의 성별, 민족성, 사회 계층 또는 사람을 분류하기 위해 유사성을 바탕으로 제한하여 설정한 일련의 문화 범주가 실제로 하나의 문화를 구성할 수도 있다. 그리고 이러한 다양한 범주에 속하는 것이 서로 다른 문화적인 차이를 보여 줄 수 있다고 보는 다문화적 인식이 중요하다(Weiss & Berger, 2010). 그러나 분명히 충고할 점은 비록 집단의 구성원에게 영향을 준 역사적 요소와 앞서 언급한 요소가 영향을 줄 가능성을 인식하는 것이 중요할지라도, 상담자가 내담자의 범주를 안다고 해서 내담자 개개인에 대한 특별한 내용을 확실히 알게 되는 것은 아니라는 점이다. 내담자 개개인에 대한 특별한 내용이란 내담자가 경험한 비극 혹은 내담자의 독특한 문화적 위치가 외상 후 성장 가능성과 그 과정에 영향을 끼칠지 또는 끼치지 않을지에 관한 것이다. 그렇지만 사람들에게 영향을 주는 특정 문화적 요소가 많이 있으며, 그런 문화 요소는 상담자가 내담자를 알아 가고 이해하도록 하는 데 유용하고 중요하다.

외상 후 성장과 사회적 요인 및 다문화적 요인

일차 준거 집단

우리는 모두 서로 교류하는 사람들로 구성된 집단에 속해 있다. 사회적 집단은 스포츠 팀처럼 공식적으로 구성될 수도 있고, 자녀가 있는 결혼한 부부처럼 법적으로 구성될 수도 있으며, 이웃의 친구 집단이나 청소년 무리처럼 비공식적으로 구성되기도 한다. 내담자가 속한 모든 집단 중에서 내담자에게 가장 중요한 사회적 영향을 미치는 집단을 일차 준거 집단(primary reference group)이라고 한다. 내담자의 일차 준거 집단을 확인하기 위한 중요한 질문은 그 개인이 어떤 집단을 기쁘게 하고 싶은가, 내담자가 누구의 의견을 소중하게 생각하는가, 내담자가 누구의 인정을 받기를 원하는가, 달리 말하면 내담자가 어느 집단을 동일시하는가다.

비록 예외가 있기는 하지만 대부분의 사람은 자신의 가족, 친구, 동호회 회원들, 자신이 속한 종교 집단 구성원들에게 인정받고 수용받기를 원한다. 앞서 논의한 광범위한 집단과 연결해 본다면, 오히려 어떤 사람들은 자신이 속한 광범위한 민족 범주를 준거 집단으로 볼 수도 있다. 보편적이지는 않지만, 인구통계학적으로 소수 집단에 속한 사람이나 사회정치적으로 유의미한 영향력이 없는 사람은 자신이 특정 민족 집단, 특정 사회 계층 또는 특정 종교 집단과 같은 더 광범위하고 더 추상적인 집단에 속한다고 생각할 수 있다.

상담자는 내담자에게 중요한 개인 및 집단과 관련된 단서에 귀를 기울이고, 그 개인 및 집단이 내담자에게 어느 정도로 사회적 영향력을 미치는가에 관한 단서에 초점을 두어야 한다. 내담자는 자신이 겪고 있는 위기와 비슷한 종류의 비극을 경험하는 사람들의 집단에 자신이 속한다고 생각할 수 있다. 전투에서 부상을 입은 군인은 자신을 부상당한 참전 군인 집단의 일원으로 간주할 수 있고, 전사한 군인의 부모들은 서로를 '같은 나라의 동료 시민'으로 생각할 수 있다. 내담자는 자신과 비슷한 비극을 경험한 다른 사람들을 더 믿을 수 있다고 생각한다. 그래서 위기에 처한 사람은 '같은 나라의 동료 시민'이 아닌 다른 누군가가 제공한 도움과 안내보다는 비슷한 경험을 한 동료 시민의 안내와 도움을 더 가치 있게 여긴다.

몇 년 전에 우리 학생 중 한 명이 작지만 아주 특별한 연구를 했는데, 가까운 가족구성원이 자살해서 상실을 경험한 사람들을 대상으로 진행한 사회적 도움에 관한 연구였다(Wagner & Calhoun, 1991). 그 학생은 사별을 경험한 가족과 그 가족의 사회적 연결망에 있는 사람들, 즉 상실 이후에 그 가족에게 도움을 주려고 하는 사람들과 이야기를 나누었고, 그 결과 흥미로운 사실을 알게 되었다. 사별을 경험한 가족은 자신들의 광범위한 사회적 연결망에 속한 사람을 두 개의 범주, 즉 비슷한 상실을 경험한 사람과 그렇지 않은 사람으로 나누려는 경향을 보였다. 결론이 불확실하기는 하지만, 결과를 보면 두 집단 모두 도움을 주는 행위나 횟수가 상당히 유사한데도 사별을 경험한 가족은 비슷한 사별을 경험한 사람들의 지지적인 행위를 더 유용하다고 보았다. 상담치료에서 내담자의 일차 준거 집단이 내담자에게 주는 단순한 영향 그 이상의 것이 분명히 있음을 알 수 있다. 이 연구는 흥미로운 교훈을 제공한다. 즉, 내담자의 사회적 세계에는 중요한 영향을 미치는 특정한 사람들이 있다. 따라서 상담자는 내담자가 어떻게 트라우마 사건을 경험했는가와 내담자에게 중대한 영향을 미치는 이러한 사람들이 누구인지 알아내기 위해 노력해야 한다.

그리고 일차 준거 집단이 중요한 또 다른 이유는 매우 힘든 도전적인 상황에 처한 사람에게는 일차 준거 집단이 가장 효과적인 사회적 지지 자원일 가능성이 크기 때문이다. 어떤 집단이 내담자에게 유용한 서비스, 물질적인 지원, 정서적인 지지 그리고 도움이 되는 정보를 제공할 수 있을까? 사람들이 상실 또는 다른 위기를 경험할 때 사회적 집단은 강력한 위로의 원천이 될 수 있다. 현명한 상담자는 그 집단이 어떻게 구성되었는지를 인식하려고 노력할 뿐만 아니라 어느 집단이 가장 효과적으로 내담자에게 필요한 도움을 제공하는지를 알아내기 위해 최선을 다한다.

1장에서 서술한 성장 모델이 나타내는 것처럼, 사회문화적 영향은 외상 후 성장 가능성 및 그 과정과 관련된다. 성장에 중요한 일련의 문화적 영향은 바로 그 개인의 일차 준거 집단에서 비롯된다. 성장 모델은 성장 과정에서 일차 준거 집단이 영향을 줄 수 있는 중요한 방식 중 하나가 이 모델의 적용성을 통해 나타난다고 설명한다. 그에 대한 정확한 증거는 사례에서 찾아볼 수 있다. 즉, 가정폭력을 경험한 사람과 암 진단을 받은 사람들의 예에서 외상 후 성장을 경험한 사람을 알고 있다고 말한 사람이 그렇지 않은 사람보다 높은 수준의 성장을 보고했다(Cobb, Tedeschi, Calhoun, & Cann, 2006; Weiss, 2004).

이 모델은 또한 일차 준거 집단의 구성원에게 외상 후 성장 요소에 대해서 자기노출을 했을 때 그들이 보인 반응이 성장의 과정 혹은 성장 가능성에 특정한 역할을 할 것이라고 설명한다. 그렇지만 중요한 것은 자기노출을 한다는 단순한 사실이 아니라, 내담자가 자기노출을 했을 때 일차 준거 집단의 구성원들이 수용하고 지지해 주는 반응이 함께 결합되어야 한다는 것이다. 즉, 일차 준거 집단은 외상 후 성장 경험에 영향을 미치기 때문에, 문화적으로 민감한 상담 현장에서는 개인의 일차 준거 집단에 대한 정보를 가능한 한 많이 찾아내는 것이 중요하다.

사회규칙과 사회규범

사회규칙과 사회규범이라는 두 용어는 동일한 일반적인 의미를 지닌다. 이 용어들은 사람이 무엇을 할 수 있고, 무엇을 해야 하고, 무엇을 하지 말아야 하는가와 관련된 기대를 내포한다. 일반적으로 규칙은 매우 특정한 사회적 상황에 대한 규범을 설명하는 경향이 있다. 예를 들어, 장례식에서 사람들이 어떻게 해야 하는가와 같은 것이다. 규범은 더 광범위하게 적용되는데, 가령 성별에 따라 옷을 어떻게 입어야 하는가와 같은 것이다. 전문적인 의미를 구별하는 것과 상관없이 이 용어는 일반적으로 기대나 특정 집단의 구성원들이 엄격하게 지키는 '법'의 형태로 표현된다. 즉, 집단의 규칙을 따름으로써 인정과 칭찬을 받고, 위반할 때는 사회적 제재를 받거나 집단에서 추방당하거나, 또는 더 나쁜 결과가 따를 수 있다.

상담자는 내담자에게 영향을 미치는 일차 준거 집단의 사회규칙과 사회규범에 대해서 가능한 한 많이 알아야 한다. 가장 적절하다고 볼 수 있는 규범은 환경에 따라 다양하겠지만, 트라우마 생존자와 상담하는 경우 혹은 성장 가능성에 초점을 둔 상담을 하는 경우에는 자기노출에 대한 규칙이 중요한 역할을 할 수 있다. 일반적으로 감정 표현에 대한 기대가 있을 수 있고, 특정 집단의 구성원에 대한 별도의 사회적인 기대가 있을 수도 있다. 예를 들면, 몇몇 문화 집단에서는 여성이 삶의 위기를 겪을 때 다른 사람 앞에서 자유롭게 우는 것이 허용되지만, 남성은 자신의 감정 표현을 굉장히 자제한다는 것을 종종 알 수 있다. 이런 사실은 북미 여러 곳에서 볼 수 있다. 우리는 개인적인 비극을 겪고 있는 사람의 특정한 감정 표현을 용인해 주거나 때로는 그들이 특정한 표현을 할 것이라고 예상하기도 한다. 그러나 일반적으로 성인은 상황에 적절한 감정을 표현하도록 요구받는다. 어떤 사람이 이러한 일반적인 사회규칙에 대해서 다음과 같이 이야기한 적이 있다. "제 생각에 트라우마 생존자는 자신의 감정을 조절하도록 노력해야 해요. 그게 더 적절한 것 같고요⋯. 스스로 조절하도록 노력해야죠."(Perry, 1993, p. 58)

트라우마 생존자는 특정한 사회문화적 집단의 구성원으로서 앞서 인용한 사례의 사람이 말한 것과 같이 감정을 자제해야 한다는 압력을 경험할 수도 있다. 그렇지만 멕시코 공동체와 같은 다른 사회에서는 집단 구성원이 백인 사회에서보다 '더 개방적이고 적극적으로 드러내는 방식으로' 자유롭게 감정 표현을 할 수 있다(Younoszai, 1993, p. 77).

대부분의 보통 사람은, 심지어 상담자조차도 위기에 처한 사람에게 도움을 주기 위해 무엇을 해야 하고 무엇을 할 수 있는지를 잘 알지 못한다. 또 사람들이 위로와 도움을 주기 위한 사회규칙을 확실하게 모르기 때문에 중대한 삶의 위기에 대처하는 사람은 고통을 겪을 수 있다. 그러한 확실한 규칙이 없어서 사회적 지지 자원이 될 수도 있는 사람이 스스로를 부적절하게 느끼거나 사회적으로 무감각하다고 느껴 도움을 자제할 수 있다. 즉, 상호작용에 개입하는 위험을 감수하지 않으며, 자신이 도움을 줄 수 없다고 생각하고 아무것도 하지 않을 수 있다(Calhoun, Abernathy, & Selby, 1984, 1986). 한 개인의 일차 준거 집단의 일부 구성원이 이런 불편을 느낄 가능성이 있고, 이는 위기에 처한 사람에게 어느 정도 전달된다. 그래서 내담자의 힘든 상황은 점점 사회적으로 난처한 입장이 되고 더 많은 스트레스를 야기한다. 지지 자원이 될 가능성이 있는 사람이 이런 식으로 사회적 불편감을 느끼기 때문에 트라우마 생존자는 도움과 지지의 자원이라고 간주되는 사람에게서 더욱 거리감을 느낀다.

일반적인 자기노출에 대한 규칙뿐만 아니라 외상 후 성장 주제의 노출과 관련된 규칙도 중요하다. 우리가 접할 수 있는 증거를 보면, 북미에서 외상 후 성장과 관련된 주제는 보통 상대적으로 규모가 더 큰 사회에서 풍부하게 나타난다는 증거가 있다(McAdams, 2006; Lindstrom, et al., 2011). 하지만 그러한 주제에 대해 다른 사람에게 이야기하는 것이 어떤 맥락에서는 너무 허풍스럽고 교만하게 보일 수도 있다. 예를 들어, 일본에서는 중대한 위기를 경험한 결과로 개인의 힘과 탄력성이 더 커졌다고 느낄 때 그것을 다른 사람에게 드러내면 예의가 없는 것으로 생각하는 경향이 있다. 그리고 다른 사람에게 개인의 긍정적인 변화에 대해 말하는 것도 적절하지 않다고 간주한다.

개인이 자신의 성장 경험을 말할 때 접하는 다른 사람의 반응 양상은 이후의 성장 과정에 중요한 역할을 할 수 있다. 따라서 우리는 외상 후 성장에 대한 자기노출이 사회적으로 수용되거나 지지받을 때 내담자가 스스로에게 진정으로 성장이 일어나고 있음을 분명하게 느낄 수 있을 것이라고 추측한다. 결국 트라우마 생존자가 자신의 상황에 대해 자기노출을 하거나 성장 주제에 관해 적절한 노출을 할 때는 사회 집단이 지지해 주는 것이 효과적인 대처이며, 이때 외상 후 성장 또한 촉진될 수 있다.

무엇이 훌륭한 삶인가

외상 후 성장을 경험한 많은 사람은 무엇이 훌륭한 삶인가에 대한 관점이 변화한다. 즉, 우선순위의 변화, 삶에 대한 더 많은 감사, 실존적·영적 또는 종교적 차원의 삶의 변화가 이에 해당한다. 성장을 경험한 개인은 그런 변화를 매우 바람직하게 여기고 인생이 바뀌는 경험으로 여길 수 있다. 하지만 한 개인의 삶의 새로운 내러티브와 변화된 우선순위는 각 개인이 모인 일차 준거 집단의 무엇이 훌륭한 삶인가에 대한 판단 규범과 상충될 수도 있다.

크리스티(Krystie)는 40세의 매우 성공적인 여성으로 한 유명한 대학의 육상 감독이다. 그녀는 같은 대학에 7년 동안 재직했고, 라크로스 팀 조교 코치에서 전 종목 총괄 감독까지 승진했다. 그녀는 운동도 잘하고 에너지도 넘치는 건강한 여성의 삶을 살았다. 그러나 어느 날 췌장암 진단을 받은 그녀는 엄청난 충격을 받았고 두려움에 빠졌다. 크리스티는 검진 과정 초기에 상담자에게 도움을 구했고, 지속적인 상담을 받던 중에 마침내 그 병이 완치되고 있다는 반가운 소식을 듣게 되었다.

크리스티는 오랫동안 심사숙고한 끝에 자신의 남은 일생에서 해야 할 일을 과감하게 바꾸기로 했다. 소외된 불쌍한 사람들에게 도움이 되는 일을 하는 것에 대해 늘 생각해 왔지만 구체적으로 그들을 위해 뭔가를 해 본 적은 없었다. 그래서 그녀는 애팔래치아의 깊은 산골에 있는 공립학교 아이들에게 영양이 풍부한 학교 급식을 제공하는 작은 비영리 단체에 취직했다. 월급은 자신이 이전에 받던 금액의 채 절반도 안 되었지만, 도심과 멀리 떨어진 시골 오지에서 살기로 마음먹었다. 크리스티는 자신의 관점에서 봤을 때 자신이 느껴 오던 소명에 드디어 응답하고 있었고, 그래서 자신의 삶에 변화를 일으켰다. 그렇지만 가족은 크리스티의 결심에 당황스러워했고, 심지어 삼촌은 크리스티에게 "완전히 돌았군." 이라고 말했다.

그녀의 가족은 일반적인 기준으로 볼 때 훌륭하고 성공한 삶이란 높은 사회적 신분과 부를 함께 성취하는 것이라고 생각했다. 육상 감독이라는 직업은 크리스티를 어느 정도 사회적으로 우위에 서게 했다. 그렇지만 비영리 단체에서 적은 월급을 받고 시골 오지에서 일하려는 그녀의 결심은 가족이 그녀가 인생을 잘 살고 있다고 믿게 만드는 유일한 징표를 버리는 것이었다. 즉, 크리스티의 결심은 삶의 방식에 대한 가족 내의 규범을 극단적인 방식으로 깨뜨렸다. 그래서 그녀의 결심은 처음에는 가족의 지지를 받지 못했고, 가족 중 한두 명은 크리스티의 결정이 미친 짓이라고까지 말했다. 하지만 결국 여동생과 부모님은 크리스티가 원하는 일을 하려는 결정을 어느 정도 수용하고 지지해 주었다.

크리스티의 상황은 문화에 기반을 둔 핵심 신념에 외상 후 성장이 어떻게 위협을 미치는지를 설명해 준다. 그리고 트라우마 생존자가 자신의 문화에 도전하는 어려운 입장에 어떻게 놓일 수 있는지를 설명한다. 이것은 아마도 일차 준거 집단의 다른 구성원과 충돌하게 만드는 것일 수도 있다. 상담자는 내담자에게 새롭게 자리 잡은 일련의 신념뿐만 아니라 이전의 핵심 신념도 반드시 이해해야 한다. 동반자적 전문가는 트라우마 생존자가 내적 갈등과 인간관계에서의 갈등 사이를 헤쳐 나갈 때 동행한다. 다음의 예는 이러한 동행이 어떻게 가능한지를 보여 준다.

로버트(Robert)는 22세이며, 신생아일 때 멕시코에서 시카고에 사는 백인 부모에게 입양되었다. 중산층 교외 지역에서 외동아이로 자란 로버트는 공부도 잘했고 부모에게 사랑받고 있다고 느꼈다. 그러나 드러나게 인종차별을 당한 적이 거의 없음에도 자신의 피부 색깔이 사회적 대인관계에 장애가 된다는 생각을 항상 하고 있었다. 그러던 중 로버트는 최근에 대학을 졸업한 후 오토바이 사고로 머리를 다쳐 재활 센터에서 몇 개월을 보냈다. 그리고 그곳에서 재활 치료 중인 젊은 라틴계 남성들을 만났다. 그들은 근처의 빈민 지역 출신인데 패싸움으로 부상을 당해 입원 중이었다. 로버트는 그들이 거칠지만 종교적이고, 놀랍게도 마음이 따뜻하며, 사회경제적인 차이가 있음에도 자신을 받아들이고 있다고 느꼈다. 다음은 재활 기간에 이루어진 로버트와의 상담에서 발췌한 내용이다.

내담자: 그러니까, 그 애들은 저를 로베르토라고 불러요. 전 그 이름이 마음에 들고, 그 애들과 제가 비슷하다는 생각이 들어요. 저하고 맞아요.

상담자: 늘 로버트라고 불러졌음에도 말이지요.

내담자: 네. 이상하죠? 아무래도 로버트보다는 더 로베르토 같다는 느낌이에요.

상담자: 뭔가 통하는 느낌인가요?

내담자: 부모님께 그 이야기를 하니까 정말 걱정하시더라고요. 엄마는 "그런 애들은 조심하는 게 좋아. 걔네가 퇴원하고 나서 널 괴롭히는 걸 원치 않잖아?"라고 하셨어요.

상담자: 그 사람들이 위험하다는 듯이 말이죠.

내담자: 네. 걔네가 그럴 수도 있겠죠. 부모님이 아시는 대로 위험한 사람일 수도 있고요. 지극히 당연하죠. 그 애들은 총에 맞아서 입원했거든요. 엄마에게 걱정마시라고 말씀드릴 뿐이죠. 아빠 역시 그렇고요. 제가 그 애들과 거리를 두었으면 하시죠. 아빠는 제가 그 애들에게 친절하게 대하는 건 괜찮지만 집으로까지 초대해서는 안 된다고 하세요.

상담자: 이게 옳은 것인지 확신하지 못하는 것 같군요.

내담자: 그 애들은 저에게 정말 잘해 줘요. 그래서 걔네가 위험하다는 생각을 할

수가 없어요. 저는 위선자가 되고 싶지 않아요. 병원에서는 친절하게 하다가 퇴원 후에는 거리를 두어야 한다고 생각하고 싶지 않아요. 하지만 저는 좀 조심성이 있는 편이어서 그 애들과 어울려 다니고 싶지는 않아요. 그건 좀 위험할 것 같아요. 그래서 그렇게 하진 않겠지만, 걔네랑 함께 있으면 분명히 편안함을 느끼긴 해요. 그러니까… 제 스페인어 실력도 좋아지고요. 그건 아주 멋진 일이죠.

이 대화에서 볼 때, 로버트는 부모님이 속한 사회 계층 바깥에 있는 다른 사람들과 자신이 관계를 맺는 것에 대한 부모님의 입장을 다시 생각하는 중이었다. 그리고 성장 환경은 매우 다르지만 공통의 유산을 물려받은 사람들과 연결고리를 형성하는 중이다. 몇 주 후의 상담 회기에서 로버트는 다음과 같은 내용을 보고했다.

내담자: 정말 이상하죠? 그 녀석들은 조직폭력배이긴 하지만 종교적이에요. 헥터(Hector)가 저한테 그러더라고요. 제가 엄마한테 얘기하는 걸 봤는데, 좀 더 공손히 대해드려야 한다고요. 정말 이상해요. 전 그 애들을 이해할 수 없어요. 전 그냥 그 친구들이 나쁜 애들이라고 생각했지만 사실은 그렇지 않다는 거예요.

상담자: 그 사람들에 대해 이전에 기대한 것과는 다르군요.

내담자: 이전에는 그 애들 같은 사람들을 만난 적이 없어요. 저는 그냥 TV에서 본 것과 제가 자라 오면서 알게 된 것을 계속 믿어 온 거 같아요. 지난주에 저희 숙모와 삼촌을 뵈러 갔을 때 선거철이라 정치 얘기를 했어요. 프레드(Fred) 삼촌이 불법 이민자들에 대해 이야기했는데, 저도 모르게 그

사람들을 진심으로 옹호하고 있더라고요. 프레드 삼촌은 자신이 매우 독실한 기독교 신자여서 그렇게 불쾌하게 얘기할 수 있다고 하셨어요. 선생님이 놀라실지 모르겠지만, 전 마음속으로 '프레드 삼촌보다 헥터와 훌리오(Julio)가 더 훌륭하다고요.' 라고 생각했어요.

상담자: 실제로 그렇게 말했다면 삼촌도 아마 놀라셨겠죠.

내담자: 아휴, 삼촌한테는 절대 그렇게 말 안 하죠. 삼촌은 늘 저에게 잘해 주세요. 그러니까, 지금 많이 혼란스러워요. 음, 제가 중산층 대학 졸업자인가 아니면 멕시코 사람인가 하는 거죠. 그러니까, 어떤 사람은 저를 그냥 멕시코 사람으로 보죠. 저도 항상 그런 생각을 조금은 하고 있었어요. 하지만 늘 그것에서 벗어나려고 했죠. 헥터와 훌리오는 정말 진실한 애들이에요. 훌리오 엄마를 병원에서 만났는데 그 엄마는 영어를 못하셔서 제가 스페인어로 말해야 했죠. 하지만 정말 다정다감하시더라고요. 그리고 훌리오가 자기 엄마한테 제가 도움을 많이 줬다고 그랬대요. 그래서 무척 고맙다고 하시면서 우시는 거예요. 그 사람들은 정말 진실한 사람들이에요. 저는 제가 그들의 일부가 된 것 같은 생각이 들었어요. 그 사람들과 모습도 같고 스페인어로 말하니까요.

상담자: 이전에는 전혀 알지 못한 자신의 일부분을 알게 된 것 같네요.

내담자: 바로 그거예요.

상담자: 그건 좋은 일 아닌가요?

내담자: 기분은 좋은데 약간 두렵고 혼란스러워요.

상담자: 아마도 로버트가 다른 사람과 자기 자신을 좀 다르게 바라보는 계기가 된 거 같군요.

내담자: 헥터나 훌리오 같은 친구들이 이전에 생각한 것과는 다르게 보이고 가족

도 약간 다르게 보여요. 물론 그 애들에게서 본 몇 가지는 마음에 들지 않아요. 이걸 말하긴 싫지만 인종주의가 조금 깔려 있죠. 제가 비록 갈색 피부를 가졌지만 늘 가족의 일원으로 대우받아 왔어요. 하지만 우리 가족은 저랑 같은 외모의 사람들을 위협적인 사람으로 취급하죠. 심지어 그 사람들을 제대로 알지도 못하면서요.

상담자: 그 사람들을 알게 된 것이 변화를 가져왔군요.

내담자: 제가 이 병원에 입원하지 않았더라면 저 역시 전혀 몰랐을 사실이죠.

상담자: 그전에 몰랐던 사실을 알게 되었군요.

내담자: 제가 이전에 전혀 생각지 못한 것을 헥터와 훌리오를 통해 배웠다고 생각해요. 제가 조금은 그 애들과 비슷해지기를 원하는 거 같아요. 그리고 그 애들도 조금은 저처럼 되기를 원하고요. 그 애들이 진짜로 이상한 조직폭력배들과 관련된 일에 휩쓸리지 않았으면 해요.

상담자: 이러한 생각을 그 친구들에게 말한 적이 있나요?

내담자: 네. 걔들은 자신들이 원래 이렇기 때문에 어쩔 수 없다고 말하더라고요. 숙명론적인 태도죠. 전 별로 상관하지 않지만, 그 애들의 출신 때문이라는 걸 이해할 수 있어요.

상담자: 그래서 그 친구들의 어떤 면이 더 비슷해지고 싶은 부분인가요?

내담자: 제 생각에 그 애들과 그 가족에게서 본 따뜻함과 수용인 거 같아요. 거기엔 감정이 있어요. 제가 이런 조직폭력배들이 따뜻하고 정감 있다고 말하는 게 정말 이상하게 들릴 거라는 걸 알아요. 저도 이걸 우리 가족에겐 말하지 않아요. 아마 저더러 미쳤다고 할 거예요. 하지만 선생님은 제가 뭘 말하는지 아시죠?

상담자: 네, 알 거 같아요. 그 친구들은 정말 로버트에게 직설적이면서도, 어떤

뚜렷한 조건도 없이 로버트를 받아들인다는 거죠.

내담자: 맞아요. 걔네는 화끈해요.

상담자: 숨겨진 의도가 없다는 거.

내담자: 네. 하지만 한편 그렇지는 않은 거 같아요. 우습죠. 선생님도 조직폭력배들이 나름 잔머리를 굴린다고 생각하실 거예요.

상담자: 아마도 그 친구들이 병원보다는 길거리에서 생활하기 때문이겠죠.

내담자: 아마 그럴 거예요.

상담자: 그 친구들을 길거리에서 마주친 적은 없죠?

내담자: 네. 그랬다면 아마도 다를 거 같아요.

상담자: 그 친구들에게 다른 측면이 있을 거라는 말이네요.

내담자: 제 생각에는 그럴 거 같아요.

상담자: 로버트에게도 다른 측면이 있을 수 있겠지요.

내담자: 그게 지금 저에게 일어나고 있는 일이라고 생각해요. 저도 저의 다른 모습을 보고 있어요.

상담자: 로버트가 하나의 문화 속에서 자랐지만 또 다른 문화에도 끌리고 있는 중이네요.

내담자: 맞아요. 설명은 할 수 없지만 아마도 제 피부 색깔과 외모 때문일 거예요. 저도 동질감을 느낄 수 있죠. 만약 제가 그냥 백인이었더라면 그러지 못했을 거예요.

상담자: 아니면 헥터나 훌리오가 로버트에게 쉽게 접근하지 못했을 수도 있고요.

내담자: 그렇겠죠.

상담자: 그 친구들이 로버트가 자신에 대해 그리고 삶의 방향이나 믿음의 대상에 대해 알 기회를 준 거네요.

내담자: 내가 누구인지.

상담자: 맞아요.

내담자: 오토바이 사고가 그 모든 일의 발판이 되었어요. 하지만 만일 그 애들이 같은 시간에 여기에 없었다면 어땠을까 하고 생각해 보기도 해요. 제가 추측하기에 사고와 그 친구들 모두가 이 모든 것을 위한 토대가 된 거 같아요.

상담자: 또한 로버트가 기꺼이 자신을 그 친구들에게 개방한 것이 아마 계기가 되었을 거예요. 가족이 말한 대로 그들을 경계하지 않고….

내담자: 이게 어디까지 갈지 궁금해요. 가족에게서 제가 정말 좋아하지 않는 상황을 접하게 되니까 걱정스러워요. 헥터나 훌리오랑 계속 연락하고 지낼지는 잘 모르겠어요. 그게 가능할까요? 다만, 선생님도 아시겠지만 한 가지는 확실해요.

상담자: 그게 뭐죠?

내담자: 제가 멕시코 문화를 더 많이 접할 필요가 있다는 거예요. 비록 멕시코인으로서 삶을 살아 본 적이 없고 다른 문화권으로 입양되었지만, 그 문화는 어느 정도 제 일부일 거라는 생각을 해요.

상담자: 이런 일들, 자신의 뿌리와 소속에 대한 느낌이 어떻게 작용할지를 누가 알 수 있겠어요.

내담자: 제 인생이 점점 복잡해지고 있지만 더 풍요로워질 수도 있다는 생각을 해요.

상담자: 자신이 로버트인가요? 아니면 로베르토인가요?

내담자: 흠, 아시잖아요. 제가 헥터나 훌리오랑 함께 있으면 로베르토이지만 저희 가족과 있으면 절대 로베르토가 될 수 없죠. 현재는 둘 다예요.

로버트에게는 문화적인 사안이 외상 후 성장의 직접적인 초점이 되었다. 문화적인 관점은 세상에 대한 개인의 기본 가정의 중요한 요소다. 로버트에게 변화를 일으킨 것은 오토바이 사고, 즉 트라우마 사건 그 자체가 아니다. 그 사고로 로버트는 신념을 변화시켜야만 하는 새로운 환경에 맞닥뜨렸고, 삶을 새롭게 바라보도록 이끌어 준 사람들에게서 지지를 받게 되었다. 어쩌면 로버트는 입양되었기 때문에 이런 변화를 예상해 왔을 수 있고, 늘 자신이 태어난 문화에 대한 관심이 어느 정도 있었을지도 모른다. 그리고 로버트의 나이가 22세여서 아마도 인생의 변화에 대한 생각을 하기 시작했을 것이라고 말할 수도 있다.

또한 우리는 로버트와 함께한 상담 회기를 통해서 로버트가 속한 다양한 문화의 사회규범과 신념의 특징에 대해 상담자가 배워야 함을 확인했고, 그것은 로버트가 핵심 신념과 정체성 그리고 다른 사람과 관계 맺는 방식에 대한 변화를 탐험하는 과정에서 동반자적 전문가로 동행하기 위함이라고 생각할 수 있다. 상담자는 어려운 상황에 처한 내담자를 가장 효과적으로 상담하기 위해서 내담자의 행동을 이끄는 사회규칙과 내담자의 중요한 사회집단에 속한 사람들의 행동에 대해 되도록 많이 알아야 한다. 그러한 지식은 임상 작업에서도 중요하지만 외상 후 성장 가능성이 있는 내담자를 상담할 때도 중요하다.

무엇이 도움이 되는가에 대한 가정

여러분은 심리학적인 상담 전략이 내포하는 치료의 구성요소에 대해 어떻게 가정하는가? 대부분의 상담자는 그 치료적 요소들에 대해 쉽게 말로 표현할 수 있다. 인지적으로 초점이 맞추어진 치료는 내담자가 사고 패턴을 더 적응적인 방식으로 바꾸도록 도와주는 것이 부정적인 정서 스트레스를 줄여 줄 것이라고 가정한다. 예를 들면, 인지치료에 근거한 가정은 사람이 어떻게 생각하는가가 어떻게 느끼는가에 직접적인 영향을 준다는 것이다. 즉, 평소의 생각을 더 적응적인 사고방식으로 바꾸면 부정적인 정서 스트레스가 줄어든다. 치료적 관계의 특정한 질적 특성, 예를 들어 상담자가 정확한 공감을 표현하는 것과 내담자와 탄탄한 치료적 동맹을 형성하는 것이 더 좋은 치료 결과를 가져옴을 보여 주는 매우 훌륭한 경험적인 증거가 있다(Norcross & Wampold, 2011).

내담자나 내담자에게 영향을 줄 수 있는 사람이 세운 '무엇이 도움이 될 것인가'에 대한 가정은 고도의 전문교육을 받은 상담자의 가정과는 상당히 다를 수 있다. 즉, 상담을 받으려는 사람들은 과거에 비해서는 덜하지만 흔히 다음과 같은 질문을 하곤 한다. "이것을 얘기한다고 무엇이 얼마나 달라질까요? 그런다고 내 문제가 해결되지는 않을 거예요." 한 예로, 애팔래치아의 시골 출신인 한 내담자는 자신의 심각한 우울증의 원인이 '신경과민'이어서 '신경약'을 복용하는 것이 효과가 있고, 단지 상황에 대해 이야기하는 것만으로는 확실한 도움이 되지 않는다고 굳게 믿었다.

삶의 위기를 한창 겪고 있는 사람에게 어떤 도움이 적절한지에 관해서는 문화마다 다르기 때문에, 특히 내담자와 상담자의 견해가 다를 때에는 내담자의 문화에서 적절한 것이 무엇인지 탐색하는 것이 중요하다. 서로 관점이 다른 것을 인식하지 못하고 이해하지 못하면 상담자가 가장 도움이 되는 치료 관계를 형성할 수 없다.

상담자의 사회적 지위와 역할

"의사 선생님, 당신은 스트레스 전문가이시죠. 저는 최근에 직업 때문에 큰 스트레스를 받고 있어요. 제가 스트레스에 효과적으로 대처하고 또 그것을 극복하려면 어떻게 해야 하는지 알려 주세요."

이것은 의사가 전문 지식을 활용하여 전문가로서 해결책을 제시해 줄 것이라고 기대한 아시아 국가 출신의 한 회사 임원이 의사에게 요구한 사항이다. '의사'는 문제를 진단하고 해결책을 처방해 주게 되어 있다. 이 내담자가 속한 문화 집단에서는 심리학자가 합리적으로 높은 지위에 있고 '의사'의 역할은 특별한 문제를 해결할 수 있는 지혜롭고 박식한 사람으로 간주된다. 이 예에서 상담자는 내담자가 부여한 역할에 대해 저항하지 않고 가능한 한 최선의 도움을 제공하고자 그 역할 내에서 노력을 해 왔다. 동반자적 전문가 관계에서 상담자의 방식은 다른 문화적 맥락에 속해 있는 내담자들에게 다소 달라져야만 한다.

문화적 집단 구성원들의 적절한 역할 및 사회적 지위와 관련해 집단 간의 차이가 있기 때문에 상담자들은 자신이 내담자에게 어떻게 비치는지 그리고 정신건강 전문가들이 내담자의 일차 준거 집단 구성원들에게 어떻게 비치는지에 대한 인식을 높여야 한다. 앞서 기술했듯이 어떤 내담자는 상담자에게 높은 권위를 부여하는 것과 대조적으로 많은 상담자가 심리학적 개입이 비효율적이고 시간낭비라고 추측하는 내담자들을 만나게 된다. 기독교 집단에 속한 내담자는 상담자가 불가지론자이거나 무신론자일 것이라고 가정하여, 결과적으로 상담자가 전통적인 종교 신념에 대해 약간의 경멸감을 보일 거라고 가정하기 때문에 다소 경계심을 갖고 상담자를 평가할 수도 있다.

이런 식으로 상담자가 어떤 사람인지에 대해 가정함으로써 결과적으로 내담자의 사회집단 구성원 몇몇이 종교집단의 외부인에게 전문적인 도움을 얻고자 하는 내담자를 좌절시킬 수도 있고, 아니면 이미 시작된 내담자의 치료를 중단하도록 부추길 수도 있다.

변화를 통해 얻을 수 있는 사회문화적인 결과

심리학적 개입이 좋은 결과를 가져오는 경우에는 보통 내담자가 몇 가지 변화를 경험하게 된다. 상담 관계 초기에는 내담자와 상담자 간에 치료와 관련하여 원하는 목표가 서로 다를 수 있지만, 시간이 흐름에 따라 더 많이 일치하는 목표를 갖게 될 수 있다. 그리고 또 다른 문화적 측면을 고려해야 하는데, 이는 치료적인 변화가 내담자의 사회적 세계 속에서 어떻게 인식되는가다. 일차 사회 집단(primary social group)이 내담자가 겪는 변화에 어떻게 반응할 것인가? 예를 들어, 성장하는 과정에서 감정 표현이 솔직해지고 자기노출이 상당히 자유로워진 내담자에게 다른 사람들은 어떻게 반응할까?(Shay, 1996) 우리는 이런 식으로 새롭게 자기노출을 하면 내담자에게 중요한 다른 사람들이 높게 평가할 것이라고 당연하게 생각한다. 하지만 특정한 문화 환경, 예를 들어 자기노출을 꺼리는 남자친구들과 함께하는 경우에 개인적인 감정을 직접 표현함으로써 어색해질 수도 있고 어쩌면 상당한 사회적 제재를 받거나 더 심하게는 공개적인 조롱을 받을 수도 있다. 심지어 감정 표현을 심하게 주저하는 사람에게 내면의 상태나 고통스러운 감정을 표현하도록 격려하는 치료 과정이 최선책일지라도, 상담자는 내담자가 새롭게 찾아낸 기술을 상담 장면 밖에서 실제로 실천한다면 무슨 일이 일어날 수 있는지를 철저히 이해하도록 노력해야 한다.

내담자의 외상 후 성장 경험의 모든 측면에 관해서도 비슷한 배려가 반드시 있어야 한다. 앞에서 밝혔듯이, 예를 들어 개인의 힘과 심리적 탄력성이 더 커진 느낌 같은 특정한 종류의 성장에 관해 이야기하는 것이 적절한지 그렇지 않은지는 문화적 맥락에 따라 다르다. 어떤 곳에서는 그러한 자기노출이 예의 없고 거만한 것으로 간주될 수 있다(Weiss & Berger, 2010). 따라서 상담자는 트라우마의 부정적인 스트레스에 대한 유용한 치료 전략의 결과로 내담자에게 나타나는 광범위한 치료적인 변화나 내담자가 외상 후 성장 경험으로 보고하는 더욱 특별한 변화에 대해 내담자가 속한 문화 집단이 보일 수 있는 반응을 인식할 필요가 있다. 내담자를 상담할 때는 내담자가 성장을 경험하도록 상담자는 인도하는 역할을 하고, 성장 경험을 노출하도록 격려하거나 억제하게 하는 문화적인 요인들에 대한 지식을 상담자가 고려하는 것이 중요하다.

성장의 의미

'외상 후 성장'이라는 용어를 사용한 지가 약 18년밖에 되지 않았고(Tedeschi & Calhoun, 1995), 대부분의 보통사람은 이 용어를 거의 들어본 적이 없을 것이다. 우리가 이 용어를 사용하면 사람들은 종종 트라우마 상황에 대해 긍정적인 태도를 가지고 긍정적으로 생각하라는 식으로 이야기할 것이라고 추측하기도 한다. 이것은 북미인들에게만 해당하는 일반적인 문화적 사고일 수 있다. 그러므로 상담자가 그런 특정 용어를 사용할 때는 신중을 기울이는 것이 현명하다. 내담자가 오해할 가능성도 있기 때문에 그 용어를 사용하는 것이 모든 경우에 좋은 것은 아니다.

외상 후 성장 척도의 다섯 가지 요소는 사람들이 트라우마 사건을 겪어 냄으로써 얻을 수 있는 긍정적인 변화와 관련된 전형적인 영역 중 몇 가지에 해당한다. 그런 요소들은 상담자에게 지침이 될 수 있다. 즉, 이 척도는 내담자가 어떤 형태로 성장을 경험하고 있는지 상담자가 파악하고자 할 때 어떤 성장 주제에 주의를 기울여야 하는지를 결정하기 위한 지침이 된다. 그리고 그 다섯 가지 요소는 성장 가능성을 조사할 때 사용하는 용어의 몇 가지 예다. 자기 자신의 변화, 우선순위의 변화, 삶에 대한 더 많은 감사, 타인과의 관계에서의 변화 그리고 영적 또는 실존적 문제에서의 변화를 이야기할 때는 '외상 후 성장'이라는 문구나 그와 관련된 학문적인 여러 동의어를 사용하지 않는 것이 좋다.

이는 외상 후 성장이라는 용어를 절대 사용하지 말라고 충고하는 것이 아니라, 단지 사용하는 데 신중을 기하라는 것이다. 어떤 내담자는 자신이 경험한 변화, 그러나 이름 붙일 수 없었던 변화에 이름을 붙이는 데 그런 용어들이 매우 도움이 된다고 생각할 것이다. 그러나 일반적으로 상담자는 외상 후 성장이라는 특정한 용어를 반드시 사용하지 않더라도 내담자의 외상 후 성장을 경청하고 주목하면서 질문할 수 있을 것이다.

맺는 말

대부분의 사람에게 적용되는 광범위한 범주, 즉 국적, 민족성 그리고 성별을 포함하는 범주는 일부 상담자에게 그 집단 구성원들의 전형적인 경험에 관해 일반적인 치료 가설을 제공할 수 있지만, 그런 종류의 대략적인 지식은 충분한 것이 아니다. 동반자적 전문가는 내담자가 자리하는 위치에 대해 가능한 한 많이 배울 필요가 있다. 그리고 동반자적 전문가는 내담자에게 영향을 줄 수 있는 다양한 문화와 신념, 가정 그리고 그 개인의 모습을 형성한 경험 등을 이해할 필요가 있다. 특히 외상 후 성장 영역에서 앞으로도 계속 내담자에게 중대한 영향을 미칠 또 다른 문화 역시 반드시 이해해야 한다.

4장

성장의 전제조건으로서의
트라우마 이해하기

　세상에 대한 내담자의 기본 가정에 도전하는 것이 외상 후 성장의 토대가 된
다. 이 과정의 첫 단계는 이미 일어난 트라우마 사건에서 내담자에게 더 이상
유용하지 않은 세상에 대한 내담자의 기본 가정을 검토하는 것이다.

4장

성장의 전제조건으로서의
트라우마 이해하기

　내담자는 트라우마 사건이 일어난 당시뿐만 아니라 그 이후에도 신체적·정서적 반응을 경험한다. 상담자는 내담자가 경험하는 이러한 신체적·정서적 반응이 위협적인 상황에서 정상적인 반응이라는 점을 내담자가 이해하도록 도와야 한다. 상담자가 내담자에게 투쟁-도피 반응으로 알려진 기본적인 교감신경계 반응에 대해서 간단하게 설명해 주면 내담자는 안도감을 느낀다(Phoenix, 2007). 상담자는 내담자가 경험한 반응에 이름 붙이기를 하고 그 반응을 묘사하는 작업을 한다. 이런 과정을 통해 내담자는 자신이 이해받고 있고, 자신의 경험이 의미가 있으며, 그 경험이 다른 사람의 경험과 그렇게 다르지 않다는 것을 알게 된다. 이런 심리 교육은 상담의 초기 회기에 주로 이루어지지만, 전체 상담 과정에 걸쳐서 실시된다. 그렇지만 트라우마 사건 때 나타나는 즉각적인 반응에 관한 기본적인 이해 외에도, 초기 경험에서 트라우마적 스트레스나 외상 후 스트레스 장애가 어떻게 발전해 가는지를 상담자는 반드시 이해해야 한다. 심리 교육을 할 때는 반드시 전문 용어를 사용할 필요는 없고 비유를 사용하여 쉽게 설명하는 것이 유익하다.

여기서는 외상 후 성장을 촉진하는 데 초점을 맞추기 때문에, 상담자는 트라우마 사건을 겪은 후의 영향이 외상 후 성장의 토대가 될 수도 있다는 것을 트라우마 생존자가 이해할 수 있게 도와주어야 한다. 그러한 영향은 트라우마 생존자의 세계관 또는 핵심 신념 체계를 흔들어 놓게 된다. 이 도전은 트라우마에 동반되는 또 다른 양상의 부정적인 스트레스다. 하지만 이것이 외상 후 성장의 발달과 연관이 있는 것은 분명하므로 우리는 이 부분을 강조할 것이다. 상담자는 트라우마 이후의 경험이 어떻게 이해될 수 있는가, 그리고 결국에는 어떻게 외상 후 성장으로 발전되는가를 보여 주는 간결한 형태의 외상 후 성장 모델을 반드시 설명할 수 있어야 한다.

다음은 트라우마 치료 초기 회기의 일부를 발췌한 것이다. 이 내용은 회기 동안 교감신경계 반응에 대한 교육과 핵심 신념에 대한 도전이 외상 후 성장의 관점에 통합되는 것을 보여 준다. 내담자는 호수 한가운데에서 친구와 함께 낚시를 하고 있었고, 그때 갑자기 친구가 발작을 일으키면서 물에 빠져 익사하고 말았다.

> 내담자: 이 일은 제가 경험한 일 중에 가장 당혹스러운 일이에요. 제가 당혹스럽다고 얘기한다고 해서 이 일이 그저 작은 문제라는 말이 아니에요. 모든 것을 혼란스럽게 만들어 버렸어요. 심지어 제가 더 이상 저 자신이 아닌 것 같이 느껴져요. 제가 그 일에 적절히 대처하지 못했다는 것을 믿을 수가 없어요. 이제는 아무것도 제대로 처리하지 못할 것 같아요.

상담자: 자신 같지 않다고요?

내담자: 저는 지금 엉망진창이에요. 아무것도 생각할 수가 없어요. 너무 불안해서 잠도 제대로 잘 수 없어요. 물속으로 가라앉는 제프(Jeff)의 얼굴만 계속 보여요. 아, 끔찍해요. 또 완전히 패닉 상태에 빠져 있어요.

상담자: 윌리엄(William), 이 일이 당신을 완전히 당혹스럽고 끔찍하게 한다는 것을 알아요. 하지만 이런 일들을 이해할 방법이 있을 거예요. 윌리엄은 단지 이러한 일들을 사전에 준비하지 못했을 뿐이에요. 지금 겪고 있는 어려움은 비정상적인 것이 아니에요.

이 내담자는 친구의 익사 사건이 자신에게 어떤 영향을 주었는지 설명하는 데 어려움을 겪고 있다. 처음에 상담자는 심리 교육으로 시작하지만, 내담자가 이 심리 교육에 귀를 기울이기 어려울 수도 있다. 따라서 상담자는 동반자적 전문가가 되어 그 경험을 깊이 이해하고 있다는 것을 내담자에게 반드시 인식시켜야 한다.

내담자: 저는 항상 제가 유능하다고 생각했어요. 하지만 이제는 위급한 상황에서는 유능하지 않다는 것을 알게 되었어요.

상담자: 이런 상황에서 실제로 어떻게 할지를 말하기는 어려울 거예요. 물론 최선의 상태이기를 바라겠지만요.

내담자: 제가 그런 상황에 처하리라고는 한 번도 생각해 본 적이 없어요. 현실 같지가 않았어요.

상담자: 윌리엄은 자신이 강하고 책임감이 있다는 점이 자랑스럽다고 말씀하신 적이 있죠.

내담자: 그런데 저는 가장 중요한 순간에 망쳐 버렸어요. 비참해요. 그때 패닉 상태에 빠져 버렸거든요.

상담자: 그 모든 것이 갑자기 벌어져서 생각할 틈도 없었다고 하셨잖아요. 이 사건에 대해 끔찍해하는 게 이해가 됩니다.

내담자: 그렇게 당황하지만 않았더라도 제프를 구할 수 있었을 텐데….

상담자: 친구의 발작을 처음 본 거라 침착함을 잃었다고 말한 것이 기억나는군요.

내담자: 네. 그리고 그때 모든 것이 너무 급박하게 벌어졌어요. 어떻게 해야 할지 모르겠더라고요. 미처 뭘 해야겠다는 생각을 하기도 전에 순식간에 제프가 물속으로 빠져들어 가고 있는 거예요.

상담자: 그러니, 윌리엄이 편안한 마음을 되찾기가 참 어려울 것 같다는 생각이 드네요.

내담자: 어떻게 내가 괜찮다고 느낄 수 있겠어요? 제프는 죽었고, 내가 그를 구할 수 있었던 유일한 사람이었는데요.

상담자: 그래서 여기에 왔죠. 그렇잖아요? 어떻게 해야 다시 괜찮아질 수 있는지 찾아보기 위해서요.

여기서 상담자는 내담자에게 이런 고통스러운 생각이 계속되기를 바라지 않으며, 내담자가 희망을 찾기 위해서 자신을 찾아왔다는 점을 상기시키려 노력한다.

내담자: 앞으로 제가 계속 이런 식으로 밖에 살 수 없는 것인지 알고 싶어요. 어떻게 다른 식으로 살아야 할지, 어떻게 해야 괜찮아질지 모르겠어요. 괜찮아지면 좋겠어요. 하지만 괜찮다고 느낄 권리조차 없는 것 같아요. 저

는 그럴 권리가 없어요. 남은 생애 동안 끔찍하게 죄책감만 느낄 거라는 생각도 싫어요. 괜찮다는 게 뭔지도 모르겠어요. 그 사건에 대한 생각을 멈출 수가 없어요.

이것이 트라우마 생존자들이 자신의 회복에 관해 느끼는 양가감정이다. 가까운 누군가의 죽음을 경험한 사람들은 종종 어떠한 종류의 긍정적인 경험도 죽은 사람에 대한 배신이라고 느낀다. 한 예로, 누군가에게 자신이 살아 있다는 사실이 죽은 사람에 대한 배신처럼 느끼게 하는 것을 '생존자 죄책감'이라고 한다. 상담자는 내담자의 경험 중 이러한 독특한 면을 놓치지 않으면서 트라우마 상실을 경험한 사람들에게 흔히 나타나는 이와 같은 반응을 다루어야 할 것이다.

상담자: 윌리엄이 호수에서 보여 준 반응과 또 이후에 겪고 있는 것에 대해서 조금 설명해 드리는 게 도움이 될까요?

내담자: 그럴 것 같아요. 그저 혼란스러워요. 그 생각이 계속 떠올라요.

상담자: 물론 자신에게 일어난 일을 굳이 설명하지 않아도 모든 것이 괜찮아지기도 해요. 하지만 앞으로 윌리엄이 자신에 대해 실망하고 죄책감을 느끼며 살기를 바라지 않아요.

내담자: 실망 그 이상이에요. 혐오스러워요. 그조차 부족한 표현인 것 같아요. 정말 모르겠어요. 그냥 끔찍해요. 제가 제프를 구할 수 없었다는 것이…

상담자: 그 일에 대해서 그토록 힘들어하는 것을 보면, 자신에게 얼마나 높은 기대치를 품었는지, 또 얼마나 제프를 아꼈는지 알 수 있을 것 같네요.

내담자: 왜 제가 침착하지 못했을까요? 제프를 구할 수도 있었을 텐데….

상담자: 그 부분에 대해 이야기해 봐도 되겠어요?

내담자: 어떻게 제가 패닉 상태에 빠졌는지요?

상담자: 네. 그 사건이 어떻게 시작되었는지 기억하죠?

상담자는 트라우마 사건의 세부사항을 파악함으로써 동반자적 전문가로서의 역할을 할 수 있다. 그런 다음에라야 그 경험을 객관적일 뿐만 아니라 주관적으로도 이해할 수 있을 것이다. 동시에, 노출치료에서의 표준적인 트라우마 치료의 한 부분으로 그 사건을 논의한다. 하지만 모든 트라우마 생존자가 이 내담자의 경우처럼 자신의 경험을 묘사할 준비가 되어 있는 것은 아님을 기억해야 한다.

이 회기에서 내담자는 자기 뒤편에 앉아 있던 친구가 발작을 일으켰던 순간을 상세하게 진술한다. 또 자신이 얼마나 당황했는지, 그리고 너무 급작스럽게 움직이다가 그 조그만 배를 뒤집어지게 했던 것과 그래서 친구가 물속으로 가라앉았던 것, 그때의 친구 모습 등을 상세하게 묘사한다.

내담자: 모든 것이 너무나 순식간에 일어났어요.

상담자: 너무 순식간이라 생각할 겨를이 없었군요.

내담자: 저는 바로 제프를 따라서 물로 뛰어들었어요. 그런데 어디에 있는지 도무지 찾을 수가 없더라고요. 그때 호수가 탁했거든요. 또 좀 이른 시각이기도 했고요. 그저 아무것도 보이지 않았고, 너무 당황해서 숨도 제대로 쉴 수가 없었어요. 결국 저는 배로 되돌아왔죠. 조금 숨을 고른 후에 다시 물속으로 뛰어 들었는데, 이미 너무 늦은 거예요. 어떻게 해야 할지 전혀 생각할 수가 없었어요.

상담자: 어떻게 느꼈을지 상상이 되네요.

내담자: 무력감, 무서움. 그냥 거기 주저앉아서 울었어요. 해변으로 돌아와서 119에 신고했죠. 사이렌 소리가 들릴 때까지 조용히 거기에 그냥 앉아 있었어요. 사이렌 소리가 나고 사람들이 나타나더라고요. 저는 그저 거기에 털썩 주저앉아 있었죠. 차마 사람들을 쳐다볼 수가 없었어요. 누군가가 저에게 담요를 덮어 주고 무슨 일이 있었는지, 어디에 있었는지 물어보았어요. 하지만 물론 희망은 없었죠. 제가 조금만 더 침착했더라면 보트는 뒤집히지 않았을 거예요. 제프도 아마 빠지지 않았을 테고, 그랬다면 지금 살아 있을 수도 있을텐데….

상담자: 계속 이런 생각을 하면서 살아간다는 건 정말이지 너무 끔찍한 일이네요.

내담자가 트라우마 반응을 이해하도록 돕는 중에도 동반자적 전문가는 트라우마 생존자의 경험을 이해하려는 시도를 계속하기 위해서 시간을 충분히 갖는 것이 필요하다. 동반자적 전문가가 된다는 것이 전문적인 지식을 버리는 것을 의미하지는 않는다. 그보다는 전문 지식을 활용하여 내담자의 경험을 명확하게 공감적으로 이해하고, 트라우마에 대한 내담자의 반응을 탐색하는 속도를 조절하라는 것이다.

내담자: 이런 생각을 하며 어떻게 살아가야 할지 모르겠어요. 모든 게 제 잘못이죠. 제가 그렇게 당황만 하지 않았더라도….

상담자: 윌리엄처럼 이렇게 패닉 상태에 빠진다는 것이 위협적인 상황, 즉 죽느냐 사느냐의 상황에서 보통 사람이 보이는 일반적인 반응이라는 것 아세요? 혹시 '투쟁-도피 반응' 이라고 들어 보셨나요?

내담자: 네.

상담자: 그게 뭔지 아세요?

내담자: 사람들이 자신을 보호하기 위해서 도망가거나 맞서 싸우는 것이죠.

상담자: 맞아요. 이 반응은 자신을 보호하려고 뇌와 몸에 변화를 일으키는 것이에요.

내담자: 그렇지만 저는 저 자신을 보호하려고 그런 건 아니에요. 단지 제프를 구하려고 애썼을 뿐이에요.

상담자: 하지만 윌리엄에게는 일종의 비상상황이었던 거죠. 그래서 '투쟁-도피 반응' 상황에서 갖게 되는 에너지를 모두 동원해서 반응한 거예요.

내담자: 아드레날린 말인가요?

상담자: 맞아요. 심장박동이 빨라지고, 혈압이 올라가고, 호흡도 빨라지고….

내담자: 네. 정확하게… 그랬어요.

상담자: 그래요. 그리고 윌리엄은 어떤 행동을 취한 거예요.

내담자: 제가 그렇게 하지 않았더라면 좋았을 텐데요.

상담자: 뇌와 몸이 그렇게 하도록 준비시킨 거죠.

내담자: 게다가 생각할 틈도 없었어요.

상담자: 그게 바로 위급 상황에서 자동으로 반응된 거예요.

상담자는 내담자와 협력하여 동반자적 전문가로서의 전문 지식과 내담자의 구체적인 경험을 통합하면서 상담한다. 그러나 반드시 전문적인 세부사항으로 들어갈 필요는 없다. 이 사례에서는 트라우마 생존자의 자기비난을 다루는 과제를 수행하기 위해서 교감신경계 반응에 대한 충분한 논의가 이루어지고 있다.

내담자: 응급상황에서 다른 사람들은 그렇게 하지 않겠지요.

여기서 내담자는 계속 자기 잘못을 주장하고 있다. 계속해서 자기비난을 하는 트라우마 생존자의 관점을 바꾸는 데는 시간이 좀 걸린다. 이 경우에 트라우마 반응을 이해한다는 것이 자기용서에 매우 중요할지도 모른다. 윌리엄은 자기의 반응을 패닉 상태라고 명명했다. 상담자는 교감신경계 반응에 대해 설명하면서 내담자의 이런 주장을 흔들어 놓기 시작한다.

상담자: 아뇨. 다른 사람도 그렇게 반응해요. 차이점이라면 모든 일이 너무 빠르게 악화되었기 때문에 분별할 시간이 전혀 없었다는 거죠. 순식간에 제프가 물에 빠져 버린 것 같네요.

내담자: 네. 제가 재빨리 움직였고 그러면서 보트가 흔들리기 시작했는데, 이미 제프는 발작을 일으키면서 배 밖으로 넘어가 버린 거예요. 그러고는 순식간에 사라져 버렸어요.

상담자: 제 생각으로는 이 사건에 대해 윌리엄이 다시 생각해 봐야 할 것이 두어 가지 있네요. 우선, 훈련을 받은 사람들은 패닉 상태에서 그런 식으로 반응하지 않는다는 거죠. 그곳에 온 소방관들과 경찰들을 기억하지요?

내담자: 약간이요. 되도록 주변을 쳐다보지 않으려고 애썼어요. 너무 혼란스러웠거든요.

상담자: 그 사람들은 그런 상황들에 잘 대처하도록 훈련을 받아요. 그리고 구체적인 역할도 있고요. 그들은 그 역할을 그대로 수행한 거예요. 기억나죠?

내담자: 네.

상담자: 그 사람들은 당연히 잘 대처하도록 훈련받았겠죠.

내담자: 네. 확실히 저는 그러지 못했어요.

상담자: 그렇죠. 윌리엄은 훈련을 받지 않았잖아요.

내담자: CPR[1]은 알아요.

상담자: 아, 그래요. CPR을 실시해 볼 수도 있었을 텐데요.

내담자: 하지만 제프를 찾을 수가 없었어요.

상담자: 제프를 찾았더라면 CPR을 했을까요?

내담자: 네. 시도했을 거예요.

상담자: 음, CPR 훈련을 받았나요?

내담자: 네. 과정을 마쳤어요. 하지만 이전까지 실제로 CPR을 할 필요는 전혀 없었어요.

상담자: 제프에게 이 CPR을 할 기회를 얻지 못한 게 참 안타깝네요. 제프를 발견만 했더라면 구할 수도 있었을 텐데….

내담자: 네. 그랬으면 좋았겠죠.

상담자: 물론이죠.

내담자: 정말 그랬어야 했는데….

상담자: 그래요. 그 부분에 대해선 의심의 여지가 없네요.

이런 간단한 말들이 치료동맹을 강화시켜 주는 하나의 방법이다. 동시에 끔찍한 상황에서 내담자가 할 수 있는 모든 것을 다했다는 데 대해 서로 같은 관점이라는 점을 더욱 강화시킨다.

내담자: 저는 정말 애썼어요.

----

1) 역자 주: 심폐기능소생술(cardiopulmonary resuscitation).

상담자: 상황이 아주 나빴던 것 같아요.

내담자: 조금 어두웠어요. 물속에서는 아무것도 볼 수가 없었고요.

상담자: 그리고 완전히 무방비 상태였고, 제프는 배 난간에 걸터앉아 있었잖아요.

내담자: 완전히 혼란 상태였죠.

상담자: 이 사건에 대해서 기억해야 할 게 또 하나 있어요. 만약 육지에 있을 때 제프가 그런 발작을 일으켰다면 모든 상황이 어떻게 달라졌을까요?

상담자는 그 사건의 세부사항을 앎으로써 트라우마 생존자의 관점을 완전히 이해하는 동반자가 되었다. 이 동반자적 전문가 관계는 상담자가 내담자의 관점에 도전할 권리를 얻게 만든다.

내담자: 아, 알 것 같아요.

상담자: 생각해 보세요. 갑자기 당한 일이긴 하지만, 만약 제프가 육지에서 떨어졌다면 발작은 멈추었을 테고 제프도 안전한 상황이 되지 않았겠어요?

내담자: 제가 아무리 패닉 상태였더라도 그렇게 나쁜 결과는 일어나지 않았을 거예요.

상담자: 바로 그거예요. 그리고 기억하세요. 윌리엄이 묘사한 '패닉 상태'라고 하는 것은 투쟁-도피 반응이라는 교감신경계의 자극에 대한 반응인 거예요. 제 생각에는 배가 뒤집히기 전에 상황을 판단할 겨를이 거의 없는 상태에서 윌리엄이 그냥 반응한 것 같아요. 즉, '행동'을 취했다는 거예요. 생각할 시간도 없이 배는 뒤집히고 모든 게 잘못되어 갔잖아요. 육지였다면 상황을 판단할 시간이 충분해서 완벽하게 적절한 방식으로 반응했을 거예요.

여기서 상담자는 비상 상황일 때 경험하는 '패닉'을 정상적인 반응으로 다시 명명하고, 그 비상 상황이라는 것이 아주 중요한 역할을 한다는 사실을 명확히 한다.

내담자: 그랬더라면 좋았을 텐데요.

상담자: 그리고 윌리엄이 이 사건은 자신의 능력, 즉 자신의 과실보다는 상황과 더 관련이 있다는 것을 알았으면 좋겠어요.

내담자: 아, 그럴까요?

상담자: 첫째, 윌리엄은 그런 아주 특별한 상황에 대비해서 준비가 되어 있거나 훈련을 받지 않았어요. 둘째, 윌리엄이 보인 행동은 자동 반응이었어요. 저는 자연스러운 반응이라고 부르고 싶은데요. 바로 투쟁-도피 반응이었죠. 그리고 그 상황이 너무 순식간에 나빠져서 이 반응을 조절할 시간이 없었던 거예요. 제프가 물속으로 사라지는 더 큰 위급 상황에 맞닥뜨렸고요. 더군다나 이런 일이 호수에서 일어났기 때문에 더 위험했고 적절히 반응하기가 어려웠을 거예요.

상담자는 트라우마 생존자가 자기비난을 줄일 수 있는 관점을 반복해서 말한다. 그리고 효과가 나타나기 시작하는 것 같다.

내담자: 전 아직도 그 사건이 일어나지 않았더라면 하고 바라요.

상담자: 물론 사람들은 항상 '그것이 달라질 수 있었을 텐데'라고 생각해요. 이 역시 자연스러운 반응이죠. 그렇지만 자신을 비난하는 것은 달라요. 제

설명이 사실이고 정확하다고 생각하나요?

상담자는 여기에서 몇 가지 표준 CBT 기법을 사용하고, 내담자가 좀 더 건설적인 반응을 하도록 사실과 정확성에 초점을 맞춘다(Barlow, 2008; Yadin & Foa, 2007). 여기에서 나타나는 또 다른 현상은 내담자가 일부분 사후가정사고(counterfactual thinking)[2]로 반추하는 보고다. 상담자는 이런 사후가정사고가 흔히 있는 반응이라고 언급하는 것을 제외하고는 내담자의 이야기 내용에 초점을 맞추지 않는다. 보다 넓게 생각해 보면, 예를 들어 가정법적으로 생각하는 것과 자기비난 사이에는 차이가 있다(Mandel & Dhami, 2005). 그렇지만 이 시점에서 초점은 패닉을 어떻게 재명명할 것인가 하는 문제에 맞춘다.

내담자: 아니라고는 말 못하겠네요. 패닉 상태라는 게 아드레날린이 분비된 경우
       라는 거지요?

여기서 내담자는 제프가 발작을 일으켰을 때 자신 안에서 진행된 것은 '패닉' 상태가 아니고 보통의 트라우마 반응이었다는 것을 매우 명확하게 이해하기 시작한다. 이러한 이해는 트라우마 생존자가 어떻게 앞으로 나아갈지를 잘 암시해 준다. 이러한 과정이 없다면 외상 후 성장이 매우 어려워질 수 있다. 내담자가 자기 잘못이라고 보는 사건에서 다른 의미를 찾는다는 것은 곧 친구를 배신하는 것이 될 수 있기 때문이다.

....

2) 역자 주: 이미 일어난 사실에 대한 반대적인 가정을 말한다. 일이 일어난 직후에 그 상황을 '더 나은/더 나쁜' 상황으로 가정함으로써 일어난 상황을 해석하는 것이다.

상담자: 그래요. 윌리엄, 반드시 기억하세요. 육지에서라면 이것은 문제가 되지 않았을 거라는 점을요.

내담자: 하지만 육지를 벗어난 작은 배 안에서, 배 안에서는 문제가 된 거지요.

상담자: 특별한 상황이었던 거죠.

내담자: 그것은 상황 문제였다고 말씀하시는 거지요?

상담자: 그냥 하는 얘기가 아니에요. 윌리엄이 나에게 말한 사실을 바탕으로 교감신경계 반응에 대해서 내가 알고 있는 지식을 덧붙였을 뿐이에요.

상담자가 그 사건에 대해서 단지 긍정적인 의견만 제시하지는 않는다는 것을 강조하기 위해 상담자는 다시 한 번 CBT 기법을 사용한다. 상담자는 내담자가 말한 세부사항과 교감신경계 반응에 관한 정보를 언급하고 있다.

내담자: 제프는 상황의 희생자였네요.

상담자: 윌리엄 역시 마찬가지죠.

지금까지 이 사례에서 우리는 트라우마 사건에 대한 내담자의 반응에 초점을 맞추는 것이 회복을 방해하고 비생산적인 사고를 이끌 수 있다는 점을 살펴보았다. 내담자는 자기비난과 "상황이 달라질 수도 있었을 텐데"라는 사후가정사고를 되풀이하면서 그 생각에 깊이 빠져 있으며, 호수에서의 사건에 대한 침투적 이미지를 갖고 있다. 이 모든 것이 외상 후 성장을 방해할 수 있다. 1장의 외상 후 성장 모델에 대한 설명에서 보았듯이, 상담자에게는 트라우마 생존자가 더 생산적이고 의도적인 반추를 하도록 돕는 것이 중요하다. 이런 종류의 반추는 핵심 신념을 다시 고려해 보는 것에 초점을 맞춘다. 그러므로 세상에 대한 내담자의 기본 가정을 수정함으로써 생산적이고 의도적인 반추를 위한 토대를 어떻게 세울 수 있는지 살펴보는 것이 중요하다.

1장에서 기술했듯이, 트라우마 사건이 세상에 대한 내담자의 기본 가정에 영향을 미치는 방식을 통해 일련의 핵심 신념을 재구성할 수 있도록 상담자는 내담자가 의도적인 반추를 하도록 돕는다. 이는 과거의 트라우마를 설명해 줄 수 있게 하기 위해서인 동시에 미래에 트라우마 상황을 접했을 때 여전히 확고하여 변하지 않을 핵심 신념들을 재구성하게 하기 위해서다. 이런 식으로 세상에 대한 내담자의 기본 가정에 도전하는 것이 외상 후 성장의 토대가 된다. 이 과정의 첫 단계는 이미 일어난 트라우마 사건에서 내담자에게 더 이상 유용하지 않은 세상에 대한 내담자의 기본 가정을 검토하는 것이다. 이 세상에 대한 내담자의 기본 가정과 연관된 신념은 정체성, 미래, 지금의 세계, 지금 세상에서 마주치는 사람들에 대한 기대와 관련이 있다.

앞서의 윌리엄의 사례에서 제프의 죽음에 대한 경험이 그의 정체감과 미래관을 흔들어 놓았다는 것을 보았다.

상담자: 제프를 구할 수 없었던 당시의 경험에 대해 이야기를 나눠 보니 전에는 그런 식으로 자신을 생각해 본 적이 없었던 것이 분명하네요.

내담자: 맞아요. 저는 항상 스스로 능력 있고 일을 잘 처리한다고 생각했어요. 자신감이 있었죠. 그렇지만 단지 제프를 구할 수 없었던 것뿐만이 아니에요. 제가 보트를 뒤집히게 했거든요.

상담자: 비상 상황에서 갑자기 반응했기 때문에 그런 결과가 생긴 거라고 이야기했지요. 그리고 제프는 이미 발작을 일으키면서 어느 정도 배 난간을 넘어가고 있었고요.

내담자: 이 사건 이후로 제 자신에 대해서 어떤 식으로든 좋게 생각하는 것이 여전히 어렵네요. 심지어 더 이상 다른 사람의 눈을 바라볼 수도 없어요. 전에 말한 것처럼 저는 어떤 감정도 느낄 만한 가치가 없는 것 같아요.

상담자: 자신을 향한 다른 사람의, 혹은 스스로가 갖고 있는 자신에 대한 어떠한 좋은 감정도요?

여기에서 상담자는 윌리엄 자신에 대한 관점을 계속 논의하는 과정에서 공감적인 이해를 반복한다. 그리고 다시 제프의 죽음 당시의 상황이라는 문제를 살펴본다. 여기서 상담자는 한 가지 실수를 했는데, 내담자가 제프를 구하지 못했다는 것뿐만 아니라 제프의 죽음을 초래하는 데 연루되었다고 생각하는 것이 진짜 문제가 된다는 것을 명백하게 하지 않은 점이다. 이것은 앞으로도 계속 논의될 것이다.

내담자: 네. 우리가 이야기한 대로, 그 사건의 많은 부분이 상황 때문이라고 생각해 봐도 다른 사람은 어떻게 생각할지 궁금해요. 사람들이 저를 비난하겠지요?

상담자: 사람들이 비난하리라는 어떠한 암시라도 있나요?

내담자: 실제로 그렇게 생각하지는 않아요.

상담자: 제프의 형이 어떻게 이야기했는지 말했었지요.

내담자: 가끔 그 형이 정말로 우러나오는 마음에서 그런 말을 한 건지, 아니면 마땅한 말을 한 것인지 의심스럽긴 해요.

상담자: 마땅한 말이라고요?

내담자: 네. 저를 더 편하게 해 주기 위한 말이요.

상담자: 아마 그것은 마땅한 일이었을 거예요. 사실이니까요. 윌리엄이 비난받을 게 없거든요.

내담자: 네. 제프의 형도 정말 그렇게 생각하면 좋겠어요.

상담자: 그 밖에 어떠한 암시라도 있나요?

내담자: 아니요. 그렇지는 않아요.

상담자: 그렇다면 제프의 형은 윌리엄에 대해 괜찮다는 거지요. 그런데 그분의 의견이 얼마만큼 중요한가요?

내담자: 많이요. 그분이 제프의 가장 가까운 가족이었잖아요.

상담자: 좋아요. 또 다른 의견이 있는 누군가가 있나요?

내담자: 바로 저 자신인 것 같아요.

상담자: 그런 것 같네요. 윌리엄은 꽤 집요하게 파고드는 검사 같아요.

내담자: 그래요. 저 자신에게 그렇게 해 온 것 같아요. 검사요. 저 자신을 기소하려는 것처럼…

상담자: 무슨 의미지요?

내담자: 살인자로요. 그런 것 같아요.

상담자: 흠….

내담자: 아마… 과실치사죄?

상담자: 그 죄목을 증명할 만한 어떤 사실이 있나요?

상담자는 윌리엄 자신이 제프의 죽음에 최소한 어느 정도는 책임이 있다는 윌리엄의 관점을 다루기 위해서 다시 CBT 기법을 사용한다.

내담자: 없는 것 같아요. 우리가 상황에 대해 이미 이야기한 것처럼….

상담자: 하지만 윌리엄은 꽤 까다로운 검사네요.

내담자: 네. 아주 엄격하죠. 그렇지만 이 문제에 대해 저 자신을 용서하기 시작한 것 같아요.

상담자: 그 말을 들으니 기쁘네요. 얼마만큼 용서한 것 같나요?

내담자: 우리가 상황을 검토한 방식이 도움이 되었어요.

상담자: 자신을 생각하는 면에서는 어느 정도 변화가 있나요? 자신을 이전처럼 아주 능력 있고 일처리를 잘하는 사람으로 볼 수 없다고 말했잖아요.

상담자는 내담자가 과실치사 문제에서 벗어나 자기 자신을 유능하다고 보는 견해에 대해 생각해 보도록 논의를 옮긴다. 논의는 도전받은 핵심 신념으로까지 옮겨 간다. 자기 자신을 강하고 능력 있다고 보는 것은 비상 상황에 잘 대처하지 못하고 아주 중요한 순간에 패닉 상태에 빠졌다고 보는 자아관보다 훨씬 나을 수 있다. 앞의 사례에서 상담자는 내담자의 패닉 상태에 빠진 자신을 더는 믿을 수 없다는 견해를 바꾸기 위해 애쓴다. 그렇지만 호수에서 일어난 일을 고려해 보건대, 윌리엄은 더 이상 자기 자신을 이전처럼 능력 있는 사람이라고 생각할 수가 없다. 그가 갑자기 당한 사건에 제대로 대처하지 못하고 특정한 상황에서 가장 적절한 초기 반응을 하지 못했다고 인식하는 것은 과연 어떤 이점이 있을까? 상담을 계속하면서 이것이 어떻게 전개되는지 살펴보자.

내담자: 저를 스스로 어떻게 생각하는지 더 이상 모르겠어요. 지금의 저는 과거에 생각한 제가 아니에요. 하지만 또 사건 이후에 생각한 만큼 나쁜 사람도 아닌 것 같아요. 하지만 모르겠어요. 이런 식으로 다른 사람과 함께 할 수 있을지. 말씀드렸지만 저는 사람들 눈도 쳐다보기 어려워요. 또 대

접 받을 자격도 없고요.

상담자: 어떠한 위로조차도 받을 자격이 없는 것 같다는 말씀인가요?

내담자: 네. 그런 건 바라지도 않아요. 그게 저를 더 힘들게 하거든요. 제프는 죽었고 그의 형은 고통받고 있는데 제가 왜 동정을 받아야 하나요? 저에게 향하는 모든 위로를 정말로 그것이 필요한 사람들에게 돌려주고 싶어요.

상담자: 그렇다면 다른 사람들의 위로나 염려 없이도 이 문제를 해결할 수 있다는 건가요?

내담자: 네. 할 수 있을 거라고 생각해요.

상담자: 이런 생각이 들기 시작하네요. "윌리엄은 스스로 다른 사람들의 염려가 필요하지 않다고 하지만, 나와 이야기는 하려고 왔다고 말한다."

내담자: 좋아요. 무슨 의미인지 알겠어요. 저는 이 사건 때문에 완전히 혼란스럽게 되었어요. 그리고 선생님은 저를 도와줄 수 있는 전문가예요. 하지만 저를 불쌍히 여기는 것은 싫어요.

상담자: 우리는 위로와 염려에 관해서 이야기하고 있었어요. 그것이 윌리엄에게는 불쌍히 여기는 것으로 다가오나요?

내담자: 그렇지는 않은 것 같아요. 그래도 그 단어들은 자꾸 신경에 거슬리는데 왜 계속 사용하세요?

상담자: 나는 단지 윌리엄이 의미하는 것을 잘 이해하려고 애쓰고 있어요. 잘못 이해하고 싶지 않거든요.

내담자: 가끔 저 자신을 이해하는 데 어려움이 있어요.

상담자: 윌리엄에 대해 설명해 주는 것이 바로 자신을 더 잘 이해하는 데 도움이 될 거예요. 본인의 생각을 말로 표현해 보세요. 아세요? 이런 작업을 통해서 전에는 생각할 필요가 없던 것들에 대해 생각해 보게 된다는 것을.

이런 과정은 편안하지만은 않을 거예요. 하지만 윌리엄에게는 도움이 될 수 있어요.

내담자가 자신을 이해하기 어렵다는 말을 했을 때, 상담자는 내담자가 겪고 있는 트라우마 이후의 과정을 이야기할 기회를 얻는다. 여기에도 뭔가 유용한 것이 있을 수 있다. 그러나 상담자가 외상 후 성장의 가능성에 대해서 말하는 것은 시기상조일 수도 있다. 따라서 일단 이것에 대해 말하지는 않고 단지 암시만 한다.

상담자: 어쨌든 간에 다른 사람의 염려를 받아들이는 것이 쉽지만은 않을 거예요. 또는 그런 것이 필요하지 않다고 생각할 수도 있고, 그것을 받을 가치조차 없다고 생각할 수도 있지요.

내담자: 말씀하신 모든 것이 맞는 것 같아요.

상담자: 그렇지만 사람들의 눈을 쳐다보는 데 어려움을 느끼는 것은 큰 문제처럼 보이네요. 윌리엄이 도움은 필요 없다, 무엇이든지 잘 해결할 수 있다고 느끼던 것에서 염려조차 받을 자격이 없다고 생각이 바뀐 것 같네요. 잘은 모르겠지만, 염려? 존중?

내담자: '존중'이라는 것이 제게는 중요한 점이에요. 저는 존중받고 싶거든요. 하지만 존중받기에는 초라하게 느껴져요.

상담자: 윌리엄에게 존중은 어떤 의미가 있을까요?

내담자: 음, 말하기가 쉽지 않네요.

상담자: 윌리엄은 겸손을 존중하나요?

이 상황에서 상담자는 내담자에게 '중요한 것'인 존중이 겸손과 연결될 수 있다는 생각으로 내담자를 딜레마에 빠지게 한다. 그리고 이렇게 해서 내담자가 경험하는 겸손을 받아들여지게 한다. 윌리엄에게 겸손이 어떤 의미인지 의아할 수 있겠지만, 아마도 이 겸손이 외상 후 성장의 한 요소가 될 수도 있을 것이다.

> 내담자: 네. 확실히 그래요.
> 상담자: 그렇다면 자신의 겸손도 존중할 수 있겠네요.
> 내담자: 그래요. 그렇지만 제가 이해한 방식을 감안한다면 이런 상황에서는 어렵죠.
> 상담자: 아마 겸손이 자기비난과 섞여 있기 때문일 거예요. 더군다나 지금처럼 죄를 묻고 있는 검사는 보통 교묘한 사람이 아니잖아요.
> 내담자: 네. 만약 두 가지가 혼합되지 않게만 할 수 있다면 저 자신으로 살아갈 수 있을 것 같아요. 저에게 더 겸손하게요. 괜찮아질지는 모르겠는데, 그것이 좋을 것 같아요.
> 상담자: 그것에 대해서 생각한 바를 말해 주세요.
> 내담자: 잘 모르겠어요. 아마 제가 조금 시건방졌던 것 같아요.

여기서 우리는 내담자가 자신에 대한 관점을 변화시키는 외상 후 성장의 씨앗을 본다. 이러한 생각을 탐색할 때 상담자는 동반자적 전문가로서 주의 깊게 행동해야 한다. 상담자의 역할은 이러한 생각을 잘 드러나게 하는 것이다. 트라우마 생존자가 생각을 말하도록 돕고, 또 그 생각에 익숙해진 후 그런 생각을 새로운 정체감, 핵심 신념에 통합하도록 도와주는 것이다. 동반자적 전문가는 새로 생겨나는 신념이 미래의 도전에 더 잘 견뎌 낼 수 있는지 없는지를 판단한다. 외상 후 성장과 연결된 핵심 신념은 심리적 탄력성으로 발전한다. 그리고 미래에 트라우마가 될 수 있는 사건이 일어나면 내담자가 지닌 관점으로 그 사건을 이해하고 잘 다룰 수 있도록 돕는다. 그래서 이러한 핵심 신념을 재평가할 필요는 없다. 문제는 심리적 탄력성과 관련되는 핵심 신념이란 무엇인가다. 다음에서 제시하는 윌리엄의 사례를 검토하면서 힌트를 얻을 수 있다. 동반자적 전문가가 내담자의 초기 신념 체계와 이미 시작된 외상 후 성장 과정을 탐색하기 시작할 때 어디에 초점을 두고 상담을 진행하는지 살펴보길 바란다.

상담자: 좀 시건방지다고요? 얼마나요?

내담자: 실제로 가진 것보다 더 가지고 있다고 생각한 것 같아요. 모든 것을 가진 사람은 없잖아요. 혹시 그런 사람이 있을지는 모르겠지만 저는 아니에요.

상담자: 그런 사람은 어떤 사람일까요?

내담자: 제가 저 자신에 관해 생각했던 것들인 것 같아요. '나는 모든 것을 처리할 수 있다. 나는 도움이 필요 없다. 나를 힘들게 하는 것이란 없다.' 이런 생각이 확실히 사실은 아닌 것 같아요. 저를 보세요. 틀렸잖아요.

상담자: 그렇다면 그 대신에 자신에 대해서 어떤 생각을 하기 시작했나요?

이런 질문을 하는 방식이 중요하다. 무언가 진행되는 과정이 있고 그것이 막 시작되었다는 것을 질문을 통해 강조한다. 대안적인 질문으로 "지금의 당신은 누구인가요?"라고 물어볼 수도 있다. 하지만 그것이 여기서 한 질문만큼의 진전을 가져오지는 않는다. 앞의 사례 내용을 볼 때 윌리엄에게는 외상 후 성장 과정이 진행되고 있는 것 같다. 따라서 윌리엄은 질문에 대답하지 않더라도 자신에 대한 새로운 호기심을 가질 필요는 있다.

내담자: 이번 사건을 겪으면서 저를 힘들게 하는 것도 있다고 생각했어요. 이 말을 좋아하지는 않지만, 맞는 말인 것 같아요. 뭐, 저도 약점이 있는 사람이다 싶네요. 살아가다 보면 약한 면도 있죠. 많은 일이 일어나잖아요. 그런 것들을 제가 다 어쩌지는 못하죠. 엉뚱한 일들이 아무 때나 일어나는 걸요. 무슨 일이 일어날지는 선생님도 모르시죠. 이전에는 이런 생각을 했어요. 제가 그런 것들을 통제했다고. 하지만 제프 사건에서 전혀 통제하지 못하고 있다는 것을 알게 되었어요. 제프가 발작을 일으킬지 누가 알았겠어요? 어처구니없는 생각이죠. 선생님이 이야기하셨듯이 최악의 상황이었어요. 제가 전혀 통제할 수 없었잖아요.

상담자: 자신에 관한 이 모든 것뿐만 아니라 더 넓게는 인생, 인생의 상황들, 또 삶이 어떻게 전개되는가에 관한 모든 것에 대해서 새로운 시각을 갖게 된 것 같네요.

내담자: 예를 들어, 다른 사람의 건강 문제나 토네이도 같은 것은 통제할 수 없다는 걸 알고 있었던 것 같아요. 하지만 지금은 완전히 다른 시각을 갖게 되었어요. 정말 확실하게 알겠어요. 어떻게 설명하기는 어렵지만, 정말 확실해요.

상담자: 내가 보기에는 정말 잘 설명하고 있어요. 특히 우리가 많이 이야기하지 않은 것들에 대해서도요.

내담자: 이런 일이 일어나기 전에는 이야기하지 않을 그런 것 말씀이시지요.

상담자: 맞아요.

내담자: 이제는 선생님도 어쩔 수 없이 그것에 대해 생각을 하셔야 겠네요. 여하튼 저는 생각하고 있어요. 제가 점점 생각하는 사람이 되어 가는 것 같아요. 아마 이게 변화인 거겠죠. 옛날에는 그런 것에 대해 많이 생각하지

않았는데. 어떤 면에서는 그저 당연한 것으로 여겼죠.

상담자: 무엇을 당연하게 여겼나요?

내담자: 오, 잘 모르겠어요. 거의 모든 것인 것 같아요. 모든 것이 좋다. 아마 낙 관론자가 아니었나 싶어요. 그렇지만 지금은 그렇게 생각하지 않아요. 예전에는 걱정할 필요가 없다고 생각했어요. 앞으로도 삶이 잘될 것 같 고, 무엇이 일어나든지 간에 잘 다룰 수 있다고요. 지금 생각하니 저 자 신을 무척이나 신뢰했네요. 전에 그랬던 것이 나쁜 것이었다고는 생각하 지 않아요. 여전히 저 자신을 믿고는 있거든요. 하지만 이전만큼은 아닌 것 같아요. 그 부분에 대해서는 여전히 혼란스럽네요.

상담자: 제프의 죽음으로 의문을 갖게 되었고, 최소한 윌리엄의 가치 체계를 흔 들어 놓았군요.

내담자: 네. 잘 말씀해 주시네요. 계속 생각해 봤는데요. 모든 부분에서 이기적이 었다 싶어요. 저 자신과 저에게 일어나는 일들에 대해서만 생각해 왔더 라고요. 이제는 제프에 대해서 더 생각하는 게 좋겠어요. 어느 날 문득, 부정적인 기분과 저 자신에 대해서만 너무 염려하고 있다는 것을 깨달았 어요. 진짜로 제프를 위해 슬퍼해야 하는 것을 까맣게 잊어버린 것 같아 요. 이제는 저 자신에 대해서 덜 신경 써야 할 것 같아요. 이게 바로 제가 변해야 할 부분이에요.

상담자: 이 사건 이후로 자신을 세심히 바라보고 있군요.

내담자: 전에는 이처럼 많이 집중하지는 않은 것 같아요. 그럴 필요도 없었고요. 계획대로 꽤 잘 굴러 갔거든요. 그것도 많이….

상담자: 윌리엄의 삶을 말하는 건가요?

내담자: 네.

상담자: 물론 그 계획에는 이 사건이 들어 있지 않았겠죠.

내담자: 그렇죠.

상담자: 이런 사건이 일어난 후에 사람들이 자신이나 자신의 삶에 대해 좀 더 진지하게 생각하게 되는 것은 드문 일이 아니에요. 결국에는 자신에게 도움이 될 겁니다.

내담자: 그러나 제프에게는 도움이 되지 않겠지요.

상담자: 제프를 되살릴 수는 없죠. 그러니까 지금의 주어진 상황에서 어떻게 살아갈 것인가 하는 것은 윌리엄에게 달렸어요.

내담자: 그것에 대해 많은 것을 결정해야겠네요.

상담자: 내가 보기에 이미 그렇게 하기 시작한 것 같은데요.

제프의 죽음이 '기존의 신념 체계를 흔들어 놓았다'고 말함으로써 상담자는 내담자의 세상에 대한 기본 가정이 무너졌다는 것을 일상적인 용어로 명확하게 기술한다. 이러한 '흔들림'과 더불어, 우리는 윌리엄 자신이 믿는 것에 대해 이전보다 더 의도적으로 생각해야 한다는 점을 알아차릴 수 있었다. 아마도 윌리엄이 '그저 당연한 것'으로 여겼다고 말한 의미일 것이다. 어쩌면 그가 당연하게 여긴 것은 그동안 주의 깊게 숙고하지 않은 신념 체계였을 것이다. 다수의 트라우마 생존자는 심각한 사건을 겪은 후에 수많은 반성을 토대로 주의 깊게 구성된 체계를 원상으로 돌리기보다는 핵심 신념에 대해 처음으로 의도적인 숙고를 하게 된다. 윌리엄이 바로 1장에서 기술한 외상 후 성장 모델의 일부인 의도적 반추를 지금 하고 있는 것이다. 이것은 윌리엄에게 새로운 영역이고, 동반자적 전문가는 이 새로운 영역을 탐색하는 데 중요한 역할을 할 수 있다.

지금까지 우리는 트라우마로 인한 반응이 어떻게 외상 후 성장과 심리적 탄력성으로 연결되는지에 대해 잘 이해하는 것이 내담자에게 중요하다는 것을 살펴보았다. 내담자가 트라우마 사건 당시 보이는 즉각적인 반응과 이러한 반응을 내담자가 어떻게 생각하는지, 그리고 내담자가 트라우마 이후 어떻게 대처하는지가 모두 트라우마로 인한 반응에 포함된다. 상담자의 역할은 심각한 스트레스 유발 사건에 대한 이러한 매우 드물지만 정상적인 반응을 이해하는 것을 시작으로, 동반자적 전문가 관계를 통해 트라우마 생존자가 자기 자신에 대해 건설적인 관점을 형성하도록 조력하는 것이다.

5장

정서조절과
외상 후 성장

 자신에게 어떤 어려움이든 해결할 능력이 있음을 아는 것은 외상 후 성장의
한 영역이다. 그리고 외상 후 성장은 감정 조절 기법을 배움으로써 더 촉진될
수 있다.

5장

정서조절과
외상 후 성장

 1장에서 기술한 성장 모델에는 정서적 반응을 조절하는 능력을 공고히 하는 것과 관련된 외상 후 성장 발달의 초기 과정이 포함되어 있다. 이것은 일반적으로 트라우마 증상의 치료와 특히 외상후스트레스장애의 치료에 중요하다. 하지만 우리는 증상 치료 측면에서 정서조절보다도 외상 후 성장과 관련된 조절 능력의 중요성을 고려할 것이다. 표준적인 트라우마 치료와 외상 후 성장을 촉진하는 치료에서 모두 중요하게 간주하는 부분은 정서조절에 초점을 맞추는 치료다. 우리는 여기에서 외상 후 성장을 촉진하는 치료에 초점을 맞출 것이다.

 외상 후 성장을 이루기 위해서는 노출 치료의 요소들을 적용하면서 반드시 트라우마적 스트레스원과 그 후유증에 대한 논의를 해야 한다. 트라우마 생존자는 트라우마 사건과 영향에 대해 상담 과정에서 노출할 때 그것을 잘 견뎌 내기 위해서 정서 반응을 성공적으로 조절할 수 있어야 한다. 또한 내담자는 트라우마에 대한 이야기를 하려고 할 때 논의에 접근하는 데 필요한 도구를 자신이 가지고 있다는 것을 인식하고, 트라우마의 함축적인 의미를 충분히 고려할 필요가 있다. 한편, 내담자가 정서를 성공적으로 조절함으로써 감정을 회피하도록 권장하는 것이 아니라, 감정은 나쁘지 않고 견딜 만한 것이라는 식으로 감정에 접근하도록 격려해야 한다. 외상 후 성장은 창조적인 경험이고, 이후에 기술할 통찰은 창조적인 생각을 자각하는 경험과 비슷한 방식으로 생겨난다. 더불어 외상 후 성장은 정서적인 요소를 포함한다. 이것은 약간 놀랍다. 상담자는 생존자가 트라우마 사건에서의 정서적 경험을 버리지 말고 그대로 간직하도록 격려해야 한다. 트라우마를 겪은 후의 정서적 힘은 더 깊이 있는 내용을 다루게 하는 촉진제가 될 수 있는데, 이 과정에서 내담자에게 도움이 되는 새로운 관점이 만들어진다. 상담 과정의 초기에 나타난 침투적인 반추는 더 의도적이고 사려 깊은 반추로 바뀌는 경향이 있다. 초기에 동반자적 전문가는 내담자에게 정서적인 스트레스를 다루는 방법을 소개함으로써 내담자가 침투적인 반추에서 더 의도적인 반추를 하도록 도움을 줄 수 있다.

에반(Evan)은 17세 때 집에서 1.6km 떨어진 곳에서 교통사고로 사망했다. 에반의 아버지는 에반이 7세 때 암으로 돌아가셨고, 이후 어머니는 재혼하지 않았다. 당시 어머니는 49세였고 에반은 외동아이였다.

에반은 16세 때 임시운전면허증(restricted learner' s permit)[1]을 얻었다. 하지만 어머니는 여전히 아들이 운전할 때 차에 다른 사람을 동승시키지 못하게 했다. 그리고 아들에게 주의 깊은 방어 운전의 중요성을 반복적으로 가르쳤다. 덕분에 에반은 나이에 비해서 능숙하고 현명한 운전자였다.

....
1) 역자 주: 미국 내 만 15세에서 만 18세 미만의 청소년이 획득할 수 있고, 신청서에 부모나 보호자가 동의해야 한다.

에반은 차가 물웅덩이를 지나갈 때 시속 72km를 넘기지 않았다. 하지만 경찰은 차가 물이 있는 곳에서 미끄러져 길을 벗어나 나무를 들이받은 것으로 추정하였다. 에반은 안전벨트를 하고 있었고, 에어백도 잘 작동했다. 그러나 어떤 안전장치도 에반을 구할 수 없었다. 에반은 현장에서 즉사했다. 에반이 사망한 후 4개월이 지나서도 어머니는 많은 어려움으로 힘겨운 나날을 보내고 있다. 하지만 에반의 어머니가 그 어떤 것보다도 가장 힘들다고 호소한 문제는 일주일에 몇 차례씩 경험하는 심각한 정서적 반응이다.

> 내담자: 슬픔의 파도가 시도 때도 없이 덮쳐 와요. 지금 벌어지는 일들 때문에 밀려오기도 하지만, 대부분은 무엇 때문인지 모르겠어요. 불쑥 나타나요.
> 상담자: 파도가 덮치고 나서야 바다가 그만큼 가까이 있다는 것을 아셨군요.
> 내담자: 바다가 항상 거기에 있다는 것은 알아요. 그렇지만 때때로 내 상상을 초월하는 거센 파도가 덮치는 거 같아요.
> 상담자: 허리케인처럼요.
> 내담자: 쓰나미처럼요.

상담자와 내담자는 통제할 수 없는 상황과 압도적인 정서적 경험에 대해서 은유를 사용해 대화하고 있다.

> 상담자: 가끔은 그런 감정이 너무 강해서 정말 힘드시겠어요.
> 내담자: 직장에 갈 준비를 하는데 그냥 일이 벌어져요. 자제할 수가 없어서 직장에 정시에 도착할 수가 없어요.
> 상담자: 정확하게 무슨 일이 일어나죠?

내담자: 그저… 산산이 부서져요.

상담자: 무슨 의미지요?

내담자: 내 마음 깊은 곳에서 흐느낌이 올라와요. 그리고 눈물이 왈칵 쏟아져요. 가끔 한번 시작되면 멈출 수가 없어요. 그래서 종종 직장에 늦어요. 지난 주에는 차에 올라타고 어찌 됐든 운전하기 시작했어요. 직장에 도착했을 땐 정신이 너무 혼란스러운 거예요. 그냥 차를 돌려서 집으로 되돌아갔어요. 고맙게도 직장 동료들은 너그럽게 이해해 주더군요.

상담자: 이런 극심한 감정을 느끼게 할 만한 일이 있었나요? 특별히 그날에요?

상담자는 이 애도의 파도가 부지불식간에 밀려온다는 것을 알지라도, 반응을 일으킨 구체적인 단서가 있는지 고려해 보는 것이 중요하다. 이 경우에 내담자는 이런 단서에 대해 더 새롭고 건설적인 반응을 하도록 도움을 받을 수 있다.

내담자: 아뇨. 그냥 아무 이유 없이 갑자기 그랬어요.

상담자: 잠에서 깨어났을 때 곧 울 것 같은 느낌이었나요?

내담자: 때때로 그래요. 일어날 때 갑자기 떠올라요. 아들의 죽음이! 꿈이 아닌 것처럼 진짜 현실로 다가와요. 그날도 그랬어요. 매일 그러는 것 같아요.

상담자: 그날 아침에 무슨 일을 하고 계셨어요?

내담자: 아침에 일어나서 출근 준비를 하기 시작했어요. 보통처럼 슬픔 속에서 하루를 시작했어요. 뱃속에 뭔가 있는 것 같았어요.

상담자: 뭔가 있었다니요?

내담자: 뭔가 좋지 않은 일이 일어날 것 같은, 요즘음 항상 뭔가 좋지 않은 일이

일어날 것처럼 느껴요.

상담자: 이미 일어났잖아요.

내담자: 네. 최악의 일이었죠.

상담자: 그날로 돌아가 볼까요? 출근 준비를 할 때 무슨 일이 있었나요?

내담자: 똑같았어요. 보통 때처럼 샤워하고, 때때로 샤워하면서 울어요. 그런데 그날 아침은 울지도 않았어요. 옷을 차려입는 등 출근 준비를 해요. 주스를 마시고 날씨를 알아보려고 TV를 켜요. 때때로 일기예보를 시청해요. 뉴스 내용이 자동차 사고에 관한 것일 때면 바로 혼란스러워져요. 그러면 TV를 꺼요. 그날은 그런 일은 일어나지 않았어요. 날씨 뉴스가 나오면 보다가, 사건 사고 뉴스가 나올 것 같으면 그 전에 바로 TV를 꺼요.

상담자: 그날 특별히 기억해 낼 만한 구체적인 촉발 단서들은 없네요.

내담자: 네. 그 후에 출근할 준비를 했고요. 그런데 진짜 기분이 나쁘기 시작했어요.

상담자: 그 슬픔인가요?

내담자: 네. 그냥 아들 생각이 났어요.

상담자: 구체적으로 무슨 생각을 하기 시작했나요?

내담자: 아들은 죽었고, 나는 일하러 나가려고 준비하고 있구나. 도대체 이게 뭐지? 완전히 의미 없는 일 아냐? 무척 끔찍했어요. 도대체 왜 이러지? 다음은 뭐야? 내가 살면서 또 어떤 공포스러운 일이 일어날까?

상담자: 마음 한편에선 인생이란 그저 의미 없는 비참함 투성이일 거라고 생각하고, 또 다른 한편으론 더 무서운 일이 일어날 거라고 상상하고 있군요.

여기에서 내담자의 반응에 인지적 측면이 있다는 것은 명확하다. 내담자는 아들 없이 사는 삶은 아무 의미가 없다고 생각하기 시작한다. 이는 상담의 개입이 필요한 측면이다.

내담자: 그래요. 그렇지만 선생님이 말한 것처럼 최악의 일은 이미 일어났어요.

상담자: 마음 한편에서 나쁜 일은 저절로 일어난다고 생각하는 것 같네요.

내담자: 그래요.

상담자: 생각을 안 해도 그런 것들이 어머님에게 저절로 일어나는군요.

내담자: 비통함이 저를 막 휘젓는 것 같아요.

상담자: 그것이 어떤 느낌인지를 잘 표현해 주시는군요.

내담자: 매일 더 자주 일어나고 있어요. 언제 이것이 멈출까요? 전 이렇게 살고
　　　 싶지 않아요.

상담자: 아들 없이 사는 것이 고통스러우시겠어요. 자신이 통제할 수 없는 이런
　　　 감정으로 산다는 것이 참 고통스럽지요.

내담자: 모든 것이 고통스럽고, 비참하고, 불안해요. 이렇게 사는 건 싫어요. 이런
　　　 식으로 계속 살기는 싫어요. 내 삶이 더 좋아질 것이라고 이야기해 주세요.

상담자: 그렇게 될 거예요.

내담자: 정말요? 언제요?

상담자: 언제인지는 말하기 어렵지만 점차 좋아질 거예요. 하지만 얼마 동안은
　　　 거의 알아차리지 못할 수도 있어요. 나중에 어머님이 지금을 되돌아보면
　　　 약간의 변화가 있구나 하고 알아차릴 수도 있을 거예요.

내담자: 내 생각에는 더 나빠지고 있는 것 같아요. 전에는 더 차분한 사람이었
　　　 는데….

상담자: 애도 반응이 종종 이런 식으로 진행됩니다. 사건 초기에 쇼크를 경험하
　　　 고 무감각 상태가 지나가면 이 상황이 실제, 현실 상황이라는 것을 점점

깨닫게 되거든요.

　여기서 상담자는 자신이 점점 악화되고 있다고 믿는 내담자의 생각을 다루기로 한다. 그러나 만약 상담 목표가 내담자에게 감정 조절 능력에 대한 자신감을 얻게 하는 것이라면 이것은 유용한 생각이 아닐 수 있다. 상담자는 어느 정도 애도 반응에 대한 심리 교육을 하는 것이 적절하다. 이것은 상담자에게 유연성이 얼마나 필요한지를 보여 준다. 상담자는 정서적 반응을 계속 다루는 대신에 겉보기에도 의미 없이 살아가고 있는 내담자의 생각, 즉 삶이 더 악화할 것이라는 관점을 다루기로 한다. 애도 반응은 보통 시간이 지나면 약해지는데, 상담자는 경험적인 근거를 바탕으로 다음과 같이 예측한다(Alam, Barrera, D' Agostino, Nicholas, & Schneiderman, 2012; Feigelman, Jordan, & Gorman, 2009).

내담자: 네. 저는 장례식 때 시체나 다름없었어요. 자낙스(Xanax)[2]를 먹어야 했죠.
상담자: 어머님, 이런 마음을 통제하기가 힘드시죠. 스스로 감정의 희생자로 느끼지 않기 위해서라도 감정을 조절하는 방법을 터득하시면 좋겠네요. 그래서 우리는 비통함이 자동적으로 일어나지 못하도록 하는 전략을 마련해야 해요.
내담자: 아, 그것도 좋겠어요. 제 말은요, 아들을 위해서라도 제가 비통해해야 한다는 것을 알아요. 아니, 제가 비통해하고 싶어요. 아들도 그것을 받을 자격이 있고요. 제가 슬퍼하지 않으면 제 기분이 나빠질 거예요.

....
2) 역자 주: 향정신성 약품으로 신경안정제 효과가 있는 약물이며, 의사의 처방전이 있어야 구할 수 있다.

상담자: 그래서 약 복용을 그만두셨군요.

내담자: 너무 무감각해져서요.

상담자는 내담자가 애도 반응의 중요성을 안다는 점을 지지해 준다. 하지만 내담자는 다음 이야기에서 그것을 부인하려는 경향을 보이고, 그래서 약을 복용해야 하는지를 궁금해한다.

상담자: 가끔은 너무 혼란스러운 모양이에요.

내담자: 다시 약을 먹어야 할까요?

상담자: 꼭 그럴 필요는 없어요. 우리가 시도해 볼 수 있는 다른 방법이 있거든요.

상담자는 이러한 특정 약물을 복용하라고 권장하고 싶지 않다. 그렇다고 해서 약물을 완전히 피해야 한다는 것을 의미하는 것은 아니다. 때때로 약을 복용하게 되면 내담자가 감정에 덜 휘둘리기도 하고 감정에 완전히 사로잡히지 않는다는 느낌을 받을 수도 있다(Hensley, 2006; Shear & Mulhare, 2008). 그렇지만 최소한 내담자 자신의 노력으로 회복하도록 하는 것이 가장 좋다(Wachtel, 2011).

내담자: 그게 어떤 건데요?

상담자: 좋아요, 먼저 애도의 과정에 대해서 설명 드릴게요. 애도의 단계에 대해서 약간 혼란스러워하시는데, 일부 사람이 말한 것처럼 깔끔하게 정해진 단계를 거치지는 않더라고요.

내담자: 네. 애도의 단계는 저도 인터넷에서 읽었어요. 쇼크, 화남, 우울함, 그다

음은 뭐였더라…?

상담자: 요점은 그것이 보통 이런 명확한 단계로 구분되지 않는다는 거예요. 처음
에는 자신을 보호하기 위해 아무것도 느끼지 못할 수 있고, 다음으로 현
실을 인식하게 되고, 그다음에는 상처받았다는 감각을 더 깊게 느껴요.
그래서 어머님이 슬플 때 점점 나빠지는 것처럼 느낄 수도 있는 거지요.

상담자는 내담자의 감정적 반응의 강도가 증가했기 때문에 내담자가 왜 더
나빠지고 있다고 느끼는지와 관련된 사안으로 되돌아온다. 여기서 내담자가 이
상태를 퇴행으로 보지 않도록 하는 것이 중요하다. 또한 애도 단계를 다룬 참고
자료가 있으므로 상담자는 연구 문헌에 대한 전문 지식을 활용해서 설명한다.
즉, 내담자가 이런 개념을 엄격하게 적용해서 불안해할 필요도 없고 애도의 단
계를 제대로 밟고 있는지 염려할 필요도 없다는 점을 알도록 해야 한다(Bonanno,
2009; Doka, 1995; Konigsberg, 2011).

내담자: 그럼 그게 정상이라는 건가요? 내 생각에는 그걸 적용하는 게 어리석은
방식인 거 같아요. 아무것도 정상적인 것은 없어요. 무슨 말인지 아시겠
어요?

상담자: 네. 보통은 그런 식으로 진행됩니다. 지금 어머님도 이런 과정을 거쳐 가
고 계시네요. 어머님이 말씀하신 내용은 이런 끔찍한 상황에 처했을 때
나타나는 통상적인 반응을 벗어난 것 같지는 않아요.

내담자: 기본적으로, 아직은 괜찮아요.

상담자: 어머님 마음이 찢어진 상태라 해도 그것조차 정상적인 상태예요. 어머님
은 현재 애도 중이시잖아요. 이것이 보통 애도하는 어머니가 겪는 과정

입니다.

내담자: 지옥 같네요. 지옥이 따로 없어요.

상담자: 네.

내담자: 그래서 제가 그 과정을 다 거쳐 가야 한다는 말씀인가요.

상담자: 네. 그래요. 그렇지만 어머님께 도움이 될 수 있는 것들도 있어요. 그것
들을 살펴볼까요?

이 시점에서 이러한 단순한 언급은 트라우마를 다루는 기본적인 사실을 보여
준다. 트라우마 생존자는 이런 애도의 과정을 겪어야만 한다. 하지만 그 가운데
도움이 되는 것이 있다.

내담자: 좋아요.

상담자: 우리가 지난번에 어머님의 애도 과정 중 하나인 트라우마 반응에 대해서
이야기한 것을 기억하나요?

내담자: 투쟁-도피 반응이요?

상담자: 네. 그것은 무감각과 같은 또 다른 자기보호기제예요. 우리는 자기 자신
을 신체적·심리적으로 보호하기 위한 노력을 하도록 만들어졌어요. 그
래서 어머님은 에반이 죽은 사실과 그와 관련된 기억을 상상 속에서 날
마다 회상하는 거예요.

내담자: 맞아요. 문득 내가 초인종 소리를 듣고 있다는 것을 알아차려요. 경찰이
찾아와서 나에게 말했을 때 말이에요. 때때로 집에 있을 때 실제로 그것
을 듣는 것처럼 생각돼요. 두 번 정도는 실제로 문 앞까지 갔어요. 대부
분은 가지 않지만요. 그런 일이 또 일어날까 봐 두려워요. 이번에는 남편

이나 다른 것과 관련된 사건일까 봐.

상담자: 이런 식으로 어머님의 마음이 이 모든 것을 받아들이려고 노력하고 있는 겁니다. 그리고 반복적으로 그것을 견뎌 냄으로써 상황을 통제하려고 하는 것이죠.

내담자: 내 마음이 문제라는 거네요.

상담자: 마음이 해결해야 할 게 너무 많은 거예요.

내담자: 그래서 내 마음이 해결하려고 열심히 노력하고 있다는 거지요.

상담자: 맞아요. 하지만 저는 어머님의 마음이 자동적인 반응에서 벗어나고 스스로를 더 통제할 수 있도록 도와드리고 싶어요. 그래서 어머님의 불안에 대한 자동적인 반응, 뭔가 끔찍한 일이 다시 일어날 것 같은 느낌, 또 그것에 더 잘 대비해야 한다는 생각, 이런 것들을 가라앉힐 방법을 어머님이 배우셔야 해요. 저는 어머님이 이 모든 것에서 평온한 상태가 되도록 도와드리고 싶어요.

상담자는 불안을 다루는 것이 기본 과제이고 그것을 수행하기 위한 간단한 도구들이 있다는 개념을 소개한다. 이것은 우리가 설명해 오고 있는 트라우마 치료의 동반자적 전문가 모델에서 상담자가 리더 입장이 되게 하는 모델로 전환시키는 것처럼 보인다. 이 회기에서 사용하는 전문 지식은 정서와 사고를 조절하기 위한 심리 교육 및 기술 훈련 두 가지와 관련된다. 이러한 리더십은 생존자의 구체적인 경험을 수용하는 방식으로 이루어져야 하며, 또한 이러한 도구를 사용하려는 내담자의 의지와 능력을 조심스럽게 추적하는 방식으로 이루어져야 한다. 이러한 접근에도 역시 동반자 관계가 존재한다.

내담자: 좋을 것 같아요.

상담자: 다행히도 우리가 시작할 수 있는 간단한 방법이 있어요. 호흡법이죠.

내담자: 아, 저도 어떻게 하는지 알아요.

상담자: 좋아요. 우리는 호흡법을 연습할 거예요. 이건 압도당하고 있다는 느낌
에 빠지지 않도록 도움을 줄 거죠. 제가 보여 드리죠. 의자에 편안히
앉으세요. 팔은 옆구리에 붙이고 팔짱을 끼지 말고 발은 바닥에 대고요.
그리고 저처럼 (시범을 보이면서) 코로 편안하게 깊이 숨을 들이키세요.
그리고 하나를 세는 동안 숨을 멈추고, 그런 다음 입으로 내쉬세요. 저는
지금 숨을 의도적으로 밀어내지 않고 자연스럽게 내쉬고 있어요. 그러고
나서 얼마간 기다릴 겁니다. 다음 호흡을 언제 시작할지 살피려고요. 호
흡을 짧게 하지 않고 깊은 호흡만 할 겁니다. 여전히 기다리고 있어요.
이 깊은 호흡 덕분에 오래 기다릴 수 있어요. 됐어요. 이제 다시 호흡할
준비가 되었어요. 이것을 다시 한 번 할 거예요. (다시 한 번 그 과정을 반복
한다.) 아시겠어요?

내담자: 좋아요. 저도 한번 해 볼게요.

상담자: 잊지 마세요. 코로 깊이 숨을 들이마시고 폐에 공기를 채운 다음 숨을 참
고, 자연스럽게 내보내고…. 일부러 밀어내지 말고요. 지금은 기다리세
요. 기다리면서 몸이 호흡해야 할 때가 언제인지를 살펴보세요. 짧은 호
흡은 아예 하지 마시고요.

내담자: 기다리고 있어요.

상담자: 좋아요.

내담자: 다시 호흡할 시간이네요. (그녀는 순차적으로 반복한다.)

상담자: 잘하고 계세요. 그대로 계속하시면 됩니다. (내담자는 두 번 정도 더 반복한다.)

내담자: 좋아요. 도움이 되겠지요?

상담자: 기분이 어떠세요?

내담자: 확실히 더 이완이 되고 편안해요.

상담자: 바로 그거예요.

내담자: 네.

이 호흡법 연습은 너무 간단해서 내담자에게 강력한 뭔가를 다루는 데는 효과적이지 않게 보인다. 그래서 내담자가 그 방법이 효과적이었음을 직접 경험했을지라도, 상담자는 내담자가 확신할 수 있도록 더 '고차원적인 설명'을 해주어야 한다.

상담자: 보세요. 음, 투쟁-도피 반응에 대해서 우리가 이야기했죠? 몸이 행동을 준비하는 반응이죠. 대부분은 의지력으로 바꿀 수 없어요. 심장박동을 느리게 할 수도 없고 혈압을 떨어뜨릴 수도 없어요. 하지만 호흡은 직접 통제할 수 있어요. 어머님은 숨을 깊이 쉬어서 호흡을 느리게 할 수 있고, 그것은 다른 신체기관에도 영향을 줄 거예요. 이 호흡법은 교감신경계의 반응을 누그러뜨려요. 에반의 죽음이 생각날 때 교감신경계의 반응이 활성화되지요. 그래서 그것에 대응하는 방법을 알면 좋겠어요. 제가 '아들의 죽음'이라고 말할 때 어떻게 느꼈나요?

내담자: 배에 구멍이 뚫리고 뭔가 속에 있는 덩어리가 쑥 올라왔어요.

상담자: 그거예요. 그게 바로 이 반응의 시작점이에요. 그렇지만 이런 종류의 일이 일어날 때 호흡법을 시도해 보면 도움이 될 거예요.

내담자: 알겠어요. 그런 일이 일어나면 언제든지 호흡법을 시도해 봐야겠네요.

이 간단한 호흡법으로 몇 가지 효과가 나타났다. 즉, 내담자가 말한 것처럼 이완이 되었다. 또한 호흡법은 내담자에게서 불안이 증가할 때 그녀가 수동적인 피해자로 있기보다는 능동적으로 뭔가를 할 수 있게 해 준다. 그래서 결과적으로 불안을 상승시키는 내담자의 반응의 패턴을 끊는다.

상담자: 사실은요, 이 호흡법을 5분씩 하루에 두 번 정도 연습하면 좋아요. 출근 전 아침에 한 번, 집에 돌아왔을 때 한 번씩 해서 정말로 호흡법에 익숙해지시면 좋겠어요. 또 하루에 두 번 정도 좀 더 고요한 상태로 머물기를 시도해 봤으면 좋겠어요. 원할 때는 언제든 호흡법을 하실 수 있고, 비용도 들지 않고, 따로 챙길 것도 없고, 부작용도 없어요. 아시겠죠?

내담자: 그러도록 노력할게요.

상담자: 좋아요. 어머님이 얼마나 잘 지내고 있는지를 보기 위해 다음 시간에 제가 살펴볼게요. 이 호흡법은 어머님이 트라우마를 겪거나 비통해할 때 나타나는 자동적인 반응에서 빠져나오도록 도와줄 거예요. 이제 어떻게 활용해야 하는지 아실 거예요.

내담자: 저도 확실히 더 좋아지기를 바라요. 완전히 좋아지지는 않을지라도.

상담자: 물론, 모든 것을 완전히 좋아지게 하지는 못해요. 어떤 것도 완전히 좋아지게 할 수는 없죠. 그렇지만 그런 상황에 잘 대처하는 법을 알고 있으면 어머님 스스로 어쩔 수 없는 희생자 같이 느끼는 순간을 줄일 수 있을 거예요.

내담자: 제가 에반의 죽음에 대해 말하기 시작하면서 울음이 터지고 결국에는 뒤죽박죽인 상태가 되어 버릴 때처럼….

상담자: 그리고 생각하기 힘드실 때도….

내담자: 저는 더 이상 똑바로 생각할 수가 없어요. '아들이 죽고 없는 이 세상' 에 그냥 이렇게 있을 뿐이에요.

상담자: 네. 앞으로 에반의 죽음 때문에 어머님의 삶에 생긴 모든 변화에 대해 생각해 보고 얘기할 수 있다면 좋겠네요. 아들의 죽음이 어머님의 삶에 영향을 미친 모든 것을 다룰 수 있게 된다면 좋을 거예요. 변해 버린 모든 것을 잘 다룰 수 있다면요.

내담자는 상실과 후유증을 회피하지 않고 그것에 대해 직접적으로 생각하는 것을 이야기하는데, 이런 대화는 그다음에 이어지는 인지적 작업의 토대가 되고, 또한 인지적 상담을 하면서 외상 후 성장에 초점을 맞추게 하는 토대가 될 것이다.

내담자: 네. 저는 아들의 죽음에 대해서 이야기할 수 있고, 똑바로 생각할 수 있는 평온함을 유지하기 위한 방법이 필요해요. 출근을 잘 하기 위해서라도요.

상담자: 맞아요. 어머님의 삶은 이미 변화되었고, 저는 앞으로 어머님의 삶이 어떻게 되어 나갈지 기대가 됩니다.

다시 한 번, 이 대화는 과거에 무슨 일이 일어났는지와 미래에 무슨 일이 일어날지를, 즉 미래에 어떤 삶을 살고 있을지를 상담자와 트라우마 생존자가 함께 검토할 것이라는 점을 암시한다. 이러한 점이 외상 후 성장의 가능성을 보여 준다. 이 암시는 거의 알아차리지 못할 수도 있지만, 내담자를 상담의 다음 단계와 외상 후 성장 가능성으로 안내하기 위해서 언급하는 것이 중요하다.

내담자: 저는 이 점에서는 좀 혼란스러운 것 같아요.

상담자: 어머님이 불안과 고통을 잘 다뤄서 어머님 자신을 차분하게 할 수 있는 방법을 알게 되면, 어머님이 그저 엉망진창인 상태에 있지만은 않다고 생각하실 수도 있어요. 제가 이런 어려움을 잘 극복할 수 있는 또 다른 방법들을 알고 있긴 해요. 하지만 이 호흡법 훈련만으로도 상당한 도움이 될 거예요.

상담자는 느린 호흡 연습이 불안감에 도움이 될 수 있다는 주장을 근거로 이 호흡 훈련을 활용하도록 격려한다(McCaul, Solomon, & Holmes, 1979; Sakakibara & Hayano, 1996; Yuen & Sander, 2010). 그리고 내담자에게 순간순간 감정이 올라오긴 하겠지만 그것이 단지 '엉망진창'인 것만은 아니라는 메시지를 준다. 이는 내담자가 트라우마 후유증을 잘 다룰 가능성이 있고 실제 상황에서도 잘 통제하리라는 것을 의미한다. 동시에 동반자적 전문가인 상담자는 여러 도구를 가지고 내담자를 돕는다. 즉, 호흡법이 어렵게 느껴질지라도 트라우마 생존자들은 용기를 낼 것이고 상황을 잘 통제해서 성공하는 모습에도 이르게 될 것이라는 점을 강조한다. 다음 회기에서 내담자는 다음과 같이 보고했다.

내담자: 알려 주신 호흡법 연습을 거의 매일 하고 있어요. 정말 마음에 들어요. 도움이 돼요.

상담자: 좋아요.

내담자: 제 느낌에 예전보다 더 평온해진 것 같아요.

상담자: 하루에 두 차례 연습하고 있지요?

내담자: 거의 매일요.

상담자: 이 호흡법을 다른 때도 사용하나요?

내담자: 네. 출근하려다가 정말로 혼란스러울 때 두 차례 정도 이 호흡법을 시도했어요. 어느 날 직장에 들어가기 전에 주차장에 차를 세워 두고 호흡법을 시도했더니 평온해져서 출근할 수 있었어요. 그렇게 하지 않았다면 집으로 되돌아갈 수도 있었을 거예요. 그래서 저는 이 호흡법이 좋아요.

상담자: 연습하고 있다니 기뻐요. 연습을 해야 익숙해지거든요.

연습이 어느 정도 유익한 변화를 일으킨다고 생각하는 내담자는 많지 않다. 따라서 상담 회기의 효과를 극대화하기 위해서는 상담 시간 외에도 새로운 방법들을 시도해 보도록 격려하는 것이 중요하다.

내담자: 선생님이 전에 제가 할 수 있는 또 다른 방법에 대해 이야기하셨는데 그건 뭔가요?

상담자: 네. 하나는 시각화(visualization) 기법인데 함께 연습해 봐요. 많은 사람에게 마음을 진정시키는 데 도움을 주는 기법이에요. 시작해 볼까요?

내담자: 네.

상담자: 좋아요. 제가 어머님께 눈을 감으라고 요청한 다음, 호흡 연습을 시작할 거예요. 그다음은 그저 저의 지시에 귀를 기울이기만 하시면 됩니다.

이 연습을 할 때 지시문은 내담자가 뭔가 잘못하고 있다는 생각을 하지 않도록 수동적이며 허용적인 단어를 사용하여 절차를 지시할 필요가 있다. 이는 상담자가 이미지를 선택하는 '유도된 심상 기법(guided imagery)'에서 이루어지는 것과는 차이가 있다. 라 로쉬 등(La Roche, Batista, & D'Angelo, 2011)의 문헌에 있는 유도된 심상 기법의 스크립트를 검토해 보니, 여기에서 제시하는 이미지들은 문화적 편견을 강하게 띠고 있다. 이 저자들은 393개의 시나리오를 입수했는데 그것들은 상담자가 내담자에게 유용할 수 있다고 제안할 수 있는 범위를 나타내 준다. 상담자는 특히 어떤 이미지가 트라우마 생존자에게 편안함을 주는지, 어떤 이미지가 그들을 이완시키는지를 모른다. 따라서 내담자가 직접 이미지를 선택하도록 하는 것이 더 낫다. '이완하세요'라는 단어는 사용하지 않는다. 내담자가 뭔가 강하게 요구받는다고 느끼지 않도록 하기 위해서다. 내담자가 이완하는 데 어려움을 나타낸다면 상담자가 잘못 진행한 것이다. 이때 상담자는 내담자가 이미 성공해 본 적이 있는 호흡법을 연습한 후에 이 심상기법 지시를 이어간다.

상담자: 자, 이제 아주 편안하고 평화로운 장소가 머릿속에 떠오르게 두세요. 어머님이 가 본 적이 있는 곳, 가고 싶은 곳 또는 순전히 상상 속에 있는 곳, 어느 곳이든 좋아요. 이러한 장소가 마음에 떠오르기 시작하면 제가 알 수 있도록 손을 들어 주세요.

이러한 지시문은 '마음에 떠오르게 하세요'와 같이 수동형이고, '어머님이 원하는 어디든지'와 같이 허용적임을 주목하라. 내담자가 그 이미지를 조금 불편해할 때조차 내담자가 성공을 경험할 수 있도록 "이러한 장소가 마음에 떠오르기 시작하면"과 같은 말을 사용한다. 마지막으로 내담자가 그 경험과 연결되어 있도록 하기 위해서 상담자는 내담자에게 비언어적으로 반응할 것을 요구한다. 트라우마 생존자에게 이런 훈련을 많이 시키는 것이 동반자적 전문가의 또다른 활동이다. 상담자는 내담자가 새로운 정서조절 방식을 습득할 수 있을 것이라고 믿어야 한다. 동반자적 전문가는 내담자가 선택한 장소에 대해서 묻지도 않아야 하고, 그곳이 어디든지 간에 내담자의 선택을 신뢰해야 한다. 그곳에 대해 묻지 않는 것이 그 장소를 개인적이고 특별하게 한다. 그럼으로써 그 장소는 더 큰 힘을 갖게 된다.

드물지만 이 연습을 할 때 내담자가 매우 불안해할 수도 있다. 일부 내담자는 울 수도 있다. 통제를 포기하는 것, 상담자의 지시에 자신을 내맡기는 것 또는 무엇인가를 시각화하기 시작하는 것, 이 세 가지가 내담자가 그동안 억압해 온 기억이나 정서와 맞닥뜨리게 할 수 있다. 그러면 상담자는 연습을 멈추고 내담자의 경험을 탐색한다. 이러한 내담자에게는 호흡 연습만 하는 것이 더 적절하다.

> 상담자: 좋아요. 이제 색깔들을 알아차려 보세요. 좋아하는 어떤 색이든지 좋아요. 색깔이 어머님 마음에 떠오르기 시작하도록 두세요.

30초 정도 멈추었다가 상담자는 다른 지시문을 말한다. 이 지시문은 내담자의 경험을 좀 더 생생하게 하기 위해서 그 장소에서 경험한 것 중 다른 감각적인 면에 초점을 맞춘다. 내담자가 떠올린 이미지와 함께 지시를 잘 따라갈 수 있도록 모든 지시문 사이에 30초 정도 간격을 둔다.

> 상담자: 그 안에 있는 특정한 사물들의 형태를 알아차려 보세요. 어머님이 주목하고 싶은 것들의 윤곽을 살펴보세요.

다시 한 번, 지시문들은 수동적임을 기억한다. 실패감과 불안감을 최소화하고 가능한 한 강요되지 않는 경험을 하도록 '주목해서 보세요(look)' 보다는 '그저 보세요(notice)'를 사용한다. 이런 식으로 또 다른 지시문을 두세 차례 반복한다.

> 상담자: 소음이나 생각, 감각 때문에 정신이 산만해져도 괜찮아요. 편하고 평화스러운 그 장소로 되돌아가도록 자신을 그냥 내버려 두세요.

이러한 산만함의 경험은 실제로 반드시 일어난다. 산만하게 하거나 방해하는 생각과 무언가 좀 더 편안하게 해 주는 것, 이 둘 사이를 왕래할 수 있는 경험은 트라우마 생존자가 발전시켜야 하는 중요한 기술이다. 반추 또는 산만함을 다루는 비슷한 형태의 능력은 마음챙김 훈련(Jain et al., 2007; Semple, 2010)과 명상 훈련을 하면서 계발할 수도 있다(Hasenkamp, Wilson-Mendenhall, Duncan, & Barsalou, 2012).

> 상담자: 이번에는 물건들의 촉감을 알아차려 보세요. 그곳에 있는 물건 중에서 당신이 만지고 싶은 물건의 표면을 손가락 끝으로 따라가면 어떤 느낌이 들까요?

내담자가 이런 경험을 하도록 30초 정도 시간을 준다.

> 상담자: 그곳의 온도를 알아차려 보세요. 기분 좋을 만큼 따뜻하거나 시원할지도 모르겠어요. 당신의 피부 위에 닿는 공기의 느낌을 알아차려 보세요.

다른 가능성을 고려해 보기 위해서 지시문은 쾌적함을 암시하는 단어인 '따뜻함' 또는 '시원함'을 사용한다.

> 상담자: 그곳에서 어떠한 소리라도 알아차려 보세요. 유쾌한 소리일 수도 있고 매우 조용한 소리일 수도 있어요.

다시, 우리는 내담자가 떠올린 장소에 대해서 아무것도 모르기 때문에 이런 지시문은 다양한 가능성을 포함한다.

> 상담자: 그 장소에 있는 어떤 상큼한 향기를 알아차려 보세요.

향기가 더 긍정적인 의미를 내포하기 때문에 '냄새(smells)' 대신에 '향기 (fragrances)'라는 단어를 쓴다. 이런 모든 감각적인 자극이 30초 정도 간격으로 사용되면, 호흡 연습 후에 시각화가 일어난다. 이 모든 과정에는 10분 정도가 소요된다. 그리고 내담자가 머릿속의 장소에서 서서히 되돌아옴으로써 이 훈련은 끝난다. 이후 내담자에게 처음의 지시문을 다시 언급하면서 되돌아오는 과정이 시작된다.

> 상담자: 이제 잠시 후에 눈을 뜨기 시작하라고 요청할 거예요. 3부터 1까지 셀 겁니다. 그러면 그때마다 눈이 조금씩 열릴 거예요. 셋부터 시작할게요. 그러면 눈을 아주 조금 열도록 하세요. 눈 아래쪽으로 아주 작은 불빛이 들어올 정도로요. 눈꺼풀이 거기에 걸쳐 있을 정도, 좀 무겁다고 느끼는 정도로, 그런 후에 다시 한 번 눈이 감기도록 두세요.

수동형 동사인 '내버려 두다(let)'나 '허락하다(allow)'와 같은 단어를 계속 사용한다. 무거운 눈꺼풀에 대한 언급은 내담자가 이런 식으로 눈을 뜰 때 경험하게 될 것을 미리 알려 준다.

> 상담자: 자, 이제 2로 갈 겁니다. 눈이 좀 더 열리도록 두세요. 좀 더 빛이 들어가도록 두면 어머님은 어떤 물체들을 보게 될지도 몰라요. 하지만 그 물체들은 흐릿하고 초점이 맞지 않을 거예요. 자, 이제 한 번 더 어머님의 눈이 감기도록 두세요.

각 숫자 사이에 편안한 느낌이 다시 자리 잡을 수 있도록 지시문을 5초에서 10초 정도 간격을 두고 말한다.

> 상담자: 자, 이제 1로 갑니다. 어머님의 눈이 서서히 열리기 시작하도록 두세요. 그리고 눈을 뜰 때 한 번에 좀 더 많은 빛이 들어오도록 두세요. 사물들의 초점이 맞춰지기 시작할 거예요. 그러면 저와 함께 여기 이 방으로 되돌아오게 될 겁니다.

내담자를 원래 상태로 되돌아오도록 한 다음, 상담자는 내담자가 연습을 하면서 편안했는지, 아니면 더 어려운 점이 있었는지를 물어볼 수 있다. 내담자가 모든 감각 관련 지시 메시지대로 성공해야 할 필요는 없다. 이러한 훈련들은 내담자가 스스로 선택하고 구성해 놓은 환경에서 편안함을 느끼는 경험을 해 보도록 도와주는 방법이다. 내담자는 한 군데 이상의 '장소'를 경험했고, 한 곳에 머무는 것이 어려웠다고 이야기할 수도 있다. 내담자가 이런저런 어려움에 대해 이야기할지라도 상담자는 이 훈련 내내 사용해 온 접근법을 계속 사용한다. 즉, 내담자가 특정한 경우에는 특정한 장소가 더 좋다는 것을 발견한다고 해도 더 선호하는 것이라면 무엇이든지 할 수 있도록 하는 것이다. 정서 반응을 다루는 데 어려움을 느끼는 내담자에게는 훈련을 잘 하고 있다는 메시지를 전하는 것이 중요하다. 또한 그들이 맞닥뜨릴 수도 있는 어려움이 보편적이라는 것과 그런 어려움이 내담자가 긴장에서 평온함으로 더 능숙하게 이동하는 방법을 배울 기회를 제공한다는 것 등도 전해야 할 중요한 메시지다.

내담자가 트라우마 사건과 연관이 있는 불안감이나 반추 과정을 줄일 수 있게 도와주기 위한 방법은 많다. 즉, 다양한 이완법, 명상요법, 최면요법을 사용할 수 있다(Bormann, Thorp, Wetherell, Golshan, & Lang, 2012; Descilo, 2010; Spiegel, 2010). 어떤 내담자가 특정한 기법에는 어려움을 겪더라도 또 다른 기법으로 도움을 받을 수 있으므로 상담자는 여러 가지 방법에 능숙해야 한다.

여기에서 소개한 감정 조절법은 실제로 애도하는 어머니가 불안감을 다루기 위해 사용한 방법이다. 다른 내담자들도 이러한 방법을 잘 따라함으로써 감정 조절 외의 더 많은 것을 얻을 수 있다. 어떤 내담자들은 이러한 기법을 배운 후 자신의 삶을 변화시켰다고 말했다. 그들은 지속적으로 이러한 기법을 연습하여 자신이 어떠한 상황도 다룰 수 있다는 것을 알게 되었다. 이 경험으로 내담자들은 큰 신뢰와 마음의 평화를 얻었다. 그들은 무슨 일이 일어날지라도 이런 호흡법을 사용해서 좋은 결과를 얻을 수 있으리라는 것 역시 알게 되었다. 한 현역 군인은 화재 진압 중에 자신이 패닉 상태가 되었을 때 이 호흡법을 사용했다고 보고했다. 그리고 그때 효과가 있었기 때문에 호흡법을 완전히 믿을 만한 것으로 생각하게 되었다고 말했다. 자신에게 어떤 어려움이든 해결할 능력이 있음을 아는 것은 외상 후 성장의 한 영역이다. 그리고 외상 후 성장은 이러한 감정

조절 기법을 배움으로써 더 촉진될 수 있다. 우리는 근래에 와서야 이런 종류의 중재 기법을 사용하는 것이 내담자의 삶에 미치는 광범위한 영향에 대해 알게 된 것 같다(Kemeny et al., 2012).

이 내담자의 어려움 중 또 다른 양상은 '아들이 죽었다.' 라는 생각이다. 상담자는 아들의 죽음을 언급하면 내담자가 특정한 반응을 보일 것이라는 데 주목했고, 실제로 내담자는 속에서 뭔가가 '솟구쳐 올라왔다'고 말했다. 이제 인지적 조절에 대해 살펴보자. 인지적 조절은 생존자의 감정 조절과 함께 유용한 초점이 될 수 있다. 이러한 과정을 거침으로써 외상 후 성장이 촉진된다는 것은 더 분명해질 것이다.

> 상담자: 아들이 죽었다는 생각이 거의 항상 어머님을 불안하게 하는 것 같아요.
>
> 내담자: 항상 그래요.
>
> 상담자: 그 생각이 나면 어떤가요?
>
> 내담자: 뱃속에 큰 구덩이가 있는 것 같아요.
>
> 상담자: 그밖에 어떤 생각이 들지요?
>
> 내담자: 많은 생각이 들어요.
>
> 상담자: 예를 들면 어떤 것들인가요?
>
> 내담자: 내가 무언가를 했더라면 그 일을 막을 수도 있었을 텐데, 또는 그 일이 일어나지 않을 수도 있었을 텐데… 하는 생각이 들기 시작하죠.

이것은 많은 트라우마 생존자에게 흔한 사후가정사고다(Gilbar, Plivazky, & Gil, 2010). 트라우마 생존자는 사건을 예방할 수 있었던 다른 이야기를 상상함으로써 그 사건이 일어났다는 사실을 부정하려고 한다. 이런 종류의 사고는 때

때로 잠깐의 만족을 준다. 그러나 그 후 현실이 다시 분명해지고 폭포처럼 불쾌한 감정과 반추적 사고가 뒤따라 올 수 있다. 이러한 자동적이고 불쾌한 침투적인 반추는 결국에는 더 의도적이고 반영적인 사고로 바뀌어야 한다. 상담자는 이를 위해 힘을 다해 노력한다.

상담자: 어머님은 무엇을 생각하세요?

내담자: 그날 아들이 밖에 나가도록 허락하지 않았더라면 좋았을 텐데. 비가 오고 길이 미끄러워서 저는 아들이 운전해서는 안 된다는 것을 알았어요. 저의 직관 혹은 무엇이었든 간에 그것에 귀 기울여야 했어요.

상담자: 무엇이었든 간에요?

내담자: 그게 뭐였는지는 모르겠어요. 기분이 나빴는데, 저는 그것을 무시하고 그저 저 자신이 어리석다고만 느꼈던 것 같아요. '과잉보호하고 있어.'라고.

상담자: '만약 나쁜 감정에 집중했더라면' 하고 생각하시는군요.

내담자: 제가 궁금한 것이 뭔지 아세요?

상담자: 뭔가요?

내담자: 그 느낌이 너무 강렬했어요. 그래서 그 느낌이 신에게서 온 메시지가 아니었을까 하는 의구심이 들어요.

상담자: 신에게서 온 경고라고요?

내담자: 미친 소리로 들리지요? 그렇지요?

상담자: 아뇨. 그렇지는 않아요.

트라우마 사건을 직면하는 내담자를 상담하다 보면 상담자는 내담자가 보고

하는 모든 종류의 강력한 경험을 접하게 된다. 우리는 동반자적 전문가가 이러한 경험의 가능성에 대해 열려 있어야 한다고 생각한다. 내담자에게 이러한 경험은 꽤 현실적이다. 우리는 좋은 사례를 소설가이자 극작가인 레이놀즈 프라이스(Reynolds Price)의 책에서 발견할 수 있다. 그는 척수암 치료 중에 자신이 경험한 신비로운 체험에 관해 썼다(Price, 1994).

> 내담자: 저는 믿음이 강한 사람이거든요. 그래서 그것이 메시지였을지도 모른다고 생각해요.
>
> 상담자: 그럴 수도 있겠지요. 그렇지만 어머님은 그것에 별로 귀 기울이지 않았다는 거지요.

상담자의 응답이 가혹하게 보일지도 모른다. 그렇지만 상담자는 이 대화의 흐름에 잘 호응하고 있다. 그리고 상담자는 '신에게서 온 메시지'일지도 모른다는 것이 완전히 내담자의 관점일 뿐이라고 추측하는데, 다음에 제시된 내담자의 반응이 그것을 증명해 준다.

> 내담자: 계속 후회스러워요.
>
> 상담자: 만약 메시지에 주의를 기울였더라면 이런 일이 전혀 일어나지 않았을 것이고 아들도 살았을 것이라는 거죠.
>
> 내담자: 그 작은 결정이 모든 것을 바꿔 버렸어요. 저 자신에게 너무 화가 나요. 왜 제가 에반을 나가지 못하게 막지 않았을까요?
>
> 상담자: 어머님은 그 질문에 대답하려고 애쓰고 계시네요?
>
> 내담자: 그런 느낌이 들긴 했지만, 그것이 실제로는 큰 문제로 보이지 않았어요.

상담자: 아, 어머님이 현실적이었던 거예요.

내담자: 그때는 그렇게 생각했어요.

상담자: 그런 느낌이 들 때도 있었을 것이고, 그 느낌을 무시했지만 아무 일도 일
　　　　어나지 않은 상황도 많았을 거예요.

내담자: 기억하기가 어렵네요.

상담자: 나쁜 일이 전혀 일어나지 않았기 때문에 기억할 만한 것이 없는 거죠.

내담자: 아마도 그렇겠네요. 저는 제가 신에게서 온 다른 메시지를 무시하지는
　　　　않았는지 궁금해요. 아, 잘 모르겠어요. 아마 이 경우는 특별했던 것 같
　　　　아요.

　여기에서 내담자는 다른 일이 일어났을 수도 있었을 텐데 하면서 골똘히 생
각하고 있다. 동반자적 전문가는 신에게서 메시지를 받았을지도 모른다는 내담
자의 해석을 수용해 준다. 그렇지만 내담자가 과거에도 다른 '느낌'이나 '메시
지'를 받았는데 그것을 무시했을 수 있고, 그런데도 아무런 문제가 없었다는
것을 인식시킴으로써 내담자의 사고를 느슨하게 한다. 그리고 이 느슨함을 통
해 내담자가 사후가정사고, 후회, 자기비난을 흘려보내도록 한다. 이러한 것들
로 인해 처음에 트라우마 생존자는 자기 자신을 용서하는 데 어려움을 느끼지
만, 결국 자신의 경험에서 외상 후 성장의 요소들을 발견하게 된다.

상담자: 우리가 이것을 이해할 수 있을지 모르겠네요.

내담자: 어떻게 해야 할지 모르겠어요.

상담자: 저 역시 그래요.

내담자: 그것에 대해 엄청나게 많이 생각해 왔어요.

상담자: 어딜 가든지 그 생각을 하나요?

내담자: 그렇지는 않아요.

상담자: 음, 어떤 시점에서는 어머님이 무엇을 믿을지 결정해야 할 거라고 생각해요. 지금 어머님은 가장 말이 되는 것과 더 믿고 싶은 것 중에 선택을 해야 할 거예요. 어떤 것이 옳고 어떤 것이 그른지를 누가 말해 주겠어요?

내담자: 그것이 무엇인지 증명할 방법이 없는 것 같아요.

상담자: 저도 모르겠어요.

내담자: 네. 그럼 제가 그것에 대해서 원하는 것은 무엇이든지 생각할 수 있겠네요.

상담자: 네. 그렇지만 무엇을 암시하는지 곰곰이 생각해 보는 것이 도움이 될 수도 있어요. 만약 신이 어머님께 아들의 운전을 허락하지 말아야 한다는 메시지를 보냈는데 어머님이 그것을 무시했다고 믿는다면, 그다음 생각은 무엇이지요?

내담자: 신이 저에게 화가 났을지도 몰라요.

상담자: 그렇게 생각하시는군요?

내담자: 잘 모르겠어요. 사건이 일어날 거라는 것을 알았다면, 왜 신은 막지 않았을까요?

상담자: 신은 어머님이 그것을 멈추게 하기를 기대했거나, 아니면 대신에 신이 그것을 멈추게 할 수도 있었겠지요?

내담자: 저도 그렇게 생각해요.

상담자: 확신이 가지 않나요?

내담자: 이런 것들이 어떻게 돌아가는지 모르겠어요. 신이 무엇이든지 통제할까요? 때때로 우리는 기도하지만 기도대로 되지 않을 때도 있거든요. 신은 저에게 경고했지만, 저는 이 비극이 일어나도록 그냥 두었어요. 세상일

이 어떻게 돌아가는지 잘 모르겠어요.

상담자: 어머님이 어떤 종류의 신을 믿고 있는지가 분명하지 않군요.

내담자: 예전에는 제가 이런 것에 대해서 심각하게 생각해 본 적이 없는 것 같아요.

이처럼 아들과 사별한 어머니와 함께 상담할 때 동반자적 전문가는 신에 관해서, 즉 신이 얼마만큼 전능한가, 아들의 죽음에 누가 책임이 있는가 등 여러 가지 질문을 하며 내담자와 함께 미로 속을 헤맨다. 상담자가 답을 지니고 있지는 않지만, 대신에 내담자와 함께 생각해 보는 반추 과정을 독려할 수 있다. 이것은 유도된 반추와 같이 건설적인 방법이며, 내담자가 이전에 빠져 있던 침투적인 반추와는 다르다.

내담자는 전에는 한 번도 이러한 것들에 대해서 생각할 필요가 없었다고 말한다. 트라우마는 종종 세상에 대한 내담자의 기본 가정을 깊이 있게 되새기도록 한다. 이 핵심 신념들은 철저하게 검증되지 못한 신념일 수도 있고 잘 설명된 신념일 수도 있지만, 트라우마 사건을 계기로 정밀하게 조사하면 취약함이 드러난다. 상담자는 더 의도적이고 건설적인 반추 과정을 통해 트라우마 생존자를 안내하는 동안 이러한 신념들을 인내하면서 고려해야 한다. 또한 동반자적 전문가는 내담자의 보편적인 세계관과 신념 체계를 이해하면서 내담자의 틀 안에서 작업해야 한다. 이 사례에서는 종교적 신념이 중요하게 보인다. 이는 8장에서 더 자세히 논의할 것이다.

2장에서 언급한 것처럼 사람들이 이러한 유익한 환상을 포함하는 신념 체계를 가지고 살아간다는 것은 어쩌면 일반적인 것처럼 보인다(Taylor, 1989). 이 사례에서 내담자는 아들이 위험하지 않았다라는 환상을 가졌지만, 지금에 와서 보니 그 환상이 그다지 유익하지는 않았다. 그렇지만 아들이 살아있을 때 내담자가 계속해서 아들의 안전을 염려하여 초조해하고 의심을 떨쳐 버리지 않았다면 내담자와 아들 모두 불편한 관계였을 것이다. 아들이 사망한 지금, 내담자는 이러한 관점을 지지하는 신념체계에 대해 다시 한 번 곰곰이 생각할 필요가 있다. 이렇게 하는 과정에서 내담자는 일부 사람들이 허황된 것이라고 할 수도 있는 신념을 발달시키기 시작할지도 모른다. 동반자적 전문가는 신념이 자기보호적이고 현실을 받아들일 능력이 없는 것, 즉 부정을 나타내는 것이 아니라면 이러한 신념을 수용해 주어야 한다. 그때도 상담자는 이전과 같지 않게 핵심 신념이 흔들리고 있는 트라우마 생존자에게 자기보호가 특히 중요하다는 사실을 인식하고 조금씩 다가가는 것이 좋다. 상담자는 드러난 신념에 언제 도전해야 할지, 그 신념을 언제 지지해야 할지를 결정할 때 자신의 판단력을 활용할 필요가 있다. 이것이 에반의 어머니에게는 어떤 식으로 이루어졌는지 다시 살펴보자.

상담자: 이 일 때문에 신에 대해서, 그리고 신이 이 세상에 어떻게 관여하는지에 대해서 생각할 수밖에 없게 되었군요.

내담자: 네. 그래서 신이 나에게 메시지를 보냈다면 왜 신은 앞서서 제 아들을 구하지 않았을까를 생각하고 있어요.

상담자: 어머님은 답을 찾고 계시는군요. 답을 찾을 수 없다면 상황을 다르게 보려고 결정할 수도 있어요.

내담자: 신이 저에게 메시지를 보낸 게 아니었다는 식으로요? 그렇지만 여전히 '내 아들이 사고당할 때 신은 도대체 어디에 있었나? 왜 내 아들을 구하지 않나?' 하는 의문이 들어요.

상담자: 이런 상황에서 신이 사람을 구하나요?

내담자: 음, 제가 대답할 수 없는 또 다른 질문이네요. 신이 어떤 사람은 구하고

어떤 사람은 구하지 않는 것 같아요.

상담자: 어느 쪽을 믿고 싶으세요?

내담자: 지금은 이런 모든 것 때문에 괴로워요.

상담자: 이제 무엇을 하실 건가요? 지금 당장은 이것을 이해할 필요가 없을지도 몰라요. 이런 것들은 근거가 없어요. 어떤 것을 믿을지 말지를 어머님이 선택할 수 있겠죠. 생각을 바꾸셔도 괜찮습니다.

내담자: 계속 이러한 생각을 하면서 살아가는 것이 괜찮을까요? 아니면 모른 체하고 사는 것이, 그렇게 살아도 정말 괜찮을까요?

상담자: 준비가 되어 있지 않다면 그 문제를 억지로 생각해 보려고 하는 것보다는 지금처럼 하는 것이 좋을지도 몰라요. 그 문제를 열심히 생각하는 것보다는 잠시 뒤로 물러서서 문제를 있는 그대로 두는 게 나아요. 뭔가를 기억해 내려고 애썼는데 기억할 수 없었던 경험이 있지요? 그런데 나중에 그것이 갑자기 떠오른 그런 경험이요.

내담자: 네. 이것도 그런 것일 수 있겠네요. 그런데 지금 하신 선생님의 질문은 좀 더 복잡하네요.

상담자: 그렇게 보이지요. 그렇지만 비슷한 방식으로 작동할 수도 있어요. 우리가 아는 것은 어머님이 지금까지는 그것을 해결할 수 없었다는 것이고요.

내담자: 그것을 이해하지 못한 채 살 것 같아요. 최소한 지금은 그런 생각이 들어요. 지금으로서는 선생님이 말씀하신 것처럼 무얼 선택해야 할지 모르겠어요. 지금은요. 그러나 뭔가 변화는 있겠죠. 아들에 대해서는 아무것도 바뀔 것이 없을 것 같아요. 제가 정말로 믿고 싶은 것은 신이 아들을 잘 돌보고 계실 거라는 거예요. 하늘에서는 신이 아들을 잘 돌보실 수 있겠지요. 신이 거기에서는 자기 뜻대로 하실 테니까요. 지상에서는 무엇을

믿어야 할지, 무엇을 해야 할지, 신의 메시지를 어떻게 해석해야 할지 등을 모르기 때문에 우리 불쌍한 인간들이 일을 그르쳐요. 제 아들이 신의 품에 있다고 그냥 믿기만 한다면 어떨까요? 그날의 느낌이 어떤 것이었는지는 미래에도 결코 모를 거잖아요. 그것이 신의 메시지였는지, 저의 직관이었는지도 아직 모르겠고요. 그렇지만 그것이 제 아들에게 "너 나가지 마라"라고 말할 만큼 확신을 주는 것은 아니었어요.

상담자: 그렇게 생각하니까 어머님의 마음이 좀 더 편안해지고, 답이 없는 질문들 때문에 생길 수 있는 부정적인 스트레스를 덜 받으시는군요. 아마도 미래의 언젠가, 질문들이 상처나 고통을 더는 만들어 내지 않을 때 이런 질문들로 되돌아올 수도 있겠지요. 또는 이런 생각이 어머님의 남은 생애 동안 어머님께 좋게 작용할지도 몰라요. 우리가 아는 것은 신의 존재에 대해 잘 모르는 이 세상에서 어머님이 삶에 대한 몇 가지 큰 질문에 마주치게 되었다는 것입니다. 답을 찾든지 아니든지 간에 어머님은 이런 질문들을 진지하게 받아들일지도 모르겠어요. 어머님이 에반의 죽음에 대해 잘 대처해야 하기 때문에 이런 질문들도 생긴 것 같네요.

동반자적 전문가는 "아들의 죽음으로 이런 문제들에 대해서 곰곰이 생각해 볼 기회를 갖게 되었네요."와 같이 마음을 상하게 하는 말을 하지 않도록 조심해야 한다. 대신에 "어머님이 에반의 죽음에 대해 잘 대처해야 하기 때문에 이런 질문들도 생긴 것 같네요."라고 말해야 한다. 말을 신중하게 하는 것은 모든 상담에서 중요하지만, 특히 트라우마 생존자와 상담할 때는 더욱 중요하다 (Wachtel, 2011). 아이의 죽음과 같은 상황에서는 사건 자체와 사건을 극복할 필요성을 구별하는 것이 중요하다. 우리는 지금 트라우마 사건의 후유증과 그 후

유증을 다루기 위해서 무엇을 할 수 있는지에 초점을 맞추고 있다. 외상 후 성장은 이런 과정을 통해 이루어질 수 있다.

상담자가 여기에서 변화를 암시하고 있다는 것과 변화는 외상 후 성장의 방향으로 이루어질 것이라는 점에 주목하라. 이것은 이 시점에서 변화가 일어날 것이라는 점을 나타내는 미묘한 메시지다. 여전히 과정에 대한 명명하기는 진행 중이다. 그러나 우리는 이런 작업들이 내담자를 어디로 이끌게 될지 말할 수 없다. 상담자는 내담자가 내담자 스스로에게서 보지 못할 수도 있는 어떤 가능성을 본다. 어쩌면 내담자는 자신이 고통을 이겨 낼 방법을 찾으려고 노력한다는 사실 정도만 알고 있을 수도 있다. 따라서 동반자적 전문가는 여정을 내다보고, 앞으로 완화될 수도 있으며 그것보다 훨씬 많은 것이 기다리고 있을 수도 있다는 사실을 내담자에게 알려 주어야 한다.

6장

건설적인 자기노출과
관계의 회복

  자기노출은 심리치료의 기본적이고 중요한 요소로, 자기노출 없이는 치료가
불가능하다. 자기노출이 없다면 상호적인 관계가 될 수 없고, 만족감을 줄 수
도 없으며, 궁극적으로 관계가 유지될 수 조차 없을 수 있다.

6장

건설적인 자기노출과
관계의 회복

우리는 1장에서 기술한 외상 후 성장 모델을 상담 가이드로 계속 사용하면서, 이제는 자기노출을 다루려고 한다. 트라우마 사건은 종종 생존자를 딜레마에 빠지게 한다. 트라우마 사건을 겪으면 반드시 누군가에게 이야기하게 되지만, 생존자는 이야기하면서도 듣는 사람이 신뢰를 배반하거나 공감하지 못하거나, 비판할지도 모른다는 두려움을 느낄 수 있다. 그래서 생존자는 자기노출을 힘들어하고 회피할 수도 있다. 그러나 자기노출은 생존자가 자신의 경험을 이해하는 데 매우 중요한 요소이므로, 생존자는 다른 사람들에게서 지지와 이해를 얻을 수 있도록 자신의 경험을 표현해야 한다.

심리학에서 자기노출에 대한 연구는 시드니 주라드(Sidney Jourard)가 최초로 시작하여 이후 수많은 연구가 이루어졌다(Jourard & Lasakow, 1958). 그 연구들은 자기노출이 일어날 것 같은 특정한 상황과 자기노출을 하는 사람 및 듣는 사람에게 자기노출이 미치는 영향을 밝혔다. 최근의 연구들은 말(Kahn & Hessling, 2001; Kahn, Hucke, Bradley, Glinski, & Malak, 2012)과 글(Pennebaker, 1997)의 형태로 표현되는 고통스러운 정서적 정보의 노출에 초점을 맞추고 있다. 일반적으로 정서적 정보와 사적인 정보를 자기노출하는 것은 심리적으로나 신체적으로 건강해지는 것과 관련이 있다. 메타인지적 사고가 가능한 사람은 고통스러운 정보를 더 잘 노출할 가능성이 있다(Alter & Oppenheimer, 2009). 노출에 관한 연구 146개를 메타분석한 결과, 이러한 노출이 심리적 건강과 신체적 건강을 증진시키는 데 유용하다는 점이 밝혀졌다. 이러한 효과는 인지적 과정보다 노출 과정에서 야기되었을 가능성이 높다(Frattaroli, 2006).

자기노출은 심리치료의 기본적이고 중요한 요소로, 자기노출 없이는 치료가 불가능하다. 자기노출이 없다면 상호적인 관계가 될 수 없고, 만족감을 줄 수도 없으며, 궁극적으로 관계가 유지될 수 조차 없을 수 있다. 트라우마로 인해 특정한 정서가 강해지면 노출할 가능성도 커진다. 그리고 생존자들이 외상 후에 부정적인 스트레스를 겪게 되면 마음을 터놓을 누군가를 더 찾게 되는데, 주변에서 적당한 사람을 찾을 수 없을 때 대가를 받고 들어주는 사람, 예를 들어 심리치료자를 찾기도 한다.

많은 트라우마 중심 치료에서 자기노출은 기본적이고 중요한 요소다. 노출치료 과정에서는 노출의 일부로 트라우마 경험을 자세히 묘사해야 한다. 그리고 인지에 초점을 맞춘 치료에서는 실제로 무슨 일이 일어났는지 충분히 이해하고 트라우마 경험에 대한 잘못된 개념을 고치기 위해서 자기노출을 해야 한다(Resick, & Shnicke, 1993). 물론 트라우마 생존자가 이렇게 노출하는 것과 상담자가 그 이야기를 들어주는 것은 모두 어려울 수 있다.

그러나 동반자적 전문가는 물러서지 말고 가슴이 미어지는 듯한 내담자의 이야기를 들을 필요가 있다. 동시에 생존자에게 공감을 드러내야 하고, 공감하면 서 내담자가 이야기의 세부사항을 말하도록 격려하는 코멘트와 질문을 해야 한다. 또한 잊혀질 수 있는 이야기 또는 듣는 사람에게 너무나 충격적인 이야기의 요소들도 함께 말하도록 격려한다. 트라우마 생존자는 개인적인 이야기를 할지 하지 않을지를 선택해야 하는데, 전문가적 동반자는 이러한 선택을 세심하게 살피고 필요 이상의 노출을 요구하지 말아야 한다. 내담자가 부정적인 스트레스나 세부적인 요소를 모두 노출할 필요는 없다. 어떤 것은 말하지 않는 것이 더 나을 수 있는데, 이러한 결정은 예리하고 공감적인 경청자의 몫이다. 상담자는 트라우마 사건 자체에 초점을 맞추어야 하지만, 그 후유증 및 내담자가 이러한 부분을 어떻게 이야기하는지에 주목해야 한다. 그래서 동반자적 전문가는 전체적인 이야기가 논의될 수 있도록 격려한다. 이것은 7장에서 자세히 다룰 것이다.

자기노출의 방식과 깊이가 더 향상되면서 트라우마 생존자는 다른 사람들과 관계를 맺는 방식을 다시 확립할 수 있다. 다른 사람에게 자신을 개방한다는 것은 사실과 사건을 노출하는 것이고, 자신에 대한 다른 사람의 판단에 대해 정서적으로 더 편안해지고 덜 염려한다는 것이다. 이것은 즉각적으로 얻어지지 않을 수도 있으므로, 동반자적 전문가는 내담자에게 지지와 위안을 제공해야 한다. 그렇지만 내담자도 트라우마에 관해 이야기 하는 것을 편안해한다면 자유를 느낄 수 있고, 나아가 자신감도 얻을 수 있으며 공감력도 더 좋아지게 된다.

이것의 전개 양상을 한 성폭행 생존자의 사례를 통해 살펴보고자 한다. 줄리(Julie)는 30세의 미혼 여성으로, 약 한 달 정도 알고 지내던 남성과 데이트하던 중 성폭행을 당했다. 그는 줄리가 속해 있는 사교 모임의 회원이었다. 이 사건을 경찰에 신고하려는 줄리의 결정이 그녀의 인간관계에 큰 파장을 일으켰다.

다음의 대화는 줄리와의 상담 과정 중 4회기 때의 내용이다. 이 회기 때 줄리는 성폭행 자체에 대한 이야기뿐만 아니라 일부 사람이 그녀의 신고에 당혹해할 것을 알았음에도 신고하기로 결심한 이유에 대한 이야기도 하였다.

내담자: 이 사건에 대해서 사람마다 자기 나름의 의견이 있어서 서로 매우 혼란스러워하고 있어요. 처음에는 아무도 몰랐으면 했고 비밀로 둘까 생각했는데, 어느새 모든 사람에게 퍼져서 이야깃거리가 되어 있더라고요.

상담자: 예상했던 것 이상인가요?

내담자: 모든 것이 예상한 것보다 심했어요. 크레이그(Craig)와 데이트한 것은 정말 끔찍했는데, 이제는 제가 모든 뒷감당까지 해야 해요.

상담자: 사람들이 하는 모든 이야기가 그런가요?

내담자: SNS에 난리가 났어요. 사람들이 현장에 있지도 않았으면서 실제로 무슨 일이 일어났는지를 다 아는 것처럼 얘기해요. 많은 사람이 크레이그는 멋진 남자인데 그랬을 리가 없다면서 저한테 온갖 욕을 해요. 저는 욕하는 사람들이 남자일 거라고 생각했거든요. 그런데 여자들도 마찬가지였어요. 제가 친구로 생각하고 저를 잘 알 거라고 생각한 사람들도 마찬가지였어요. 그것 때문에 너무 우울해져요. 또 온갖 복잡한 감정이 들고요.

상담자: 어떤 감정 말인가요?

내담자: 당황스럽고요. 사람들이 말한 것에 대해서 정말로 화가 나요. 무섭기도 하고요.

상담자: 무섭다고요? 뭐가 무섭다는 거죠?

내담자: 잘 모르겠어요. 제가 사람들을 만나면 무슨 말을 듣게 될지…. 그래서 많은 사람이 모여 있는 장소를 피해 다녀요. 그런데 크레이그는 보석금을

내고 나와서 그 모든 것이 아무것도 아닌 것처럼 행동하고 다녀요.

상담자: 줄리는 이 사건을 겪으면서 큰 용기를 보여 줬네요.

내담자: 가끔은 제가 참 용기가 없는 사람이라고 생각해요.

상담자: 그것은 마음속에 공포가 있어서 그럴 거예요.

내담자: 이 모든 일이 미친 짓 같고 무섭기도 해요. 왜 하필 저예요?

상담자: 어쨌든 용기를 내서 상담을 받으려고 여기에 왔고, 또 맞서 싸우기로 결심도 했잖아요.

내담자: 맞아요. 하지만 가끔 의심스러워요.

상담자: 그것이 그럴 만한 가치가 있는지 없는지 의심스럽다는 거지요?

내담자: 네.

이 시점에서 우리는 성폭행 사건을 노출한 결정 때문에 내담자의 삶에 무슨 일이 일어나고 있는지를 볼 수 있다. 내담자의 인간관계는 혼란에 빠졌고 내담자는 자신이 경찰에 그 사건을 신고한 것이 옳은 결정인지 아닌지 혼란스러워하고 있다. 동반자적 전문가는 내담자가 그 사건에 대한 이야기를 하도록 격려하고 어떤 이야기를 하게 할 것인지를 선택한다. 내담자의 두려움과 의심에 초점을 맞출 수도 있다. 또는 상담자가 성장 지향적인 동반자적 전문가가 되고자 한다면 다른 면을 부각시킬 수도 있다.

상담자: '가끔'이라고 말하네요?

내담자: 뭐라고요?

상담자가 일부러 애매하게 말하는 것은 내담자의 주의를 끌고자 하는 목적이 있다. 이 상황에서 개인적인 힘에 대한 메시지는 명확하다.

상담자: '항상'이라는 말 대신에 '가끔'이라는 말을 하던데요. 때론 의심스러워 하고 가끔은 용기가 없다는 생각도 드나 봐요. 그래서 줄리가 '가끔은 자신에 대해서 꽤 확신하고 있구나' 하는 생각이 들어요.

내담자: 제가 잘못했다고 생각하지는 않아요. 그것에 대해서 선생님과 꽤 상세하게 이야기했잖아요.

상담자: 그렇지요.

내담자: 제가 다른 식으로 했을 거라고는 생각지도 않아요.

상담자: 크레이그가 한 짓을 줄리가 알고 있는데도, 밖에 나갔을 때 크레이그가 여기저기 돌아다니는 것을 본다고 상상해 보세요.

내담자: 아, 감당 못 할 것 같아요. 끔찍할 것 같아요. 그런데 크레이그는 지금 그렇게 하고 다닌다니까요. 자신이 결백한 것처럼…. 그리고 제가 뭐 이상한… 뭐라고 말해야 할지 모르겠어요. 제가 뭐 때문에 크레이그를 괜시리 고소했겠어요? 사람들이 그럴 리가 없다라고 왜 알아차릴 수 없는지 이해가 안 돼요. 제가 스스로 이런 어려움을 아무 이유 없이 자초했겠냐구요.

상담자: 맞아요. 사람들이 조금만 생각한다면….

내담자: 바로 사실을 알 텐데요!

상담자: 내 생각에 몇몇 사람은 자신이 크레이그를 정말 잘 안다고 생각하는 것 같아요. 이 사건을 저지른 크레이그와 자신이 알고 있는 크레이그가 동일 인물이라는 걸 아예 생각하지도 못하는 것 같네요.

내담자: 선생님이 지금 그 부분을 이야기하실 때, 전에는 미처 생각하지 못한 것

이 방금 떠올랐어요. 저도 마찬가지였던 것 같아요. 저도 크레이그를 잘 안다고 생각했고, 크레이그가 안전한 사람일 거라고 생각했어요. 만약 그가 잠재적인 성폭행범이란 걸 알았다면 저도 결코 데이트하지 않았을 거잖아요. 그래서 어떤 면에서는 사람들의 반응이 이해가 돼요.

대화의 방향이 그 사건을 신고하고 경찰 조사에 협조함으로써 내담자가 보여 준 개인적인 힘으로부터 약간 바뀌었다. 이러한 통찰은 내담자가 자신의 인간관계에서 어떤 일이 일어나고 있는지를 이해하게 하는 데 유용하며 잠재적으로 중요하다. 그래서 동반자적 전문가는 다음과 같은 유연성을 보인다.

상담자: 몇몇 사람은 줄리를 믿지 않을 거라는 걸 미리 알았다고 했죠?
내담자: 특히 데이트하면서 성폭행당한 것과 그 상황에 대해서 믿지 않으리라는 걸 알았어요.
상담자: 그래서 이런 것들이 그렇게 놀랄 일이 아닐지도 모르겠네요.
내담자: 맞아요. 그렇지만 제가 생각한 것보다 훨씬 심해요. 이렇게 심할 거라고 는 생각지도 못했어요.
상담자: 그렇지만 다른 방법을 택했더라면, 즉 침묵해 버렸다면 훨씬 견디기 힘들었을 것이라고 여전히 생각하고 있지요.
내담자: 맞아요. 개새끼! 젠장! 왜 그놈은 그렇게 해야만 했을까요? 왜 그놈은 저를 이런 혼란에 빠뜨릴까요?
상담자: 그것이 요점이에요. 크레이그는 그런 사건을 만들지 않아야 했어요. 그 렇지만 크레이그가 그런 짓을 해 버렸죠.
내담자: 크레이그는 자기가 얼마나 혼란스러운 일을 일으킬지를 생각했어야 해요.

상담자: 아마 크레이그는 줄리가 얼마나 강한 사람인지를 파악하지 못한 것 같아요. 줄리는 크레이그에게 맞섰잖아요.

내담자: 그래도 저는 싸워서 그 자식을 완전히 쳐부수지 못했어요. 여전히 싸움이 계속되고 있잖아요. 거친 섹스라니, 말도 안 되는 소리. 그놈이 사람들에게 제가 거친 섹스를 좋아한다고 말하고 다녀요. 교묘히 빠져나가려고 얼마나 애쓰는지 놀라울 뿐이에요. 첫째는 저를 성폭행했고, 그리고….

상담자: 지금도 여전히 다른 면으로 폭행하고 있군요.

내담자: 딱 맞아요.

상담자: 분노하는 것이 때때로 도움이 되지요, 그렇죠?

내담자: 맞아요. 저는 이 사건에 대해서 절대 물러서지 않을 거예요. 사람들에게 진실을 말할 수 있어요. 사람들은 진실을 알아야 해요. 크레이그나 그 밖의 모든 사람이 말이에요. 그것은 사실이니까요. 진실이 밝혀져야 해요.

상담자: 이번 일을 겪으면서 자신을 이전과는 좀 다르게 생각하나요?

내담자: 무슨 의미죠?

다시 동반자적 전문가가 내담자의 경험에 가까이 머물러 있다. 또한 상담자는 줄리의 경험에 이름을 붙이고, 그것을 표현하도록 도와주고 있다. 성폭행범이 그녀에 대해 그저 거친 섹스를 원한 거짓말쟁이라고 말하고 다니는 것과 관련하여 "지금도 여전히 다른 면으로 폭행하고 있군요."라고 말한다. 이제 그녀가 더 많은 분노를 드러내게 될 것이다. 그래서 자신의 개인적인 힘에 대해 확신하고 자신의 결정이 옳았다는 것을 확신하게 될 것이다. 즉, 이제 외상 후 성장이 부각될 것이다.

상담자: 음, 이 사건 이전의 자신을 묘사한다면 어떤 말로 표현할 수 있을까요?
그리고 지금의 자신을 묘사한다면 어떤 말로 표현할 수 있을까요?

내담자: 예전에 저는 좋은 사람이었고, 친절하고 약간은 수줍어하며, 재미있는
것을 좋아하는 사람이었어요.

상담자: 최근에도 그런 식으로 생각하나요?

내담자: 오, 절대 아니에요.

상담자: 그럼 지금은 자신을 어떻게 보죠?

내담자: 단호하다, 진짜 단호하다, 꽤 터프하다, 강인하다고 생각해요.

상담자: 자신이 겁먹었다고 말한 것 같은데요.

내담자: 가끔이라고 말했는데, 기억하세요?

상담자: 오, 맞아요. 단지 가끔이라고 했지요.

내담자: 다른 때는 꽤 강인해요. 전에는 저 자신을 강인하다고 생각해 본 적이 결
코 없어요. 단호하다, 아마도 그런 것 같아요. 저 자신을 단호하다고 볼
수도 있네요. 그렇지만 강하다? 그건 잘 모르겠어요.

상담자: 이 문제로 사람들을 만나면서 줄리의 강인함이 드러나는 것 같아요.

이 대화에서 상담자는 줄리에게 전에는 자기 자신 안에서 알아차리지 못했을
개인적인 성격과 새로 발달시킨 성격적인 측면을 보도록 한다. 지금 태동하고
있는 이런 성격적인 측면은 그녀가 직면한 상황의 요구로 인해 생겨난 것 같다.
앞서의 대화의 마지막 부분에서 내담자는 성폭행 사건 전에는 강인하지는 않지
만 자신에게 단호한 측면이 있었다고 말했고, 이에 상담자가 내담자의 새로운
측면으로 강인함이라는 단어를 사용해 부각시키고 있다. 상담자는 내담자에게
현재의 강함을 가져오게 한 힘에 대해 이야기한다. 강함은 그녀를 보완해 주는

것 그 이상으로 그녀의 일부가 되었다. 이런 강한 성격적인 측면은 특별한 상황에서만 '나오도록' 되어 있다.

내담자: 아마도 그럴 수 있겠네요. 제가 생각한 것보다 강한 것 같아요.

상담자: 줄리의 강인함은 자신을 옹호하고, 실제로 일어난 일을 자세히 말하면서 생겨났군요.

내담자: 네. 제가 그러기로 결정할 때요. 즉, 경찰에 신고할 때 처음에는 말도 나오지 않았어요. 그래서 저 자신을 억지로라도 밀어붙여야 했어요.

상담자: 물론 많은 질문에 대답해야만 했었으니까요.

내담자: 얼마나 이상하고 당황스러웠는지 몰라요.

상담자: 하지만 줄리가 해 냈네요.

내담자: 네. 그랬어요.

상담자: 많은 성폭행 피해자는 그런 이야기를 한다는 것 자체에 성폭행만큼이나 심한 상처를 받기도 해요.

내담자: 맞아요. 지금도 계속되고 있어요.

상담자: 그렇지만 줄리가 그저 이야기만 계속하는 것은 아닌 것 같아요. 선택을 해야만….

내담자: 네. 저는 그것에 대해서 누구에게 말해야 할지를 지금은 선택해요. 정말로 조심스럽게요. 그럼에도, 필요한 상황에서는 그 일에 대해 말할 수 있을 것 같아요. 제가 처음 여기에 들어왔을 때 무슨 일이 일어났는지 물으셨죠? 사실 경찰과 언니에게는 벌써 말했지만 그래도 전부를 이야기해 준 사람은 없었어요. 그래서 그때 이 일에 대해 어느 정도 말해야 할지를 생각했어요. 진짜로 모든 세부사항을 이야기하고 싶지는 않았거든요.

상담자: 줄리가 이제 막 상담을 시작했잖아요. 저도 줄리가 반드시 모든 것을 이야기해야 한다고 생각하지 않아요.

내담자: 네. 제가 성폭행당했다고 이야기했을 때 그 일에 대해서 말하고 싶은 것만 말해도 된다고 말씀하셨잖아요. 그래서 제가 선택한 거죠. 선생님께 사건의 줄거리만 이야기하자고 생각했어요. 그 일에 대해서 남자에게 말할 수 있을 거라고는 생각지도 못했어요. 하지만 언니의 말을 믿었어요. 언니가 옳았어요. 선생님은 좋은 분인 것 같아요.

상담자: 언니가 옳았다니 기쁘네요.

내담자: 저도요.

상담자: 성폭행 그 자체에 대해서, 아직 이야기하지는 않았지만 나중에 말할 수 있게 된다면 말하고 싶은 내용이 있나요?

이 대화의 초점이 그녀의 개인적인 힘에서 노출하려는 결심으로 이동했다. 이 사례에서 개인적인 힘과 결심은 밀접하게 관련되어 있다. 동반자적 전문가는 성폭행 그 자체를 얼마나 더 논의할지에 관한 선택을 내담자에게 맡긴다. 이것은 트라우마 생존자를 다루면서 트라우마에 대한 노출을 치료의 한 부분으로 처방하는 많은 상담자의 접근법과는 다르다. 여기서의 과정은 더 협력적이다. 동반자적 전문가가 내담자의 힘을 강조하고자 한다면 상담자는 파트너로서 내담자와 협력해야 한다. 특히 내담자의 성폭행 경험과 같은 예민한 이야기에 관해서는 내담자와 함께 결정해야 할 것이다.

내담자: 그 일과 관련해서 중요한 것은 모두 말했다고 생각하는데요. 그렇지만 잘 모르겠어요. 선생님이 알아야 하는 어떤 것이 또 있나요?

상담자: 내가 성폭행에 대해서 반드시 알아야 할 특별한 것이 있다고 생각지는 않아요. 내가 가장 바라는 것은 줄리가 이 일에 대해서 개방적으로 이야기할 수 있으면 좋겠다는 거예요. 단지 이 상담이 난처하거나 정서적으로 불편하다는 이유로 타협해서 상담을 끝내고 싶지 않아요.

내담자: 예. 괜찮아요. 그러지 않을게요.

이 대화는 치료적 관계의 강점과 이 관계가 자기노출을 얼마만큼이나 견딜 수 있는지를 다룬다. 내담자의 "괜찮아요." 라는 반응은 약간 열의 없게 들릴지 모른다. 그렇지만 동반자적 전문가는 노출을 얼마나 격려해야 할지와 내담자의 바람을 얼마만큼 존중해야 할지를 다시 결정해야 한다. 성폭행에 대해 더 알아야 할 필요성이 있는지에 대한 질문은 협력적 관계로서 치료적 관계를 구축하기 위해 뭔가 작업이 이루어질 필요가 있다는 것을 나타낸다. 앞서의 대화에서 내담자는 노출에 대한 결정권을 너무 많이 상담자의 손에 맡기고 있다.

상담자: 이 성폭행에 대해서 얼마만큼 말해야 하는지를 줄리가 알고 있다고 믿어요. 내가 질문하는 건 뭔가를 알아야 할 필요가 있어서가 아니고 줄리를 위해서 고려할 만한 가치가 있다고 생각하기 때문이에요. 물론 내가 이해해야 할 기본적이고 중요한 것들이 있긴 한데, 내가 제기하고 싶은 가장 중요한 것은 줄리가 곰곰이 생각할 필요가 있는 것들이에요. 하지만 그것조차도 내가 주장할 것은 아니고 줄리가 결정해야 할 문제예요. 줄리가 이해하려고 애쓰는 것이 무엇인지 또는 애써서 결정하려고 하는 것이 무엇인지는 자신이 알고 있을 거예요. 그래서 이 문제를 함께 풀고 있어요. 하지만 줄리에게 중요한 것들에 대해서 언제 이야기해야 할지는

스스로 결정하면 돼요.

동반자적 전문가는 상담에 대한 공동 책임의 대략적인 윤곽을 잡기 위해 노력한다. 이들은 상담 과정에서 동반자 관계를 맺고 있다. 그렇지만 상담은 상담자의 여정이라기보다는 내담자의 여정이다.

내담자: 네. 그렇지만 전에는 이와 같은 것들을 겪어 본 적이 없어서 때때로 내가 뭘 하고 있는지 모르겠어요.

상담자: 그래서 우리가 함께하기 위해서 줄리가 여기에 온 거예요.

내담자: 두 사람의 머리가 한 사람보다 낫다는 거죠.

상담자: 대개는 그렇지요.

내담자: 제 친구들 중 일부에는 해당하지 않아요. 그래서 제가 여기에 오게 된 게 기뻐요. 크게 도움이 될 거라고 생각한 사람들이 실제로는 전혀 도움이 되지 않는 경우도 있다는 것을 확실하게 알았어요.

상담자: 놀랍네요. 때로는 좋지 않은 경험으로, 때로는 좋은 일로 알게 되네요.

내담자: 네. 두 번 정도 놀라운 일이 있었어요. 언니와 저는 서로 좋은 관계였지만 아주 가깝지는 않았거든요. 그래서 언니가 저를 어린 동생으로만 본다고 생각했어요. 그런데 이번 일이 많은 것을 바꾸었어요.

상담자: 이 일이 무엇인데요?

내담자: 성폭행 사건이요.

상담자: 애매모호하네요. 나는 그보다도 줄리 자신이 정말로 많은 것을 바꾸는 데 도움이 되었다고 생각하는데요.

내담자: 무슨 의미예요?

상담자: 줄리는 언니에게 그 사건에 대해서 이야기했고, 이야기할 수 있었던 것
    은 언니를 믿었기 때문이잖아요.

내담자: 그래요. 언니에게 어떤 것도 말하지 않았더라면 언니가 다른 반응을 못
    보였을 수도 있어요.

상담자: 그래서 성폭행 사건 자체보다는 그 사건 이후로 줄리가 한 행동들이 더
    많은 변화를 가져온 거죠.

내담자: 음, 언니는 매우 지지적이었어요. 그리고 비판적인 어떤 말도 꺼내지 않
    더라고요.

상담자: 예를 들면, '너는 비난받아야 해.' 같은 말이요?

내담자: 네. 그런 소리는 한마디도 하지 않았어요. 그게 정말 컸어요. 그것이 정
    말 저를 더 편안하게 하더라고요. 그런 비난 섞인 말이 나올 줄 알았는데
    언니는 결코 하지 않았어요.

상담자: 언니가 정말로 대단하다고 생각하는 것 같네요. 한편으로는 어찌 됐든
    줄리가 언니에게 찾아간 것 자체가 언니에게는 큰 찬사였을 것 같아요.

내담자: 찬사요?

상담자: 네. 이런 문제로 언니를 믿어 준 것이 엄청난 찬사죠.

내담자: 제가 언니를 신뢰해서 언니는 기분이 좋았어요.

상담자: 언니에게 아주 큰 의미가 있었을 거예요.

내담자: 아마도 그랬을 것 같네요.

상담자: 두 사람을 더 가깝게 만들었군요.

내담자: 지난 몇 년 동안 언니에게 마음을 열지 못한 것 같아요. 언니는 제가 하
    는 것들에 대해서 너무 못마땅해했거든요.

상담자: 이 사건에 대해 언니에게 마음을 터놓은 것이 두 사람을 더 가깝게 한 것

같아 기쁘네요.

내담자: 예전보다 가까워진 것 같아요. 이제 언니는 저에게 더 자주 전화할 거에요. 언니는 사건이 일어난 후에 바로 비행기를 타고 와 주었어요. 그건 제게 많은 것을 의미했어요.

상담자: 예를 들면 어떤 거요?

내담자: 언니가 저를 사랑하고 있다는 의미요. (울기 시작한다.)

상담자: 오, 물론이죠.

내담자: 제가 바보 같아요.

상담자: 정말로 그렇게 생각해요?

내담자: 제 말은, 언니가 저를 사랑한다는 것을 알고 있어요. 그렇지만, 모르겠어요.

상담자: 그것이 진정한 사랑이라는 것이 명백해졌네요. 언니가 줄리를 찾아와서 곁에 함께 있어 주는 행동으로 사랑을 표현해 주었다는 거죠.

내담자: 네. 저도 그렇게 생각해요. 확실히.

상담자: 이 모든 것을 통해서 사람들에 관한 많은 것을 배우고 있네요.

내담자: 네.

상담자: 누가 줄리를 사랑하고, 누가 그렇지 않은지.

내담자: 누구를 믿어야 할지, 믿지 말아야 할지….

상담자: 누구에게 말을 해야 할지, 말아야 할지.

내담자: 참 많네요.

상담자: 맞아요. 아주 기본적인 것이에요. 그렇게 생각하지 않아요?

내담자: 정말로 중요한 것들이네요.

이것은 자기노출, 인간관계 그리고 외상 후 성장에 관한 논의가 분명하다. 이러한 논의는 트라우마 생존자와 동반자적 전문가가 대화하는 과정에서 매우 자연스럽게 이루어진다. 하지만 상담자는 세밀한 방식으로 트라우마 이후에 내담자가 얻게 된 이득을 살필 기회를 얻음으로써 내담자의 특정한 경험을 조명할 준비를 한다. 하지만 동시에 경험의 부정적인 측면을 무시하지 않는다. 대신에 잃은 것과 얻은 것에 대해서 대화를 나눈다. 줄리의 사례에서 내담자는 자신의 삶에서 이토록 힘든 시기에 자신을 배신한 많은 친구에 대한 신뢰를 잃었다. 그 밖에도 자신이 더 이상 순진하지 않다고 느끼게 되었고, 세상일을 더는 마음 편히 대하지 못하게 되었다. 이런 반응은 과거에 언니가 줄리를 대하던 방식이었고, 아마도 언니는 줄리의 그런 모습이 불편했을 수 있다. 줄리는 더 마음을 열고 언니의 염려와 사랑을 받아들였다. 그 결과 언니와의 관계에서 어떤 변화가 있었는지를 더 잘 이해하게 되었다. 상담자가 내담자의 삶의 변화에 초점을 맞추고 있을지라도, 줄리는 언니와의 관계에 대해서 다시 깊게 생각하게 된다. 동반자적 전문가는 내담자와 공동으로 이러한 생각을 검토하고 숙고하면서 계속 상담을 이어 간다. 그 결과, 상담자는 내담자와 내담자 언니의 과거 및 현재의 관계를 정서적으로 더 깊이 이해하게 된다.

> 상담자: 아마 예전에는 지금만큼 생각하지 않았던 것들일 겁니다.
> 내담자: 제가 즐기느라고 너무 바빴어요. 또 즐거워 보이는 것들을 하느라고. 이제 즐기는 것은 끝났어요.
> 상담자: 그 일은 즐겁지 않은 것이 확실하네요.
> 내담자: 맞아요. 내 생애 최악의 시기예요.
> 상담자: 그 일이 많은 것을 바꿨군요.
> 내담자: 언니는 항상 책임감 있는 사람이었어요. 저는 저보다 겨우 네 살 더 많은

언니에게 너무 큰 책임감을 기대했다고 생각해요. 언니는 나를 돌봐야 했고 이런저런 일도 해야 했어요. 언니가 저에게 대장 노릇을 하려고 할 때에는 서로 싸우곤 했죠. 그렇지만 언니는 부모님이 언니에게 기대한 모든 바람직한 것을 다 했어요. 대학에 가는 것, 좋은 직업을 얻는 것, 결혼하는 것, 아이를 낳는 것 등이요. 언니는 정말로 모범생이었어요. 반대로 저는 즐기고, 파티에 다니고, 산만했어요. 언니는 저에게 잔소리하지 않으려고 애썼던 것 같아요. 그렇지만 "줄리, 너 지금 뭐하고 있어?"와 같은 말이 튀어나오곤 했죠. 엄마가 돌아가시고 아빠가 뇌졸중을 일으킨 후로는 언니가 아빠를 돌보았지만 저는 그냥 그전처럼 살았어요. 언니는 저를 꾸짖을 자격이 있어요. 언니가 어려운 일을 전부 떠맡고 있거든요. 그 일이 생겼을 때 저는 언니가 이런 말을 할 거라고 예상했던 것 같아요. "내가 전에 말했잖아. 도대체 앞으로 어떻게 살려고 그러니?" 그렇지만 그렇게 말하지 않았어요. 그런 점에 대해 언니에게 고맙다고 말해야 해요. 그렇게 할 거예요.

상담자: 뭐라고 말할 건가요?

내담자: 나를 사랑해 준 것과 "내가 너한테 몇 번이나 말했잖아" 같은 말을 하지 않은 것에 고맙다고 말하고 싶어요.

상담자: 큰 감사를 표현하는 것이겠네요.

내담자: 그 점에 대해서 정말 감사해요. 언니는 정말 잘 베푸는 사람이에요. 아빠나 조카들도 잘 돌보고요. 무엇보다 저를 위해 여기까지 왔잖아요. 전에는 언니의 이러한 점을 제대로 알아차리지 못했어요. 언니가 하는 것에 대해서….

상담자: 최근에 사랑이 더욱더 필요했나 보군요.

내담자: 그전에도 필요했는데 제가 알아차리지 못한 것 같아요.

상담자: 언니는 줄리를 더 많이 사랑하려고 애썼지만 잘 되지 않았나 봐요.

내담자: 이전에는 제가 사랑을 받아들일 준비가 되어 있지 않았어요.

상담자: 또는 언니가 동생에 대한 염려나 관심을 보여 줄 방법을 찾지 못했을지 도 몰라요. 방법을 몰라서 약간 비판적으로 대했을 수도 있죠.

상담자는 여기에서 단순히 언니는 잘 베풀고 성숙하게 행동하지만 줄리는 그렇지 않다고 양분할 수는 없다는 점을 지적한다. 여기에서 줄리는 상담자와 협력하여 언니와의 관계가 어땠는지를 이해한다. 그렇게 하면서 내담자는 언니와의 관계가 어떻게 변화되고 있는지도 알고, 새로운 관계 역시 만들어 간다. 이렇게 변화되는 내러티브의 과정은 7장에서 더 자세히 논의할 것이다.

내담자: 엄마가 돌아가시고 제가 16살 때, 언니는 저에게 조금씩 엄마 노릇을 하기 시작했는데 저는 그게 별로 마음에 들지 않았어요.

상담자: 내 생각에 줄리는 언니가 엄마 역할을 하는 것을 원하지 않았을 것 같아요.

내담자: 맞아요. 저는 확실히 원하지 않았어요. 그 후로 제가 더 거칠어지기 시작해서 언니는 저를 걱정했을 거예요. 지금은 언니가 엄마 역할을 하는 것을 조금 받아들이고 있거든요. 그래서 저희가 잘 지내고 있나 봐요. 저는 지금 엄마가 필요해요.

상담자: 언니가 줄리에게 해 주는 것들이 엄마 역할처럼 느껴지나요?

내담자: 음, 잘 모르겠어요. 언니가 저를 사랑하는 것 같긴 해요. 그런데 뭐라 말하기 어렵네요.

상담자: 어쨌든 간에 그것은 사랑인 것 같네요.

내담자: 저도 언니를 사랑해요.

상담자: 줄리가 이전에는 언니에게 사랑을 많이 표현하지 않은 것 같은 느낌이 드네요.

내담자: 지금은 표현해요.

상담자: 말로도 표현하는가 보죠?

내담자: 네. 지금은 말하기가 쉬워요.

상담자: 이러한 것들이 줄리와 언니의 관계에서 크게 달라진 점들이군요.

내담자: 저 자신이 많이 변했어요. 이제 전 다른 동생이에요. 선생님 아세요? 웃긴 게 뭔지?

상담자: 뭔데요?

내담자: 저는 그저 언니와 성폭행에 대해서만 이야기하는 것은 아니에요. 사실 우리는 성폭행에 대해서는 이야기하지 않아요. 언니가 여기에 처음 온 날 이후로 우리는 다른 것들에 대해서 이야기해요. 전에는 절대 이야기하지 않던 것들을 언니와 이야기해요.

상담자: 그 점이 달라진 점이군요. 그저 성폭행에 대한 것만이 아니고 오히려 줄리의 인간관계 방식에 관한 거네요.

내담자: 맞아요. 우리는 실제로 성폭행에 대해서 그렇게 많이 이야기하지 않아요. 오히려 지금 일어나고 있는 일들에 대해서 더 이야기해요. 제 말은요, 많은 것이 성폭행과 관련이 되어 있긴 해요. 하지만 그것 이상이에요.

상담자: 지금은 무엇에 대해 이야기하나요?

내담자: 제 친구와의 관계에서 일어나는 것들요. 가끔은 옛날 친구에 대해서요. 무엇이 달라진 지 아세요? 그냥 이런 생각이 떠올랐어요. 옛날에는 언니가 그저 수많은 SNS 친구 중 한 명일 뿐이었어요. 그냥 들락날락하는 사

이였고요. 정말로 어떤 것에도 깊이 들어가지 않았어요. 그렇지만 지금 우리는 전화로 직접 통화해요. 더 가까워졌어요. 정말로 개인적인 이야기를 많이 해요.

상담자: 제가 궁금한 게 한 가지 있어요.

내담자: 뭔데요?

상담자: 언니와 어떤 식으로 대화하나요? 동등하다고 생각하나요? 아니면 언니는 이 방향으로, 줄리는 다른 방향으로 이야기하는 경향이 있나요? 여전히 언니는 언니고 줄리는 동생일 뿐인가요? 아니면 실제로 대화의 내용이나 방식이 이전과 달라졌나요?

여기에서 상담자는 내담자의 이야기 중 구체적인 변화에 초점을 맞추고 있다. 줄리는 언니에 대해서, 그리고 둘 사이의 관계에 대해서 이전과 다르게 느낀다. 그렇지만 지금 문제는 이것이 어떻게 행동으로 바뀔 것인지에 대한 것이다. '외상 후 성장'의 영역 중에서 타인과의 관계 변화는 종종 변화된 행동을 통해 알아차릴 수 있다. 이런 변화들을 강화하기 위해서 각각의 구체적인 변화를 강조하는 것은 유용하다. 그러면 변화들이 지속될 가능성이 커진다.

내담자: 완전히 모든 것을 이야기하는 것은 아니지만, 동등한 상태에서 이전보다 많이 이야기해요. 이전과는 매우 다른 삶을 살고 있다고 생각해요. 지금은 제가 그저 어린 사고뭉치 여동생인 것만은 아닌 위치에서 이야기하고 있어요.

상담자: 줄리는 언니에게, 언니는 줄리에게 다르게 말하나요?

내담자: 네. 전 작은 비난에는 그렇게 신경쓰지 않아요. 그렇게까지 방어적이진

않아요. 이런 일들이 일어나서 정말로 언니가 필요했던 상황에 방어적인 태도를 버린 것 같아요.

상담자: 두 사람 모두 변화된 관계에 서로 영향을 주고 있네요. 줄리도 다른 톤으로 말하고 서로 더 부드러운 방식으로 말하는 것 같아요.

내담자: 네.

상담자: 그리고 다른 것들에 대해서 이야기하는군요. 단지 성폭행에 대해서만이 아니고 그 사건으로 무엇이 일어나고 있는지 등에 대해서요.

내담자: 네. 그리고 제가 하려는 것에 대해서도 이야기해요. 아까도 말씀드렸듯이 옛날의 재미들은 이제 끝난 것 같아요. 그래서 제가 무엇을 할 것인가에 대해서, 또 제가 앞으로 겪어야 할 변화들에 대해서 함께 이야기해요.

상담자: 언니에게 더 마음을 열고 있는 것처럼 들리네요. 언니에게 자신의 마음 속에서 일어나고 있는 것들에 대해 더 많이 이야기하고 있는 것처럼 보여요.

내담자: 맞아요. 실제로 많은 일이 일어나고 있기 때문이에요.

상담자: 그래서, 언니와의 대화는 우리가 이렇게 대화하는 것과 같나요?

내담자: 어느 정도는 그래요. 여기서 이야기하는 것들에 대해 언니와도 이야기해요. 그렇지만 선생님과 나누는 이야기와 똑같지는 않아요. 언니도 저에게 많은 것을 이야기하니까요.

상담자: 언니 자신에 대해서요?

내담자: 네.

상담자: 이전과 다른가요?

내담자: 네. 달라요. 언니도 일어나고 있는 여러 일을 이전보다 많이 이야기해요. 조카들이 뭘 하는지 같은 일상의 시시콜콜한 이야기만이 아니에요.

상담자: 그러면 어떤 종류의 일들인가요?

내담자: 아버지에 대해서 이야기해요. 아버지가 어떻게 지내시는지뿐만 아니라 실제로 아버지가 돌아가시고 부모가 한 분도 안 계시게 되면 어떤 느낌일지에 대해서도 이야기해요. 아버지가 약해지고 의존적이게 되어 가는 것에 대해서 아버지 자신은 어떻게 느끼실지, 또 이런저런 것에 대해 우리 자신은 어떻게 느끼는지에 대해서 이야기해요. 그리고 언니는 전에는 한 번도 말하지 않던 형부에 대한 이야기도 하고요.

상담자: 언니가 줄리와 더 많은 이야기를 나누는군요.

내담자: 네. 훨씬 많이요. 그런 것 같아요.

상담자: 어떻게 이렇게 되었는지 궁금하네요.

내담자: 우리가 서로를 더 편안해하는 것 같아요.

여기에 외상 후 성장을 더 깊이 있게 살펴볼 기회가 있다. 줄리와 언니의 관계가 변한 것은 분명하다. 줄리는 이러한 변화의 한 측면이 그들의 대화와 관련이 있다는 것을 알게 되었다. 줄리는 전보다 훨씬 많은 자기노출 경험을 이야기한다. 또 이런 종류의 대화를 할 때 서로 얼마나 더 편안해하는지에 대해서 이야기한다. 그렇지만 상담자는 그다지 분명하게 드러나지도 않고 또는 명확하게 명명되지도 않은 다른 측면을 깊이 있게 살펴보게 함으로써 자매가 앞으로의 관계에서 이러한 변화를 강화하도록 도울 수 있다. 이런 변화들에 이름을 붙이는 것은 이런 변화들에 대한 인지적 접근을 강화하는 데 도움이 되고, 변화를 지속시키거나, 나아가 더 발전하는 데도 도움이 된다. 그 결과 두 자매의 관계는 이전보다 훨씬 친밀해질 것이다.

상담자: 지금은 언니가 동생을 어떻게 보는지 궁금해요. 언니가 이제는 말썽쟁이로 대하지 않는다고 말했지요.

내담자: 도움이 필요한 사람으로 대하는 것 같아요.

상담자: 만약 그렇다면 관계가 더 대등하게 느껴지지 않을 것 같은데요? 내 생각에 그래요.

내담자: 아니에요. 대등할 걸요?

상담자: 그렇다면 아마도 다른 것이 진행되고 있는 것 같은데요. 만약 언니가 줄리를 어느 정도는 말썽쟁이 어린 동생으로만 보고 있지 않다면, 어떻게 보고 있는 걸까요?

내담자: 모르겠어요. 지난 한 달 사이에 제 생활이 많이 변화한 것 같지는 않아요. 여전히 똑같이 별 볼 일 없는 직업을 갖고 있고요. 보잘것없는 아파트에 살고, 그저 그런 친구가 몇 있어요. 성폭행 사건으로 다소 유명해졌고요.

내담자는 사건을 유머스럽게 말한다. 이는 내담자가 충분히 진지하게 받아들이지 않고 있거나 지나치게 심각하게 받아들이지 않고 있다는 신호일 수 있다. 이 부분은 더 검토할 필요가 있다. 현재 더 중요한 초점이 되는 것은 바로 외상 후 성장을 암시해 주는 언니와의 관계다.

상담자: 그것은 줄리가 이 모든 것을 어떻게 다루는지와 관계가 있을지도 모르겠네요. 줄리는 자신의 명성과 사회적 인간관계가 꽤 나빠질 수도 있었는데 그것을 무릅쓰고 경찰서에 가서 신고했잖아요. 그게 쉽지 않을 거라는 것을 알았지만 어찌 됐든 멈추지 않았지요. 나쁜 일이 일어나기 시작

했을 때 물러서지 않고 계속 나아갔어요. 어쩌면 언니도 이 모든 것을 지켜봤을 거예요.

내담자: 그래요. 언니는 이 모든 것을 알고 있어요.

상담자: 줄리라면 이렇게 행동하는 사람을 어떻게 생각하겠어요?

내담자: '꽤 강하다', 그렇게 생각할 것 같아요.

상담자: 언니도 줄리를 그만큼 강하다고 볼 거예요.

내담자: 네. 저도 그렇게 생각해요.

상담자: 다른 단어가 떠오르네요. 존중.

내담자: 언니가 저를 존중한다고요? (그녀는 다시 울기 시작한다.)

상담자: 어떻게 생각하세요?

내담자: 저도 그러길 바라요. 언니가 저를 존중한다고 생각해 본 적이 한 번도 없거든요.

상담자: 그것이 참 클 것 같네요. 그렇지요?

내담자: 네.

상담자: 언니가 줄리를 이전보다 더 존중하면서 말하나요?

내담자: 네.

상담자: 그런 것 같네요.

내담자: 언니가 저를 사랑하고 존중해 줘요.

상담자: 나도 그렇게 생각해요.

내담자: 어떻게 그렇게 빨리 변할 수 있었을까요?

상담자: 언니와의 관계요?

내담자: 아니, 언니가 저를 대하는 방식 말이에요.

상담자: 언니는 아마도 이전부터 계속 줄리를 사랑해 오고 있었을 거예요. 그럴

게 생각하지 않으세요?

내담자: 네. 언니는 오로지 저에 대해서만 걱정했어요.

상담자: 그 걱정 속에 사랑이 있는 거죠.

내담자: 맞아요.

상담자: 언니가 걱정하기 때문에 좌절감을 느끼기도 했겠어요.

내담자: 아, 맞아요. 언니도 그 점에 동의했어요.

상담자: 존중이라는 것은 아마 새로운 것 같네요. 잘 모르겠지만요. 언니가 어떤 방식으로든 줄리를 존중해 주었다고 생각하나요?

내담자: 그것에 대해서는 잘 모르겠어요. 아마 새로운 측면인 것 같아요.

상담자: 줄리가 매우 힘든 일을 겪고 있기 때문이에요. 아마 줄리가 자신을 기꺼이 보려고 하고 이제 변화를 만들어야 할 때라고 생각하고 있기 때문에 언니도 동생을 존중하게 된 거예요. 이것 역시 어려운 일이에요. 아마 그것이 언니가 줄리를 더 존중하게 하는 것 같아요. 다시 한 번, 다른 누군가가 줄리가 하고 있는 일들과 같은 것을 한다면 줄리는 그 사람을 존중하겠어요?

내담자: 네. 아마 그럴 거예요. 그래서 지금은 언니가 저를 더 존중한다고 믿는 것이 그렇게 어렵지는 않아요.

상담자: 언니가 줄리를 자신에게 중요한 사람 또는 어려운 것을 이야기하기에 충분할 만큼 지각 있는 사람으로 보고 있는 것이 분명하네요.

내담자: 언니는 그러고 있어요.

상담자: 옛날에는 언니도 여자 형제가 필요했을지 모르죠. 지금은 언니가 성장한 자매를 갖게 되어서 좋을 것 같아요.

내담자: 성장하게 된 방식이라는 게… 성폭행당한 것이라니.

상담자: 그건 성장하게 된 방식이 아니죠. 줄리가 이 모든 상황에서 어떻게 해야 할지 선택하는 과정을 통해서 자신을 성장시키고 있는 거예요.

트라우마 생존자에게 변화의 원인은 트라우마 자체가 아니고 그들이 사건에 대처하는 방식에 있다는 것을 확실히 인지시켜 주는 것이 중요하다. 이것은 이러한 어려움을 헤쳐 나가는 사람들에게 그 공로를 인정해 주고 그들을 존중해 주는 것이다. 그보다도 이것은 사실이다. 사람들은 자신이 반응하는 방식을 선택하기 때문이다.

내담자: 네. 그렇지만 가끔은 우왕좌왕하면서 헤쳐 나오는 것처럼 느껴질 때도 있어요.
상담자: 이런 것들을 이해하기는 어렵죠. 그렇지만 줄리가 계속 노력하고 있어서 언니는 그 점을 존중하는 것 같아요. 확실히 그런 것 같네요.

내담자의 힘든 여정에 함께하는 동반자적 전문가는 내담자를 매우 존중하게 된다. 상담자가 앞서의 대화에서와 같이 말하는 것은 그저 치료 기법으로서뿐만 아니라 내담자의 이해를 확장시키기 위한 것이기도 하다. 즉, 내담자를 대하는 언니의 관점에 대한 상담자의 추측은 줄리가 자매의 대화와 관련하여 알려 준 정보와 상담자가 내담자와 함께하면서 경험한 것에 바탕을 두고 있음을 내담자가 알게 하기 위해서다.

내담자: 고맙습니다. 이것은 저에게 큰 의미가 있어요. 지금 상황이 너무 어렵기 때문이에요.

상담자: 일부의 다른 사람은 줄리를 많이 존중하지 않지요.

내담자: 네. 그게 상처가 돼요.

상담자: 그 점이 내가 줄리를 존중하는 이유 중의 하나예요. 자신에게 일어난 일을 회피하지 않고 기꺼이 다루고 있으니까요.

내담자: 감사합니다.

상담자: 그것을 보니 줄리가 다른 사람과의 관계도 다른 방식으로 잘 유지하고 있을 거라는 생각이 드네요.

내담자: 몇몇 사람은 마음속에서 지워 버렸어요.

상담자: 어떤 경우에는 그게 현명했을 수도 있겠죠.

상담자의 마지막 말은 사람들을 마음속에서 지워 버린 내담자의 결정을 지지하는 것처럼 들리지만은 않는다. 내담자가 몇몇 친구와의 관계를 완전히 끊어 버리는 것을 지지하는 것은 실수일 수 있다. 그 친구들의 일부가 마음을 바꿔서 줄리에게 사과할 가능성도 있기 때문이다. 성폭행 이후로 겨우 한 달이 지났기 때문에 많은 것이 유동적일 수 있다.

내담자: 네. 몇몇 사람은 정말로 저를 실망시키고 상처를 줬어요.

상담자: 확실히 그랬겠지요. 그럴 때 어떻게 행동해야 할지를 아는 것은 어려워요.

내담자: 그들에게 지옥에나 떨어지라는 말이 절로 나오더라고요.

상담자: 아마 어떤 경우에는 그런 말이 쉽게 나올 수도 있었을 거예요.

내담자: 저와 정말 친하다고 생각한 사람들에게 욕을 하기란 쉽지 않아요. 지금은 저를 믿지 않는 사람들이라 할지라도요.

상담자: 크레이그가 이런 일을 했을 거라고 믿지 않는 사람들 말이지요.

내담자: 맞아요.

상담자: 아마 그것은 그 문제에 대해서 줄리를 믿지 못한다는 것과는 다른 차원일 거예요.

내담자: 그들은 내가 이 일을 지어낸 이야기라고 생각할까요?

상담자: 그건 말도 안 돼요. 사람들이 그렇게 생각할 만한 동기가 뭐가 있겠어요?

내담자: 제가 생각해 봐도 아무 동기가 없어요. 그들도 제가 지어낸 이야기라고 생각하지는 않을 거예요.

상담자: 지지하는 사람도 있고, 지지하지 않는 사람도 있지요. 이것은 분명해요. 지지하지 않는 사람들은 진실을 알까요? 줄리가 무슨 일이 일어났는지를 그들에게 실제로 이야기한 적이 있나요?

내담자: 아뇨. 그중 대부분은 별로 친하지 않은 사람들이거든요. 또 모든 것을 그들에게 말하지도 않을 거고요.

상담자: 줄리를 믿지 않는 사람들은 중요하지 않아요. 그 내용을 알려 줄 만큼 중요한 사람이 아니잖아요.

내담자: 맞는 것 같아요.

상담자: 줄리가 그 이야기를 상세하게 해 주었는데도 믿지 않는 사람이 있었나요?

내담자: 샤론(Sharon)과 코니(Connie)에요.

상담자: 그들이 더 상처를 주는군요.

내담자: 그 애들은 최악이에요.

상담자: 도대체 그 사람들이 어떻게 했길래요?

내담자: 코니가 크레이그의 동생과 사귀고 있어요.

상담자: 의리에 관한 문제군요.

내담자: 네. 저희는 5년 정도 친구였어요. 그래서 정말 이해할 수 없어요.

상담자: 샤론은요? 왜 샤론은 줄리를 믿지 않죠?

내담자: 저도 모르겠어요.

상담자: 샤론이 뭐라고 말하던가요?

내담자: 샤론은 크레이그가 그렇게 했다는 것을 믿을 수 없대요.

상담자: 그래서 뭐라고 말했어요?

내담자: 너무 화가 나서 그냥 걸어 나와 버렸어요. 샤론의 아파트에서 말하고 있었거든요. "너는 더 이상 친구도 아니야."라고 소리 지르고 바로 걸어 나왔어요. 폭풍처럼 나왔어요. 그때 이후로 말도 하지 않아요.

상담자: 샤론이 화해하려고 애쓰지는 않던가요?

내담자: 샤론이 저에게 문자를 보내긴 했어요. 그런데 제가 자기에게 욕하고 매우 못되게 굴었다는 것을 믿을 수 없다고 문자를 보낸 거예요. 저는 답신도 안 보냈어요. 걔는 성폭행당한 제 입장은 전혀 고려하지 않고, 단지 제가 자기에게 못되게 굴었다는 것만 생각해요. 성폭행 당한 사람은 저라고요. 걔는 그런 저에 대해서는 전혀 생각하지도 않아요.

줄리는 자신과 크레이그를 알고 있는 사람들이 자신이 크레이그를 고소한 것에 대해 어떻게 반응할지를 분명하게 이해하고 있다. 줄리는 앞서 언니와의 관계에서 자신이 방어적이었다는 것을 이야기했는데, 그 방어를 다른 사람과의 관계에서도 사용하고 있다. 이를 통해 외상 후 성장으로 명명할 수 있는 변화가 개인의 전체적인 성격에 나타나는 것은 아님을 알 수 있다. 우리는 그녀의 생각이 더 유연해지고, 그녀가 다른 사람에 대한 공감 능력을 더 키우기를 기대할 수 있다. 줄리는 자신에게 상처를 준 다른 사람들에게서 자신을 보호할 능력이 있음을 보여 주고 있다.

상담자: 줄리가 성폭행 사건 이전에는 자신을 괜찮은 사람, 친절한 사람으로 생각했다고 말했지요.

내담자: 지금은 그만큼 괜찮은 사람이 아닌 것 같아요.

상담자: 줄리가 몇몇 사람에게는 더 강하게 대하는 것이 좋다고 생각하는데요.

내담자: 저도 그렇게 생각해요. 그 사람들 때문에 미칠 것 같았어요.

상담자: 그들이 줄리에게 상처를 주었기 때문이군요. 그들이 다른 여러 방법으로 크레이그를 지지할까 봐 염려하나요?

내담자: 법정에서 제 평소 성품에 관해 증언하는 것 같은 거 말이지요?

상담자: 네.

내담자: 네. 그 사람들이 뭐라고 말할지 궁금하긴 해요. "크레이그는 괜찮은 사람이에요."와 같이 말할까 봐요.

상담자: 저는 우리가 이야기하는 두 가지 범주의 사람들 외에도 또 다른 부류의 사람들이 있지 않을까 궁금해요.

내담자: 다른 범주의 사람들이요? 어떻게 생각해야 할지 모르는 사람들 같은…?

상담자: 그것도 한 가지 범주일 것 같고요. 그런 사람이 있나요?

내담자: 설문조사 같은 것은 해 보지 않아서 모르겠어요.

이 비꼬는 듯한 말투는 동반자적 전문가가 이 시점에서 줄리와의 관계의 문제에 맞닥뜨렸다는 암시일지도 모른다.

상담자: 모든 사람이 어떤 생각을 하는지를 알기 위해 애쓰면서 돌아다닐 수는 없지요. 결국 그냥 자신이 옳다고 생각하는 일만 하면 돼요.

내담자: 맞아요. 저는 사람들이 제가 하고자 하는 일을 방해하는 것을 그냥 보고 있지만은 않을 거예요.

상담자: 그것이 바로 줄리의 개인적인 힘이고 강인함이에요.

여기에서 상담자는 줄리가 상담자의 접근 방식에 기분이 상한 것 같다고 인식했기 때문에 상황이 제자리를 찾도록 노력한다. 이러한 상황에서는 치료동맹이 깨지는 것을 가능한 한 빨리 회복하는 것이 최선이다.

내담자: 강인함은 제가 이 상황을 헤쳐 나가기 위해서 지금 꼭 갖추고 있어야 할 것일 것 같아요.

상담자: 줄리는 매우 강인하면서도 동시에 이전처럼 친절하고 괜찮은 사람이 될 방법을 알아야 할 필요가 있어요.

내담자: 지금 당장 두 가지를 하는 것은 어려워요. 그래서 우선은 이 상황을 극복하기 위해서 강인해야만 해요.

상담자: 샤론이 이것에 대해 생각을 바꾸기를 바라요?

내담자: 샤론이 바꾸지 않는다면 신경 꺼야지요.

상담자: 만약 샤론이 생각을 바꾼다면요?

내담자: 그건 타이밍의 문제겠지요. 아직 잘 모르겠어요. 샤론이 언제 정신을 차리느냐에 달렸어요. 너무 늦으면 어쩔 수 없지요.

상담자는 내담자의 다양한 인간관계에서 여러 가지 가능성을 볼 수 있을지에 대해 탐색한다. 그러나 줄리는 이러한 가능성을 볼 능력이 없으므로, 지금은 그대로 둬야 할 때다.

상담자: 지금 줄리는 언니처럼 누가 자신에게 지지적인지를 잘 알고 있어요. 정말 마음을 열 수 있는 사람들, 지워 버릴 사람들, 내버려 둘 사람들을 잘 구별할 수 있지요. 이 상황을 헤쳐 나가기 위해서 필요한 힘을 모두 가지고 있으니까 지금 그 사람들 때문에 초점을 잃지 않는 것이 가장 좋아요.

이것은 미묘한 제안이다. 미래에는 줄리의 대인관계 중 일부에 변화가 있을 수도 있다. 그렇지만 지금 줄리의 초점은 자기보호다. 그 점에 대해 상담자와 내담자는 같은 생각이다. '강인함'은 줄리의 개인적인 힘이며, 앞으로 줄리가 그 가치를 제대로 평가하게 될 것이다. 줄리는 신뢰하던 사람들에게 이용당한 후에야 강인함의 가치를 알았다. 변화에는 한계가 있는데, 특히 트라우마 사건 직후에는 변화에 큰 한계가 있다. 그 점은 인정해야 한다. 외상 후 성장은 변화가 나타나기 시작할 때에야 조명될 수 있다. 상담자가 내담자에게 외상 후 성장이 나중에 전개될 수도 있다고 생각한다면, 때로는 그냥 그대로 두고 트라우마 생존자가 나중에 발견하도록 내버려 두는 게 나을 수도 있다.

이러한 예는 내담자가 인간관계에서 자기노출을 하는 것과 변화하는 것에 대해 걱정을 많이 한다는 것을 보여 준다. 특히 경찰, 상담자, 가족, 친구에게 노출할 때 걱정을 한다. 여기서 내담자는 상담을 진행하면서 자기노출에 노력을 쏟았고, 상담자에게 자신이 그를 믿고 있음을 말했다. 이는 줄리가 신뢰하는 언니의 추천이 바탕이 된 것이다. 그렇지만 상담자가 동반자적 전문가가 됨으로써 이 신뢰는 실현되었다. 줄리가 상담자와 나누는 대화에서 차츰 모습이 드러나고 있는 개인의 강점 및 관계에서의 다양한 변화를 탐색하는 것은 중요한 주제가 된다. 이 두 가지 변화가 아직도 진행 중인 것은 분명하다. 줄리는 다른 사람을 얼마나 믿어야 할지, 다른 사람들에게 얼마나 자신의 마음을 터놓아야 할지에 대해서 알게 될 것이다. 그리고 줄리는 언니와의 관계에서도 그랬듯이, 인간관계에서 위험을 무릅쓰고 자기를 노출할 때 생기는 중요한 혹은 사소한 변화들을 파악하게 된다. 또한 신뢰가 부족한 친구에게 자기노출을 하면 배신감을 느끼고 버려짐의 고통을 겪게 된다는 교훈 역시 얻게 되었다. 줄리는 어떻게 강해질 수 있는지에 대해 더 배우고 있다. 즉, '누군가 나를 잘못 판단하고, 오해하며, 실망하게 만드는 상황에서 다른 사람들의 공감과 동정을 피해야 강해지는 것일까?'에 대한 것이다. 지금 당장 내담자가 이런 것을 고려하기는 어렵기 때문에, 동반자적 전문가는 그녀가 부가적인 변화에 대한 준비가 되어 있는지를 조사한 후 아직은 내담자를 그냥 내버려 둬야 할 때임을 깨닫는다.

외상 후 성장을 위한
내러티브 도출하기

생애 내러티브가 만들어질 때 동반자적 전문가로서 상담자의 임무는 이미 일어나고 있거나 혹은 일어날 가능성이 있는 외상 후 성장을 내담자가 고려하도록 촉진하는 것이다.

외상 후 성장을 위한
내러티브 도출하기

외상 후 성장을 촉진시키는 데 매우 중요한 마지막 요소는 트라우마 경험이 통합적으로 담겨 있어서 트라우마 후의 긍정적인 변화들을 확인할 수 있는 내러티브를 도출하는 것이다. 최근 들어 더욱 주목받고 있는 내러티브와 구성주의적 상담 접근법은 치유를 돕기 위한 심리치료 관계뿐 아니라 모든 종류의 사람 간의 상호작용이 내포하는 자연스러운 이야기 만들기 방식을 사용한다 (Neimeyer, 2006a, 2006b). 내러티브를 작업하면서 내담자는 사건을 이해하는 다양한 관점이 있다는 것을 인식하기 시작한다. 이러한 관점들은 트라우마 사건과 사건 후의 부정적인 결과를 건설적인 이야기로 만드는 계기를 제시할 수 있고, 건설적인 이야기는 삶의 만족과 목적을 형성하는 기본 토대로서 내담자의 트라우마 이후의 삶에 사용될 수 있다. 외상 후 성장을 촉진시킬 때는 다섯 가지 성장 영역 가운데 적어도 한 가지 이상의 영역을 내러티브에 통합시킨다. 그리고 트라우마 생존자가 앞으로 다가올 삶의 도전거리들에 탄력성 있게 대처하는 데 도움이 될 건전한 핵심 가치들을 개발하는 것이 유용하다(Janoff-Bulman, 2006).

트라우마 생존자는 일어난 사건과 그 이후의 이야기에 초점을 맞추지만, 내러티브는 트라우마 사건 이전의 삶에도 반드시 초점을 맞추어야 한다. 외상 후 성장을 촉진시키기 위해 상담자는 내담자가 **어떤 상태로부터** 변화되었는지를 반드시 알아야 하기 때문이다. 비록 삶의 특정 부분만이 강조되기는 하지만 내러티브는 삶의 통합적인 이야기다. 즉, 분명히 우리의 관심을 끄는 삶의 한 부분은 내담자가 치료를 받기 전에 다른 주요 스트레스원으로 인해 고통받아 왔을 가능성이 있는 부분이라는 것이다. 어떤 내담자는 일평생 트라우마가 반복되는 삶을 살아 온 경우도 있으므로 일련의 사건에 초점을 맞추는 치료가 필요할 수 있다. 내러티브는 각 사건이 어떤 역할을 하여 내담자를 취약하게 하는지 또는 강하게 하는지와 같이 다양한 사건의 상호 관련성을 포함할 수 있다. 여러 사건을 자기에 대한 지각(a sense of self)을 제공할 수 있는 하나의 이야기로 연결하는 능력을 **자서전적 추론**(autobiographical reasoning; Habermas & Bluck, 2000)이라고 명명한다. 이러한 능력은 자아정체성이 형성되는 청소년기에 발달하는데, 에릭슨(Erikson, 1963)이 이와 유사한 개념을 제시했다. 최근에는 맥애덤스(McAdams)가 이러한 내러티브의 개념적 유산을 이어받아 고통에 의미를 부여하는 **속회 과정**(redemption sequences)을 통해 어떻게 부정적인 생활 사건이 성인기에 생산성을 불러일으키는 촉매제로 작용할 수 있는지를 설명했다.

내담자에게 삶을 시간 순서에 따라 묘사해 보도록 하고, 긍정적이거나 부정적인 중요 사건들을 시간대별로 표시하면서 내러티브를 개발해 보도록 독려하는 것이 유용하다. 이렇게 하면 심리치료의 첫 시작에서 내담자가 내러티브의 개괄적인 형태를 만들 수 있다. 그 후에 상담자가 내담자에게 연대표를 살펴보게 한다면, 내담자는 그동안 다양한 사건이 어떻게 의미를 지니게 되었는지 명확히 알게 될 것이다. 이 작업은 한 회기 혹은 그 이상의 회기에 걸쳐 이루어질 수 있다. 삶의 연대표를 살펴보다 보면 힘든 사건들이 삶의 방향, 정체성, 자아관, 핵심 가치들을 어떻게 전환시켰는지가 분명해진다. 그런데 이러한 사건들을 보고하는 사람이 사건이 끼친 영향을 모두 검토하지 않았을 수도 있으므로, 상담자는 이러한 변화가 내담자에게 더욱 선명해지도록 질문한다. 이러한 질문으로는 "이 사건을 경험하면서 어떤 것이 변화되었습니까?" "이 사건이 일어나지 않았다면 당신의 삶은 어떻게 달라졌겠습니까?" "이 사건 이후 당신의 삶은 어떤 방향으로 바뀌었습니까?" 등을 들 수 있다. 내담자가 이에 답할 때 상담자는 건강한 대처 방식이나 새로운 핵심 가치와 같은 외상 후 성장을 의미하는 단서들에 귀 기울여야 한다.

비극적인 사건 후에 작성하는 내러티브는 트라우마 생존자와 동반자적 전문가의 공동 작업으로 재편집된다. 생존자가 내적 관점을 통해서 자신을 되돌아보는 것이 어렵기 때문에 동반자적 전문가 관계를 통해서 내러티브를 도출하도록 도움을 줄 수 있다. 전문가는 생존자가 알아차리지 못한 사항들을 발견한다. 예를 들어, 상담자가 던질 수 있는 질문은 "이 사건이 매우 끔찍했지만, 그래도 사건을 통해 얻을 수 있는 것이 있다면 무엇입니까?" 또한 "당신이 간과한 어떤 것을 제가 발견했습니다." 이다.

이런 과정을 통해 생존자는 트라우마 사건이 자신에게 얼마나 상처가 되었고, 얼마나 자신을 파괴했으며, 그리고 트라우마 이후 얼마나 많은 것을 잃게 되었는지 등 자신이 겪은 끔찍함에 초점을 맞추기가 쉽다. 생존자는 자신이 겪은 시련을 어떻게 헤쳐 나가야 하는지, 자신이 치유될 것인지, 앞으로 얼마나 더 많은 고통을 겪어야 하는지에 대해 종종 확신이 없다. 그러므로 내러티브는 내담자가 경험하는 모든 측면을 반드시 포함해야 한다. 성장이란 부인을 통해서는 얻을 수 없고, 실존적인 질문에 직면하여 그러한 경험을 타인과 나눔으로써 얻을 수 있는 것이기 때문이다. 생존자는 전체 내러티브를 고려하면서 트라우마의 세부사항과 미묘한 차이에 대해 잘 알게 되어 트라우마 전문가가 된다. 또한 이전에는 명백하게 드러나지 않은 자신의 여러 측면을 내러티브를 통해 발견하게 된다.

내러티브를 검토하고 재편집하게 되면 그 과정에서 한 사람의 삶에 다양한 시기(era) 혹은 다양한 정체성이 존재한다는 점이 분명해진다. 일반적으로 사람들은 자신의 정체성에 또 다른 측면이 있다는 것을 인식할 때, 그리고 한 측면은 약하거나 위협받더라도 다른 측면은 여전히 건재하다는 것을 깨달을 때 트라우마를 더 잘 다스릴 수 있다(Showers & Ryff, 1996). 사람들은 다른 사람의 조언을 듣는 것보다도 스스로 자신의 길을 찾으려고 분투할 때 종종 트라우마 전문가가 된다. 예를 들어, 상실감에 젖었을 때 '잊어버리라'는 조언을 들은 사람은 비록 너무 고통스러워서 단지 잊어버리고 싶은 심정이 들지라도, 오히려 상실감을 외면하지 않는 것이 더 나은 방식임을 스스로 깨닫게 된다. 그러므로 동반자적 전문가가 해야 할 일은 그저 내담자가 자각한 것과 선택한 것에 대해 내담자 스스로 무엇이 옳았는지, 또 내담자가 지닌 힘에 대해 내담자 스스로 얼마나 신뢰할 수 있는지 인식할 수 있게 조력하면서 트라우마 생존자의 본능적인 움직임을 지지하는 것이다. 새롭게 만들어진 이야기를 통해서 내담자는 자신을 더 자기주장적이고 자신감이 넘치는 사람으로 인식할 수 있게 된다. 때때로 내담자가 자신의 경험에 담긴 긍정적인 측면을 발견할 수 있게 하는 것은 힘든 작업이기 때문에 더욱 직접적인 방법이 필요할 수도 있다. 이러한 방법으로는 일기 쓰기 혹은 파이바(Fava, 1996; Fava & Ruini, 2003)가 제시한 '웰빙치료(well-being therapy)' 기법과 유사한 셀프모니터링 과제가 있다.

때로는 생존자의 이야기에 담긴 성장에 관한 주제들이 너무 미세해서 전문가가 그것을 드러내 주어야 할 필요가 있을 수도 있다. 특히 자신이 취약하지 않다거나 강하다고 믿는 내담자일수록 더욱 그렇다. 이러한 내담자들은 사건 이전의 모습으로 되돌아가고자 하는 마음이 절박해서 취약함과 강함의 역설, 즉 사람들이 약함에 직면할 때 더욱 강해진다는 것을 이해하는 데 어려움을 겪을 수 있다. 복잡하고 힘든 항암치료를 받던 한 내담자는 자신의 남편에게 그러한 어려움을 털어놓은 것에 대해 죄책감을 느꼈다. 남편이 협조적이었음에도 자신은 늘 불평만 하는 것처럼 느껴졌기 때문이다. 상담자는 내담자가 징징거리지 않는 한 말하고 싶은 대로 말할 수 있음을 언급하면서 내담자 자신의 취약함을 드러내도록 했다. 내담자에게 모든 종류의 대화는 괜찮았지만, 피해야 할 단 한 가지는 징징거리는 것이었다. 취약함을 삶의 내러티브로 통합하는 것은 삶의 큰 위기들을 넘긴 내담자와의 상담에서 사용하는 대다수의 심리치료가 지닌 특징 중 하나다. 하지만 취약함을 인식하는 것이 어떻게 장점이 될 수 있는지를 이해하는 것은 외상 후 성장의 일부다. 큰 스트레스원을 겪은 많은 사람은 비극적인 상황을 미연에 방지하지 못했다는 이유로 스스로를 의지박약자나 실패자처럼 느낀다. 그래서 그 사건을 막을 수도 없었고, 되돌릴 수도 없었기 때문에 때로는 감정이 솟구쳐서 어떻게 앞으로 나아가야 할지 막막해한다. 그런데 이때, 예전에는 단지 약점이라고만 여겼던 참는 것, 수용하는 것, 표현하는 것 그리고 주변의 도움을 요청할 수 있는 것 등이 앞서의 모든 감정에 직면하는 과정에서 이들의 강점이 된다.

내러티브 구성주의적 접근에서는 상담자가 내담자로 하여금 정체성 형성에 영향을 준 스키마(schema)를 전환시키도록, 특히 강하다는 것의 의미를 탐색하도록 조력한다. 또한 자신이 취약하다고 여기던 사람들에게는 생존자라는 것의 의미 자체가 강함을 내포한다는 사실을 알아차릴 수 있게 돕는다. 하지만 모든 것을 강점으로 풀이하지는 않는 것이 중요하다. 취약하다는 것은 실제적인 것이며, 내담자는 트라우마를 통해 이러한 힘든 진실에 불가피하게 직면하도록 떠밀어진다. 내담자가 자신의 취약성을 직시하기 위해서 죽음에 직면하여 살아갈 수 있는 실존적 용기가 필요하다(Maddi, 2012). 이렇듯 진실을 외면하지 않은 새로운 내러티브를 통해 트라우마 생존자는 자신의 궁극적이며 불가피한 삶의 과제인 죽음을 더욱 의연하게 직면할 수 있게 된다.

다음에서 소개하는 사례에 등장하는 미첼(Mitchell)은 55세의 남성으로 1년 전에 심장 발작을 겪었다. 재활에는 성공했지만, 심장 발작 이후 찍은 뇌 스캔에서 수술이 불가능한 동맥류가 발견되었다. 이 때문에 그는 언제 어디서든지 사망에 이를 가능성이 있었다. 따라서 미첼은 혈압이 오르거나 심장박동이 빨라질 수 있는 어떠한 활동도 할 수 없게 되었다. 이렇게 미첼은 장애를 갖게 되어 간단한 잡무를 보기 위해 짧은 시간 운전하는 것을 제외하고는 대부분 집에 머물러야 했다. 10대에 접어든 자녀들과 아내는 분주한 삶을 살았지만 미첼은 그러지 못했다. 다음은 두 달 동안 심리치료를 받은 미첼과의 한 상담 회기에서 발췌한 내용이다.

상담자: 미첼씨가 할 수 있는 의미 있는 활동에는 무엇이 있는지 이제까지 계속
    이야기해 보고 있는데요. 최근에는 어떻게 지내시는지요?
내담자: 별로 좋지 않아요. 전 항상 신체적으로 활발하게 지냈죠. 헬스장에도 가
    고 농구도 하고요. 그래서 그냥 앉아만 있는 것이 익숙하지 않아요.

상담자: 새롭게 생각해 본 것이 있나요?

내담자: TV를 많이 안 보려고 노력 중인데, 잘 안 돼요. 그다지 힘들지만 않다면 텃밭도 좀 가꾸려고 노력하고 있어요. 그런데 이 모든 것이 시간을 때우는 것처럼 느껴질 뿐이에요. 진짜 사는 것은 아니죠.

상담자: 앞으로 어느 정도의 시간을 때워야 하는지는 모르시잖아요.

내담자: 끝낼 수 없을지도 모르는 일을 시작하고 싶지 않을 뿐이에요.

상담자: 최근 사는 방식이 이전의 방식과는 완전히 다르네요.

내담자: 제가 원하는 것이면 뭐든지 하곤 했어요. 열심히 일하고, 열심히 놀고. 몸 관리도 잘해서 내 실제 나이를 잊곤 했고요. 요 근래 몇 년간 삶이 조금 느려지긴 했지만, 크게 달라진 건 없어요. 순탄하게 살았어요. 아이들이 크고 우리가 정년 퇴직을 하면 여기저기 여행을 가자고 아내랑 계획도 세웠어요. 지금은 병원에 묶여 있는 것 같아요. 그냥 최소한으로 살고 있지요. 겨우 숨만 쉬는.

상담자: 움직이는 것으로 말하자면 그렇게 느낄 수 있어요. 그렇게 활발히 활동하시다가 지금처럼 시간만 보내실 때는요. 마치 1단 기어만 있는 스포츠카처럼 말이에요.

더욱 깊은 논의를 하기 위해 상담자가 세밀한 코멘트를 덧붙인다. 상담자는 내담자의 활동이 급격히 줄은 것과 살아있음을 느끼지 못하는 것을 단지 "움직이는 것으로 말하자면 그렇게 느낄 수 있어요."라고 언급하면서 내담자에게 동의한다.

내담자: 앞으로 내내 그렇게 살 거예요. 그렇게 말이에요.

상담자: 현재의 이 모습을 이전에 상상해 보신 적이 있는지 궁금하네요.

내담자: 90세가 넘어서야 이렇게 살 거라고 생각했지요.

상담자: 현재 90세처럼 느껴진다는 말씀이군요.

내담자: 아니에요. 제가 지금 90세라면 아마 몸은 느려지고 고통에 시달리거나 기억력이 감퇴했거나, 뭐 그렇겠죠. 하지만 전 그런 문제들은 없어요. 건강하지만, 언제든 죽을 수 있는 사람인걸요.

상담자: 그럴 수도 있겠지만, 앞으로 20년, 30년을 더 살 수도 있지요.

내담자: 아무도 모르는 일이죠.

상담자: 어떻게 보면 건강한 다른 사람들과 다르지 않네요.

내담자: 선생님 말씀이 어느 누구나 언제 죽을지 모른다는 걸 의미한다면요.

상담자: 맞아요. 어떤 사람은 자신이 사망률이 높은 질병을 갖고 있다는 사실조차 모르고 있을 수 있잖아요. 또 말 그대로 버스에 치일 수도 있겠죠.

내담자: 네. 하지만 전 저에게 문제가 있다는 것을 아니까요.

상담자: 그게 다르군요. 안다는 것이 전반적인 삶의 방식을 바꾸었네요.

내담자: 때때로 생각해 보면 그냥 이전의 방식대로 살까 하다가도, 또 아내와 아이들은 제가 곁에 있기를 바랄 것 같아요. 지금의 이 지경일지라도요.

상담자: 저도 가족이 그렇게 생각할 거라고 생각해요.

내담자: 그래도 다행인 것은 경제적으로 힘들지 않다는 거예요.

상담자: 이제까지 기반을 잘 닦아 놓으셨네요.

내담자: 그건 그렇고, 일 년이 흘렀지만 아직도 잘 모르겠어요. 재활치료가 끝나니 언어치료, 작업치료 등이 남았는데, 이젠 제가 알아서 해야 한다는 것을요.

상담자: 스스로 알아서 하루를 계획해야 한다는 거지요.

내담자: 아직은 계획성 있게 되어 가지는 않아요.

상담자: 하지만 앞으로의 삶에서 뭘 할 것인가를 알아내는 것도 생각해 봐야겠
　　　네요.

내담자: 바뀐 것은 확실해요.

　내담자는 낮에 무엇을 할 것인가에 관한 실제적 관심사 이상의 것에 직면하
고 있음이 분명하다. 삶에서의 대안이 많이 줄어들었기 때문에 그가 더 큰 그림
을 볼 수 있게 하는 질문은 그의 삶의 궁극적인 목적은 무엇인가다. 그는 자신
의 삶에서 일어난 극명한 변화를 통해 과거, 현재, 미래를 포함하는 생애 내러
티브를 만들 기회를 갖게 된다. 하지만 미래는 안개에 가려 알 수 없다. 생애 내
러티브가 만들어질 때 동반자적 전문가로서 상담자의 임무는 이미 일어나고 있거
나 일어날 가능성이 있는 외상 후 성장을 내담자가 고려하도록 촉진하는 것이다.

상담자: 현재 미첼 씨의 삶이 마치 무슨 '전/후' 사진들 같네요.

내담자: 맞아요. 이전 사진은 심장 발작 이전의 건강하고 활발하고 행복한 남자
　　　라면, 이후 사진은 심장 발작 이후의 저예요. 느림보.

상담자: 대개 '전/후' 사진에서 보면 '후' 쪽의 사진이 더 좋아진 쪽인데요.

내담자: 그렇죠. 아마도 잘못된 비유 같네요.

상담자: 꼭 그렇진 않아요.

내담자: 네. 꼭 그렇진 않죠. 물론 저는 일어난 일에 대해 아직 화가 나 있기는 해
　　　요. 상담에 와서 불평 비슷한 것도 하고요. 하지만 예전처럼 그렇게 부정
　　　적으로만 보진 않아요. 몇 가지는 새롭게 깨달은 것도 있으니까요.

상담자: 그 몇 가지가 무엇인지 궁금하네요.

내담자: 좀 말하기가 망설여지네요. 어떤 면에서는 더 이상 화내기 싫으니까요. 이 사실을 받아들이고 싶지 않아요. 하지만 받아들이는 중이죠. 포기하거나 양보하는 건 아니에요. 앞으로의 일을 받아들이는 것이 마치 뭔가에게 양보하는 것 같아요. 저는 인생에서 포기라는 것은 모르고 살았거든요.

상담자: 받아들이는 것이 마치 포기하는 것처럼 느껴진다는 거지요.

내담자: 이전의 삶이나 이전의 삶을 되돌릴 가능성을 포기하는 것처럼 느껴져요. 좀 바보 같긴 해요. 이미 끝난 일이니까요. 그래서 실제로 포기하는 건 아니죠. 단지 그렇게 느낀다는 거예요. 마음속에 혼란만 가득할 뿐이에요.

상담자: 받아들이기는 하지만 화가 나 있고, 어떻게 하면 포기하는 사람이 되지 않을지 알아보려고 노력하고 있고요.

내담자: 네. 일이 이것저것 많이 꼬였어요.

상담자: 받아들이는 자신의 모습을 보면 어떤 느낌이 들까요?

내담자: 이전처럼 화가 나기보다는 좀 더 차분한 느낌일 거예요. 그건 좋은 거겠죠. 곧 죽을지 모른다는 것에 화가 나서 저 자신을 죽이고 싶지는 않아요. 그건 미친 짓이겠죠.

상담자: 말도 안 되는 소리 같기는 하네요. 한편으로는 우습기도 하고요.

내담자: 네. 우습기도 하네요. 가끔 모든 일이 우스워요. 제목이 '어느 때나 죽을 수 있는 남자'인 코미디 시리즈 같기도 하고, 영화 같기도 하고요.

상담자: 확실히 새로운 삶의 방식이기는 해요. 완전히 다른 방식이죠. 마치 인간과 동물의 차이 같다고나 할까요. 인간은 언젠가는 죽는다는 자각을 하지만, 축복인지는 몰라도 동물은 그 사실을 자각하지 못하는 것 같으니까요. 미첼 씨가 깨달은 것은 완전히 다른 수준에 있어요.

내담자: 동물보다 못하다는 건가요?

상담자: 인간보다 더 나은 수준이겠죠. 어떤 의미인지 추측해 보실 수 있을까요?

내담자: 우와. 뭔가 중요한 의미 같네요. 인간보다 낫다. 내가 더 많이 자각할 수 있기 때문에. 그럼 죽음이 가까울수록 더 인간이 된다는 말 같네요.

상담자: 미첼 씨가 자신을 덜 속이거나, 삶을 어떻게 살 것인지를 생각하지 않고 하루하루 그저 쳇바퀴 돌 듯이 사는 것을 줄이면 더 인간이 된다는 말이겠지요.

내담자: 네. 이전에는 매일 정해진 일과대로 살았어요. 아무 생각 없이 일어나서 출근하고요. 이전의 제 삶이 그랬어요. 마치 영원히 살 것처럼 살았죠. 저 자신을 속였어요. 마치 세상의 시간을 다 가진 양. 현재 제 삶은 아주 달라졌어요. 일어나서, 생각해요. 오늘 뭘 해야 하지? 아직 답을 많이 얻은 건 아니지만요.

상담자: 그건 지금 당장의 일상에 대한 답이네요. 하지만 제가 이해하기론 더 심오한 질문에 대한 답을 얻어 가시는 것 같아요. 이 모든 일을 바라보는 방식에 관한 거죠. 받아들이는 것.

내담자: 이제 막 그러기 시작했어요. 제가 불안해할 때마다 하는 호흡법 있잖아요. 하루에 두 번 이상 시간을 내서 해요. 예전보다 훨씬 차분해지는 느낌이에요. 요즘은 시간에 맞춰서 뭔가를 해야 하는 것은 아니니까 천천히 움직이는데, 나쁜 것만은 아닌 것 같아요. 좀 더 차분해지고 느긋해지고 행동도 이전보다 느려졌어요. 기계적으로 바로 행동하는 것보다는 뭔가를 미리 생각하게 되었어요.

내담자는 외상 후 성장의 다섯 가지 영역 가운데 새로운 가능성에 대해 이야기하고 있는 것 같다. 이전의 가능성은 제쳐 두고, 자신에게 주어진 것들에 대처하면서 최대의 성과를 얻도록 떠밀리고 있다. 상황에 떠밀리면서 미첼은 새로운 삶의 방식의 잠재적인 장점들을 발견하고 있다.

상담자: 심장 발작이 있기 전과 비교해 보면, 하루를 보내는 새로운 방식을 개발한 거네요. 생각을 더 많이 반영해서요. 또 호흡 훈련도 하고요.

내담자: 네. 맞아요.

상담자: 들리기론 명상 같기도 하네요. 돌아다니면서 자각 명상을 하는 것이요. 삶을 산다는 것은 명상하는 것과 같아요.

내담자: 어색하게 들리는 면도 있지만 현재 제가 하는 것과 흡사하긴 해요. 하지만 무슨 소용이 있겠어요?

상담자: 소용이라니요?

내담자: 다른 사람들, 예를 들면 제 가족에게 그 모든 것이 어떤 이익을 주지요?

상담자: 요즘 가족과 함께 있을 때 미첼 씨는 어떤 모습인가요?

내담자: 글쎄요. 예전에 비하면 엄청난 변화지요. 야근도 많이 했고, 언제나 제가 야근하겠다고 했으니까요. 그래서 저녁에 집에 많이 없었고 심지어는 주말에도 집에 있기 힘들었죠. 그 점은 나아진 것 같아요. 요즘은 스트레스도 안 받고, 뭐, 바쁠 일이 없으니까요. 호흡 훈련도 하고, 불안도 진짜 줄어든 것 같아요. 죽는 생각을 하면 조금 불안해지지만, 불안을 없애는 것은 조금 더 나아진 것 같아요. 이전에 우리가 말한 것처럼 불안을 눈앞에 바로 들이대는 것보다 주변으로 흘려보내는 거죠. 그래서 요즘은 가족 곁에서 좀 더 차분해진 것 같아요. 그리고 귀 기울일 시간도 충분히 있고요. 요즘 정말 경청하는 걸 잘해요. 제가 해야 할 다른 일이 더 있을까요?

상담자: 아이들은 확실히 좋아하겠네요.

내담자: 네. 하지만 아이들은 십대라 말을 그리 많이 안 해요. 하지만 일단 말을 시작하면 제가 완전히 귀 기울여 들어요. 이게 마지막 대화라고 생각하면 정말 소중한 시간으로 보내고 싶거든요. 약간 우울한 소리 같지만, 동기 부여가 되긴 해요.

상담자: 듣기로는 죽음이 진짜 무서운 것에서 동기를 부여하는 것으로 바뀐 것 같네요. 좀 더 삶이 발전된 것 같은데요. 위험에 처한 것을 더 의식하게 된 것 같고요.

내담자: 맞아요. 요즘이 그래요. 위험에 처한 것을 알게 된 후로 완전히 새로운 삶을 살고 있어요. 하지만 남아도는 시간에 뭘 해야 할지 모르겠어요. 시간이 많아서 서두를 필요도 없고 스트레스도 안 받아서 좋지만, 어쨌든 뭔가를 해야 할 것 같아요. 이제는 시간이 정말 소중하니까요. 쓸데없이 허송세월하고 싶진 않아요.

상담자: 심장 발작 이전에는 활동적이고 야심찬, 세상의 모든 시간을 다 가진 사람처럼 행동했다는 것을 이제 알게 되었네요. 행복했지만 아무 생각이 없는.

내담자: 제 말이 그렇다니까요.

상담자: 그런데 심장 발작 이후로는 미첼 씨의 몸이 어떻게 삶을 바꿀 수 있을지를 알고 시간이 소중하다는 것을 자각하게 되었지요. 시간이 얼마 남았는지를 모르더라도 말이에요. 그래서 화 나고 초조한 것에서 수용하고 차분해지는 것으로 변화하고 있고요. 아직은 어떻게 하면 이 시간을 가장 건설적으로 사용할 수 있을지 알 수 없어요. 하지만 아마 그게 다음 단계인 듯 싶네요.

내담자: 제가 좋아하는 것을 할까 생각하고 있는데, 좀 이기적인 것 같은 생각이 들어요. 그래서 다른 사람을 어떻게 도와야 할까 생각하고 있어요.

상담자: 아이들을 돕고 계시잖아요.

내담자: 네. 더 좋은 아빠가 되기 위해서요. 제가 더는 아이들하고 공놀이를 함께 할 수는 없지만 말이에요.

상담자: 다른 사람이라면 가족 외의 사람들 말씀이신가요?

내담자: 모르겠어요. 식구가 워낙 많아서요.

상담자: 아내 분 이야기는 한 번도 안 하셨네요.

내담자: 아, 아내가 퇴근할 때에 맞춰서 제가 저녁을 준비해 놔요. 제가 마트에서 장도 봐 오고 집 청소도 하죠. 아내가 좋아해요. 이런 방식이 훨씬 아내에게도 좋은 것 같아요. 아내도 아내가 있으면 좋겠나 봐요.

상담자: 미첼 씨에게는요?

내담자: 전 아내를 기쁘게 하는 게 좋아요. 가장 흥미로운 일은 아니지만요.

상담자: 미첼 씨가 말한대로 느림보는 아닌 듯하네요.

내담자: 아니죠. 하지만 제 말은 이전과 비교한다면 말이에요. 잔디를 깎거나 집 밖에서 하는 일은 안 해요. 아들 녀석이 요새는 저 대신 그 일을 해요.

상담자: 제가 정리를 해 보죠. 미첼 씨는 더 이상 아무 생각 없이 허겁지겁 움직이는 것이 아니라 자신의 삶을 더 들여다보게 되었어요. 가족과 더 많은 시간을 보내게 되었고요. 시간을 잘 사용하는 것의 중요성을 알게 되었고, 생각 없이 TV 같은 것에 몰입하기보다는 다른 사람을 위해 뭔가를 하고 싶어 하기도 하고요. 다른 사람이 되었어요. 여전히 진행형이긴 하지만요. 그다음에는 뭐가 있을까 궁금하군요.

상담자의 마지막 언급은 내담자의 말을 인용하여 외상 후 성장의 여러 측면을 요약하고 있다. 상담자는 내담자가 신체적인 변화에 대처해야 하기 때문에 성장했다는 것을 드러내 놓고 이야기하지는 않지만, 분명히 내담자의 성장을 은연중에 암시하고 있다. 상담자는 외상 후 성장이 현재의 이야기에 포함되어 있다는 것을 증명하거나 외상 후 성장의 다섯 가지 영역을 언급할 필요가 없다. 반면에 내담자가 스스로 묘사한 내용 가운데 구체적인 사항을 반영하여 언급한다. 또한 상담자는 다음에는 어떤 일이 일어날 것인지를 언급함으로써 이야기의 그다음 내용에 대한 관심을 불러일으킨다. 자신의 죽음을 자주 생각하는 남자에게 다음 이야기에 대한 언급을 하는 것은 용기를 북돋아 주는 것일 수 있다. 상담자가 내담자를 미래가 있는 사람으로 간주하는 것이다.

내담자: 네. 제가 그렇게 썩 나쁘게 사는 것 같지는 않네요.

상담자: 그럼요. 특히 대부분의 사람이 흔들릴 수 있는 그런 상황에서 말이에요. 미첼 씨가 제가 언급한 변화들, 긍정적인 변화들을 이미 인지하고 계셨는지 모르겠네요. 함께 이야기해 볼 만한 가치가 있는 것들이지요.

내담자: 아니에요. 한 번도 그런 식으로 엮어서 생각해 본 적은 없어요.

상담자: 미첼 씨가 큰 변화를 겪었음에도 옛날의 미첼 씨가 어디로 간 것은 아니라고 생각해요.

내담자: 네. 제가 완전히 딴 사람이 된 것은 아니니까요.

상담자: 변하지 않은 부분은 무엇인가요?

내담자: 전 항상 낙천적이었거든요. 여전히 그렇고요. 불안도 많이 누그러졌어요. 전 재미있는 걸 좋아해요. 여전히 그래요. 예전처럼 놀 수 있는 것은 아니지만요. 아주 단순한 사람이기도 하고요. 조그만 일에도 금방 행복

해지지요.

상담자: 이 상황에서는 그 모든 것이 유용할 것 같네요. 낙천적이고 행복하며 많은 것에 집착하지 않는다. 현재 일어나고 있는 일에 딱 맞네요.

내담자: 네. 여전히 저는 저지만, 뭐랄까, 제2의 제 자신이에요. 어떤 면에서는 예전보다 좋아졌어요. 지금처럼 오랫동안 살기를 바라요. 상황이 완전히 안 좋은 것도 아니에요. 오히려 삶이 더 쉬워진 면도 있죠.

내담자 스스로 긍정적인 변화들을 볼 수 있게 되고 그 변화들을 알아차리게 될 때 더 목적이 있고 의미가 있는 삶의 흔적을 찾아볼 수 있다.

상담자: 죽음에 대해 생각할 때 시간이 얼마나 남아 있는지 궁금하다고 하셨는데, 그럴 때마다 불안감이 드시겠어요.

내담자: 하지만 그런 생각을 떨치는 데 점점 익숙해지고 있어요. 그런 생각과 전쟁을 벌이는 대신에요. 그거 하나는 잘 배운 것 같아요.

상담자: 좋습니다. 배운 것을 적용하신다니 기쁩니다. 연습할수록 더 쉬워지실 거예요.

여기서 내담자는 사람들을 초조하게 하는 싸움과 이리저리 반추하는 생각을 떨쳐 내는 마음챙김 훈련에 대해 언급하고 있다. 앞서 정서 조절에 대한 논의에서 살펴본 것과 같이, 여기서는 호흡 훈련과 더불어 심란한 생각을 직접 대면하기보다 주변으로 떨쳐 버리는 마음챙김 훈련을 통해 불안을 다스릴 수 있게 되었다는 점이 중요하다.

내담자: 정말로 제 삶을 소중하게 여기고 있어요. 뜰에 나가서 풍경을 감상하고, 예전에는 그냥 지나쳤던 것들을 이젠 자세히 살펴봐요. 관찰력이 좀 더 있어졌다고 할까. 마트에 갈 때도 시간을 갖고 천천히 둘러봐요. 사람들도, 물건들도요.

상담자: 마트의 모든 것을 음미하면서요.

내담자: 말도 안 된다는 걸 알아요. 그래도 요즘 제가 그래요. 음미할 것이 참 많아요.

상담자: 이전에는 그렇게 할 시간을 만들지 않으셨잖아요.

내담자: 지금은 시간이 많아요.

상담자: 직장을 그만두셨으니까요. 하지만 달리 생각해 보면 시간이 많은 것 같지 않다고 느끼시잖아요.

내담자: 네. 정말 말이 안 되죠. 시간이 얼마 없기 때문에 시간이 많은 것처럼 느껴진다니요. 생각해 보면 일을 안 하니까 좋은 것은 확실해요.

상담자: 은퇴하신 것 같네요.

내담자: 좀 더 빨리 은퇴한 셈이죠. 62세에 은퇴할 계획이었어요. 7년 빨리 한 셈이죠.

상담자: 은퇴했다고 생각하니까 어떤 느낌이 드세요?

내담자: 그다지 나쁘지는 않네요.

상담자: 55세에 은퇴해도 경제적으로 어려움이 없다고 한다면 55세에 은퇴하셨을 것 같으세요?

내담자: 네. 그래요. 그러고 보니 조기 퇴직 같기도 하네요. 이제 알겠어요. 문제는 제가 하려고 기대했던 일을 할 수 없게 된 거예요.

상담자: 그 점은 안 좋은 점이네요.

내담자: 물론 죽음과 관련해서요.

상담자: 그렇지요.

내담자: 하지만 말씀하신대로 시간이 많을 수도 있어요.

상담자: 시간이 많이 남아 있기를 바라시나요, 아니면 조금 남아있기를 바라시나요?

내담자: 흠… 이제까지 남은 시간이 짧다고 생각했는데, 길 수도 있겠죠. 아마.

상담자: 우리가 지금 이야기한 것처럼 짧을 수도, 길 수도 있을 거예요. 짧게 남았다고 생각한다면 주변을 음미할 것이고, 길게 남았다고 생각한다면 더 많은 것에 투자하거나 새로운 일을 시작해 보는 것의 가치를 깨닫겠지요.

내담자: 어떻게 한꺼번에 두 가지를 할 수 있죠?

상담자: 두 가지를 동시에 생각하는 것이죠. 물론 연습이 필요합니다. 착시를 일으키는 사진들 보신 적 있으시죠? 이렇게 보면 이렇게 보이고 저렇게 보면 저렇게 보이는.

내담자: 네. 그와 비슷하겠네요. 동시에 존재하지만 한꺼번에 보는 것은 실제로 좀 어려운.

상담자: 이전에는 이런 생각을 해 보신 적이 없으시죠. 그렇죠?

내담자: 한 번도 없어요. 되새겨 보니 꽤 그럴듯한 이야기네요. 흥미로운 부분이에요. 대부분의 사람과는 많이 다른.

상담자: 어떤 면에서 미첼 씨는 꽤 독창적인 삶을 살고 계세요.

내담자: 그 부분은 제가 인정해야겠네요.

상담자: 어떤 부분은 인정하고 넘어가야겠지요.

내담자: 알 것 같아요.

이 내담자는 자신의 이야기에 담긴 흥미로움과 가치를 인정하기 시작했다.

초반에 그는 자신에게 일어난 변화가 타인에게 무슨 유익이 있을까 하는 것을 궁금해했다. 변화된 삶의 가치를 내담자가 인식한다고 했을 때, 지금은 이러한 질문을 탐색할 수 있는 또 다른 기회다.

상담자: 미첼 씨에게 일어난 변화들이 다른 사람에게 어떤 가치가 있을지 확실하지 않다고 전에 언급하셨죠. 즉, 아이들과 아내 분에게 어떻게 더 잘 대해 줄까에 대해 이야기했는데요. 이보다 큰 가치가 있는지 궁금해요. 다른 사람에게도 이것은 충분한 가치가 될 것 같은데요. 이제는 마치 세상의 모든 시간을 다 가진 양 행동하지 않고 다른 관점에서 삶을 바라보게 되었지요. 가치 있는 일 같아요. 가족도 그렇게 생각할 것 같고요.

내담자: 가족은 제가 그렇게 바뀌었다고 생각할지도 몰라요.

상담자: 그렇게 생각하세요?

내담자: 우리끼리는 속 이야기를 별로 하지 않거든요.

상담자: 어찌 됐든 가족도 그렇게 여길지 몰라요.

내담자: 아마도요. 잘 모르겠어요.

상담자: 미첼 씨가 가족에게 이런 이야기를 한번 해 보는 건 어떠신가요?

내담자: 아마 가족은 아빠가 이상해진 건 아닌가 하겠죠.

상담자: 아니면 무슨 말씀인가 하고 귀담아 들을 수도 있죠.

내담자: 그럼 제가 무슨 말을 해야 하나요?

이 부분이 동반자적 전문가 관계가 중요해지는 매우 위태로운 영역이다. 상담자는 이와 같은 상황에서 어떤 말을 해야 하는지를 내담자에게 말하는 데 주의를 기울여야 한다. 상담자는 내담자를 존중하면서 내담자 스스로 자신의 방식과 목소리를 찾도록 조력해야 한다. 그렇게 하면서 내담자는 고대 설화에 등장하는 영웅처럼 모험을 해 볼 수 있다. 수많은 역경과 싸운 후에 영웅은 고향에 돌아와 자신이 새롭게 찾은 삶의 방식을 고향 사람들과 나눈다. 이러한 새로운 삶의 방식은 앞으로 다가올 더 많은 어려움을 헤쳐 나가는 데 도움이 되는 핵심 신념들과 통합되어야 한다. 하지만 대부분의 트라우마 생존자가 자신의 삶에 담긴 그러한 영웅적인 측면을 인식하기 어려우므로 동반자적 전문가 관계를 통해서 내담자가 자신의 영웅적인 측면(Birkett, 2011)을 재인식하도록 조력할 수 있다.

상담자: 구체적으로 말하기는 어렵군요. 하지만 이미 미첼 씨가 저에게 아주 중요한 이야기를 하셨어요.

내담자: 제 생각이나 제 경험에 대해 많은 것을 이야기한 것 같지는 않은데요.

상담자: 아마 가족이 이러한 이야기를 나누는 것에 흥미는 있지만 이야기를 꺼내는 것에 대해서는 걱정할 수도 있겠네요.

내담자: 그래서 제가 가족을 모아 놓고 이야기를 꺼내야 한다, 이 말씀이신가요?

내담자의 말이 약간 냉소적인 듯 들리는데, 자신에게 일어난 변화나 자신이 겪는 일들을 가족에게 노출하는 것을 편안하게 느끼지 않는다는 것은 확실하다. 그러므로 내담자와 이러한 주제를 다룰 때 상담자는 주의 깊게 접근해야 하며, 이러한 과정에서 동반자적 전문가로서의 역할을 명심해야 한다.

상담자: 가족에게는 선물을 주는 셈이지 않을까 싶어요. 삶과 죽음에 대해 미첼 씨가 경험하는 것들을 통해서 미첼 씨 혼자만 간직할 필요가 없는 새로

운 관점을 부여하는 것이겠죠. 이제는 그런 새로운 관점들을 소중한 것으로 여기기 시작하셨잖아요. 삶을 좀 더 신중히 한 걸음 떨어져서 잘 관찰하고 음미할 수 있도록 거리를 두고 사는 것들 말이에요. 음악을 들을 때도 더 집중하면서 듣고요. 제 생각에 미첼 씨는 마음이 매우 후하신 분인 것 같아요. 이런 선물들을 혼자만 갖지 않고 나누고 싶어 하실 것 같다는 거예요.

내담자: 아내가 아이들에게 늘 선물을 사 주죠.

상담자: 다른 종류의 선물인 거지요.

내담자: 그렇죠.

내담자가 꺼낼 선물의 개념과 씨름하는 대신에, 상담자는 내담자가 죽음에 초점을 맞추고 있음을 고려해서 그가 자신이 남길 정신적 유산에 대해 생각해 보았을 수도 있다고 추측했다. 이는 미국의 중년층에게서 흔히 찾아볼 수 있는 관심사로, 이와 같이 '속회적 자기(redemptive self)'를 찾는 것은 일상의 행동이 의미 있는 삶의 이야기로 통합되는 통로를 제공한다(McAdams, 2012).

상담자: 다른 사람에게 어떻게 기억될지에 대해 생각해 본 적이 있나요?

내담자: 네. 죽음에 대해 생각할 때마다 생각나는 것 중의 하나지요.

상담자: 어떤 생각이었나요?

내담자: 물론 다른 사람들이 저를 잊지 않았으면 해요. 제가 세상을 떠났을 때 저에 대해 다른 사람들이 어떤 말을 할 것인지에 대해 조금 생각해 봤어요.

상담자: 미첼 씨에게는 중요한 부분이군요.

내담자: 중요하게 생각해요.

내담자는 다른 사람들이 자신의 존재를 통해 얻는 것이 있음을 암시하면서 자신이 다른 사람들에게 기억되는 것을 중요하게 여긴다고 말한다. 이는 내담자에게 중요한 것이니 탐색하기에 유용하다. 하지만 이를 탐색하면서 유산을 남기는 데 초점을 맞추기보다 현재 어떻게 살기를 원하는지와 관련한 결단을 내릴 수 있도록 조력한다. 유산은 현재를 잘 산 대가로 얻게 되는 것이다. 여기에서의 초점은 증상을 완화시키거나 해소시키는 데 있지 않고, 이전보다 삶에 만족하고 삶의 목적을 가질 수 있게 현재의 삶을 건설하도록 조력하는 데 있다. 삶의 의미를 갖는 것과 관련하여 트라우마 생존자들이 견디는 시련은 단지 견뎌야 하는 고통인 것만이 아니라 의미 있는 무언가가 될 수도 있다. 트라우마 이후의 삶을 이끌어 주는 목적들을 통해 생존자들은 다른 잠재적인 스트레스와 트라우마 역시 견딜 수 있게 된다. 그들은 그러한 어려움에 직면했을 때 충분한 도움이 될 수 없는 기존 신념들을 대신해 자신을 지탱해 줄 새로운 핵심 신념들을 구성하면서 심리적 탄력성을 계발하게 된다. 그러면 그들이 살아 있는 동안 그리고 세상을 떠난 이후에도 그들의 삶은 다른 사람의 삶에 모범이 될 수 있다.

상담자: 사람들이 어떤 이야기를 할까요?

내담자: 재미있고, 열심히 일하고, 부당한 취급을 받을 때도 불평하지 않는 사람이었다라고요.

상담자: 좋아요. 미첼 씨가 이제까지 살아 온 삶을 망라하는 표현인 것 같네요. 나머지는 없나요? 그냥 사람들이 불평하지 않는 사람으로만 기억하면 될까요?

내담자: 그보다는 더 있지요.

상담자: 미첼 씨가 이야기한 걸로만 봐서는요.

내담자: 말로 표현하기가 힘드네요.

주요 스트레스원을 겪고 있는 많은 내담자 중 자신의 핵심 신념이 무엇인지 정확하게 표현해 본 경험이 있는 사람은 아마 없을 것이다. 삶에 대한 기본 철학은 삶과 죽음을 내포하는 사건들이 생기고, 또 겪은 후에야 알 수 있게 된다. 동반자적 전문가는 인내심을 갖고 내담자가 그것을 밖으로 표현해 볼 수 있도록 조력해야 하나, 이때 내담자의 신념이 단순히 진부하거나 무의미한 상투어로 그치지 않게 해야 한다.

상담자: 우리가 이 문제를 해결할 방법이 있을지 봅시다. 삶에 바람직하고 좋은 것이면서 미첼 씨에게도 상식적인 선에서 이해가 되는 것들로요.
내담자: 바람직한 것 같은 느낌은 있지만 그것을 어떻게 말로 표현해야 할지 모르겠어요. 어떤 것은 이미 내가 알던 것인데 지금에 와서 더 잘 알게 된 것인 것도 같고요. 뭔지 모르겠어요. 하지만 확실히 알긴 해요.

내담자의 이 표현은 트라우마 후유증에 대한 핵심 신념들을 경험하는 데 차이가 있다는 점을 드러낸다. 즉, 강한 정서적 요소를 담고 있을 수 있으나 단지 지적으로는 통합하지 못한다. 내담자가 자신의 신념을 어떻게 묘사하고자 노력하는지 그리고 동반자적 전문가가 어떻게 조력하는지 살펴보라.

상담자: 마음속 깊은 곳에서는 아는 것처럼 말이죠.
내담자: 어떤 것에 대해 단지 듣기만 하는 것과 그것에 대해 생각하고 확신하는 것은 차이가 있어요.

상담자: 신념대로 사는 것 말이죠.

내담자: 그렇죠. 신념대로 사는 것. 제가 항상 생각해 온 것처럼 대부분의 사람이 그렇듯 일보다 가족을 우선시해야겠죠. 지금 제가 그렇게 하고 있어요.

상담자: 만약 지금도 일할 수 있다면요? 어떤 사람은 이렇게 말하겠죠. "이전처 럼 일할 수 있다면 미첼 씨는 어떨까? 그래도 분명히 가족을 우선시할 거 라고 믿어."라고.

여기서 내담자가 이러한 핵심 신념을 얼마나 신봉하는지 가볍게 시험해 본다. 내담자는 자신의 신념에 확신이 있고 삶의 결정들도 기꺼이 그것에 근거해서 내릴 것임을 말하고 있다. 이와 같은 시험은 매우 심각한 사건을 경험한 생존자의 외상 후 성장에 관한 연구들에서 나타난 일부 연구자의 불신을 반영한다(Gunty, Frazier, Tennen, Tomich, Tashiro, & Park, 2010; Hobfoll, Hall, Canetti-Nisim, Galea, Johnson, & Palmieri, 2007). 트라우마 생존자들이 자신의 생각이나 새로운 관점을 얼마만큼이나 영속적이면서도 눈에 띄는 변화로 전환시킬 수 있을까? 상담자로서 우리는 그러한 변화가 있기를 바라기 때문에 내담자의 확고한 결의의 구체적인 부분들을 논의하는 것이 좋다.

내담자: 현재 제 모습을 알기 때문에 야근을 하거나 뭐 그런, 예전처럼 일하지는 않을 거예요. 남들 하는 것처럼 하려고 할 것 같아요. 휴가도 낼 거고요. 저는 거의 매년 휴가를 다 쓰지 못했어요. 못 쓴 휴가가 다음 해로 넘어가는 건 아니기 때문에 며칠씩 손해 본 셈이죠. 어떤 때는 일주일 혹은 이주일 정도요! 지금 생각해 보면 바보짓 같지만, 예전에는 은행에 잔고를 가능한 한 많이 쌓아 두는 것이 더 좋다고 생각했어요.

상담자: 이제는 그게 더 이상 중요하지 않다고 생각하시나 보죠? 지금 돈이 궁하지는 않으시죠?

내담자: 그래도 시간을 많이 잃었잖아요.

상담자: 시간과 돈 모두 예산에 맞춰 잘 써야 하지요. 그렇지 않나요?

내담자: 두 가지 모두 무한대로 있는 건 아니니까요.

상담자: 그렇죠. 하지만 대부분의 사람은 돈에만 예산을 세우지, 시간에는 예산을 세우지 않아요.

내담자: 제가 이전에 말씀드린대로, 시간은 제게 소중해요. 그래서 낭비하고 싶지 않아요. 시간의 잔고가 얼마나 있는지 모르겠어요.

상담자: 정말 알고 싶은 것이 또 있나요? 미첼 씨가 살면서 중요하게 생각하는?

내담자: 저번에 말씀드렸다시피, 제 주변 사람들과의 관계요. 요새는 사람들과 시간을 많이 보내요. 그것도 시간에 관련된 거네요. 그렇죠?

상담자: 저번에는 아이들의 이야기에 귀를 기울인다고 그러셨죠.

내담자: 네. 그런데 꼭 아이들뿐만 아니라 다른 사람들의 이야기에도 귀를 기울여요. 가게나 이런저런 데서 만나는 사람들이요. 내 볼일만 보고 바로 나가는 것이 아니라 그 사람들과 대화를 나누죠. 생각해 보니 마치 제가 남들 시간 다 빼앗아서 수다 떨다가 일을 망쳐 사람들 신경 돋우는 노인네 같네요. 예전에 가게에서 그런 사람들을 만나면 내 일이 바쁘기 때문에 그냥 신경 쓰지 않고 지나쳐 버리려고 했던 게 기억나네요. 이제 제가 그런 사람 중 한 명이 되어 버렸어요.

상담자: 은퇴해서, 느긋하고, 시간만 많은.

내담자: 네. 하지만 이런 사소한 일이 중요하다는 생각이 들어요.

상담자: 지금은 더 나이 든 사람 같다는 거죠?

내담자: 아마도요.

상담자: 미첼 씨가 처한 상황이 노인분들이 처한 상황과 비슷하다는 거지요?

내담자: 네. 그래도 신체는 예전처럼 잘 움직여요. 심장만 빼고는.

상담자: 가능한 한 많이 저축하려고 하던 중년 남성에서 남은 세월을 음미하려고 하는 노인으로 관점이 바뀌었네요.

내담자: 지금 상황이 그렇네요.

상담자는 이와 같은 대화에 개입되었을 때, 내담자가 표현하고자 하는 것과 관련이 있는 다양한 개념을 상기해 보는 것이 유용하다. 여기에서 에릭슨(Erikson, 1963)이 제시한 인생 후기에 나타나는 지혜와 실존적 주제(Frankl, 1963)의 일부분을 찾을 수 있다. 멕켈런과 코완(McQuellon & Cowan, 2010)이 묘사한 인간의 유한함(mortal time)에 대한 첨예한 인식으로서의 유한한 시간에 대한 논의는 삶이 위협받을 때 가장 풍부하게 이루어진다.

상담자: 제 생각에 이러한 관점들이 미첼 씨의 삶 전반에 영향을 주는 것 같아요.

내담자: 뭐가 정말 중요한지 확실히 배웠으니까요.

상담자: 여전히 뭔가를 배우고 있는 것 같으세요?

내담자: 그런 것 같아요. 왜냐하면 요새는 이런 것들에 대해 생각을 많이 하거든요.

상담자: 저는 다른 것이 궁금한데요. 미첼 씨 자신에 대한 관점 말이에요. 최근에 많은 경험을 하셨잖아요.

내담자: 나이 든 노인네들처럼요?

상담자: 아니요. 미첼 씨가 자신이 갖고 있는 힘이 이런 일을 헤쳐 나갈 만큼 강하다고 스스로 인정하는가에 대해 생각해 봤어요.

내담자: 예전에 사람들이 제게 말한 적이 있어요. 재활병원에 있을 때요. 이런 일을 이겨 내다니 얼마나 강하냐고요. 그렇지만 다른 도리가 없었죠. 포기할 순 없잖아요?

상담자: 포기하는 분은 아니잖아요.

내담자: 맞아요. 계속 밀고 나가는 수밖에요.

상담자: 자살하지는 않겠노라 결심했다고 말씀하셨죠.

내담자: 살아남겠다고 결심했으면 그러려고 노력해야죠. 그게 뭐 특별한 힘이 필요하겠어요? 남들도 다 그럴 텐데.

내담자가 말한 내용은 트라우마 생존자들과 상담하다 보면 자주 듣는 말 중의 하나다. 생존자 중 다수는 다른 사람들이 강하다고 생각하는 것에 대해 그저 필요해서 한 것뿐이라고 생각한다. 이런 관점을 지닌 트라우마 생존자는 효과적인 대처 방식과 심리적 탄력성을 지니고 있지만, 자신 안에 있는 힘을 더 인정한다면 더 많은 유익을 얻을 수 있다.

상담자: 이 모든 일이 일어나기 전의 자신보다 현재의 자신이 더 강해졌다고 생각하지는 않는군요.

내담자: 어느 정도는요. 지금까지도 어려운 문제이고, 여전히 그래요. 다른 종류의 힘이겠죠. 어떤 면에서는 더 강해졌겠네요. 좀 이상한 종류의 힘이겠죠.

상담자: 미첼 씨는 자신이 지닌 문제들과 취약점들을 단지 얼렁뚱땅 넘겨 버리는 분은 아닌 것 같아요.

내담자: 맞아요. 어떻게 살 것인지 주의 깊게 알아내야 해요. 이전에는 모든 일을 불도저처럼 밀고 나가곤 했어요.

상담자: 이제 신체적으로 어느 정도 제한이 있으니까 조심하셔야겠지만, 조심하시는 걸 보니 죽을지도 모르는 가능성에 아주 훌륭하게 맞서고 계시는 것 같아요. 불안에도 성공적으로 대처하시고, 우울해하지도 않으시잖아요. 침대에 누워 울거나 잊어버리기 위해 술을 마시거나, 일반적으로 사람들이 하는 그런 일들은 하지 않으시는 것 같고요. 자살에 대해 생각해 봤다고 말씀하셨지만 그리 심각하게 고려한 것은 아닌 것 같아요.

내담자: 제가 그런 사람은 아니에요. 뭘 하든지 행동하는 스타일이지 굴복하는 스타일은 아니에요.

상담자: 이만큼 잘 대처하고 계신 게 놀랄 일은 아니네요.

내담자: 때로는 제가 그다지 잘 대처하고 있다고 생각하지 않았어요. 공황 상태가 될 때는요.

상담자: 지금은 어떠세요?

내담자: 지금은 제가 하는 일에 매우 만족해요. 확신하건대 이러한 상황에서 대부분의 사람이 겁에 질리겠지만, 전 아이들에게 아빠가 괜찮다는 걸 보여 주고 싶어요. 전 건재하고 괜찮아요.

내담자와의 이러한 논의는 어느 정도 내담자가 묘사한 것처럼 외상 후 성장의 '개인적인 힘'에 관한 것을 두드러지게 보여 준다. 상담자는 이 개인적인 힘에 대한 가능성을 탐색하고 내담자가 자신의 방식으로 정의하도록 내버려 둔다. 하지만 아직 내담자는 외상 후 성장의 다른 영역들, 예를 들면 '새로운 가능성'과 '영적 변화'를 경험했다는 암시는 하지 않았다. 상담자는 이러한 변화들을 단도직입적이지만 친절하게 탐색한다.

상담자: 이제까지 우리는 미첼 씨가 겪은 일들을 통해 삶을 살아가는 태도가 어떻게 달라졌는지에 대해 이야기했어요. 미첼 씨는 더 이상 일을 빨리빨리 하지 않게 되었고, 자신에게 일어나는 경험을 관찰하며 음미하게 되었지요. 또 우리는 미첼 씨가 다른 사람들과의 관계에 더 많이 신경 쓰게 된 것과 강하다는 것의 의미를 이전과는 다르게 재정의하게 된 것에 대해 함께 이야기했지요. 그리고 제 생각에 미첼 씨는 이전과는 다른 방식으로 자신의 시간을 사용하고 있어요. 다른 것에 더 초점을 맞추면서요. 이를테면 텃밭 가꾸는 것 같은 일들 말이에요.

내담자: 아직도 텃밭일은 잘 못해서 실습만 하고 있어요. 예전에는 그냥 넘겼던 일들을 하고 있지요. 좀 바보스럽게 들릴지는 몰라도, 점점 재미있어요. 어렸을 때 우표 수집을 진짜 좋아했거든요. 아빠랑 같이 했죠. 그때 만든 우표 수집첩을 다락방에서 찾았는데 상태가 좋더라고요. 그래서 살펴보다가 우표를 인터넷에서 찾아봤어요. 즐거운 추억을 되찾고, 공부하고, 새로운 것을 배우는 게 즐거워요. 그래서 조금씩 뭔가를 시작하고 있지요.

상담자: 좋은 일이에요. 이런저런 좋은 일이 다 포함되어 있네요. 추억, 배우는 것, 즐거움 등 말이에요.

내담자: 우표를 좀 더 모아 볼까 생각 중이에요. 새로운 투자를 해야 하는지 확실치 않지만, 뭐 그리 비싼 것도 아니니까요.

상담자: 일단 한번 시도해 보고 나중에 결정해도 되지 않을까요. 하지만 이런 지적인 활동은 좋은 일일 것 같아요.

여기에서 '새로운 가능성'은 그리 두드러지지 않을 수 있지만, 동반자적 전문가는 내담자가 자신의 방식으로 이러한 가능성을 찾을 수 있다는 것을 신뢰하면서 내담자가 가능성을 탐색하도록 부드럽게 격려한다. 만약 상담자가 내담자와 공감적인 치료동맹을 형성하지 못했다면 이러한 상담자와 내담자 간의 상호작용은 가능하지 않거나 바람직하지 않을 것이다. 치료동맹은 전문가와 내담자 간의 상호존중 관계를 포함할 뿐 아니라 기나긴 여정을 함께하는 두 사람의 동등한 관계까지도 포함한다.

상담자: 삶과 죽음의 상황을 헤쳐 나가야 하는 것이 미첼 씨에게 어떤 영적이거나 종교적인 문제를 고려해야겠다는 생각을 하게 만들지는 않는지 궁금하군요.

내담자: 죽음과 그 방법에 대해 더 많이 생각해요. 죽는지도 모를 만큼 갑작스럽게 그 일이 일어날 수도 있고, 아님 힘들게 죽을 수도 있죠. 뭐, 앞으로 봐야 알겠죠. 하지만 대개는 그냥 마음에서 지워 버리려고 노력해요. 저는 이제까지 종교를 가진 적이 없어요. 제 생각에 죽음과 종교는 어느 면에서는 서로 짝꿍 같기는 한데, 천국이니 뭐니 이런 건 잘 모르겠어요. 천국 비슷한 뭐 그런 것을 믿긴 하지만, 완전히 믿는 것은 아니에요. '천국 아니면 말고' 정도지요. 불안해지니까 그런 것에 별로 신경 쓰지 않는 편이에요. 제게 필요한 건 불안이 아니니까요. 현재 일어나는 일에 초점을 맞춰 보면 당면 과제를 해결해야 한다는 것뿐이에요. 천국 뭐 이런 것은 제가 할 수 있는 것은 아니니까요. 천국이 있든 없든요.

상담자: 이제까지 미첼 씨가 생각해 온 것과 그리 많이 다르지 않군요.

내담자: 다르지 않아요. 그런 면에서는 생각이 바뀌지 않았어요. 제게 주어진 일을 해결할 뿐이지 제가 모르는 일에 대해서까지 신경 쓰지는 않아요.

내담자의 경험은 외상 후 성장의 특정한 측면을 반영하고 있다. 만약 내담자가 외상 후 성장 척도(PTGI; Tedeschi & Calhoun, 1996)를 작성한다면, '삶에 대한 감사(appreciation of life)' '타인과 관계 맺기(relating to others)' 영역에서 매우 높은 점수를, '개인적인 힘' 영역에서 중간 정도의 점수를, '새로운 가능성'과 '영적 변화' 영역에서 낮은 점수를 얻을 가능성이 있다. 외상 후 성장이 전혀 나타나지 않을 가능성을 포함해서 각 내담자가 서로 다른 외상 후 성장 패턴을 보일 가능성이 있음을 상담자가 기억하는 것이 중요하다. 또한 상담자가 기억할 것은 내담자가 현재 여기에서 내담자 자신에게 실제로 일어나는 일에 초점을 맞추도록 하는 것이다. 비록 종단적 연구(Dekel, Ein-Dor, & Solomon, 2012; Schroevers, Helgeson, Sandernnan, & Ranchor, 2010; Wolchik, Coxe, Tein, Sandler, & Ayers, 2009)가 많이 이루어지지는 않았지만, 외상 후 성장은 시간이 지남에 따라 변할 수 있다.

> 상담자: 미첼 씨가 경험하는 변화는 계속 진행형이지요. 현재의 상황 자체는 대부분 부정적이지만 미첼 씨는 지금까지 자신이 긍정적인 변화를 경험하신 것에 대해서만큼은 분명하게 아시는 것 같아요. 상황에서 자신을 분리하는 것은 매우 중요합니다. 대개는 상황이 훨씬 부정적이기 때문이지요.
> 내담자: 휴가든 은퇴든 뭐라고 부르든지 간에 시간이 생긴 건 좋은 것 같아요.

스트레스 상황과 그 상황에 대한 한 개인의 경험 및 자세를 구분하는 것은 외상 후 성장을 경험하는 트라우마 생존자에게 매우 중요하다. 미첼의 상황이 남들보다 나은 상황은 아니다. 하지만 인간으로서 그가 매우 긍정적이라는 점에서는 아마 다를 수 있다. 상담자는 트라우마 생존자가 삶의 긍정적이고 부정적인 측면을 모두 인식할 수 있도록 조력하는 것이 유용하다. 상담자는 생존자의 상실 경험과 비극적인 상황에 대해서 비현실적으로 낙천적이게 될 것을 요구해서는 안된다. 동반자적 전문가는 내담자의 삶의 쓰디쓴 부분을 공감적으로 인식해야 한다. 사람들은 보통 고통 속에 있는 사람은 고통만 느낀다고 생각한다. 하지만 동반자적 전문가는 내담자가 고통과 그 고통을 통해 얻을 수 있는 성장의 가능성을 모두 수용할 수 있도록 조력해야 한다.

상담자: 그렇죠. 하지만 미첼 씨가 전반적으로 나아졌다는 점에는 동의하시겠어요?

내담자: 그래요. 점점 더요. 상황에 더 익숙해졌고 이제는 그렇게 불안하지 않아요. 이전과 이후를 모두 볼 수도 있게 됐고요. 말씀하신 것처럼 전체 이야기를 다 볼 수 있어요.

상담자: 미첼 씨, 삶이 놀라우신 것 같아요.

내담자: 그런 것 같아요. 비록 다른 사람들이 제 것과 그들의 삶을 바꾸고 싶어 할지는 의문이지만 어떤 사람은 바꾸려고 할 수도 있을 것 같아요.

상담자: 이 모든 상황이 가상의 게임 같은 것이어서 다른 사람의 삶에 대해서는 전혀 모른 채 그들의 삶과 미첼 씨의 삶을 바꿀 수 있다면 바꾸시겠어요?

내담자: 글쎄, 잘 모르겠어요. 상담 시작 전에는 아마 그러고 싶다고 했을 것 같아요. 그런데 지금은 모르겠어요. 제 삶을 그대로 유지할 것 같아요. 정말 허를 찌르는 질문 같아요. 그런 식으로도 생각할 수 있겠네요. 와….

상담자: 미첼 씨 자신의 삶을 어떻게 살 것인지를 알아 가고 있기 때문이지 않을까요?

내담자: 제 삶을 최대한 잘 살아 보기 위해서는 어쩔 수 없죠. 남은 삶이 그리 긴 것은 아닐지라도 저에게 주어진 것들을 최대한 활용해 보려고 해요.

이렇게 말함으로써 내담자는 외상 후 성장을 인정하고, 외상 후 성장이 현재 진행 중인 삶의 내러티브에 어떻게 포함될 수 있는지를 인식한다. 내담자는 어떻게 살 것인지에 관한 관점, 즉 자신의 현재 삶을 소중히 여길 수 있도록 도움을 주는 관점을 지니고 있다. 내담자가 이러한 관점과 그 관점을 구성하는 핵심 신념들을 때때로 언어로 표현하는 것에 대해 힘들어할 수도 있지만, 내담자는 스스로 어떤 것이 옳은 것인지와 관련하여 본능적이고 직관적인 감각을 지니고 있다. 트라우마 이후의 극복 과정에 대한 영웅담은 자신이 충실히 산 삶을 정서적·인지적으로 이해할 수 있게 이끌 가능성이 크며, 이렇듯 극단적인 정서적 경험을 통해 얻은 교훈은 쉽게 사라지지 않는다.

8장

실존적·종교적 그리고 영적 성장

　생애 내러티브가 만들어질 때 동반자적 전문가로서 상담자의 임무는 이미 일어나고 있거나 혹은 일어날 가능성이 있는 외상 후 성장을 내담자가 고려하도록 촉진하는 것이다.

8장

실존적·종교적 그리고
영적 성장

　최근 종교와 영성이 심리적인 기능과 어떤 관련성을 지니는가에 대한 학문적 관심이 지대하다. 하지만 이 두 개념의 의미에 대해서는 명확한 합일점을 찾지 못하고 있다. 우리가 이 용어를 사용할 때 의미상 중복되는 부분도 있지만, 서로 구별하여 사용하는 의미의 차이 역시 존재한다. 종교는 기독교의 유일신 (God) 혹은 유사한 초월적 존재에 대한 구조화된 '신념, 가치 그리고 실천 방식'(Mahrer, 1996, p. 435)이 합해진 체계를 가리킨다. '종교적'이라는 것은 유일신 혹은 그와 유사한 신적 존재에 대한 믿음을 포함하나 반드시 특정 종교 집단에 소속되는 것을 의미하지는 않는다. 반면에, 영성은 더 추상적인 신념과 경험을 가리키는 말로 최근에는 초월성이 있는 어떤 것 혹은 최소한 자기를 초월하는 실존적 상태와 공통적으로 연결되는 주관적인 경험을 내포하는 경향이 있다 (Hill & Pargament, 2008).

어떤 면에서 전형적인 상담자와 평균적인 시민은 서로 같은 종교적 문화를 공유하지 않는다. 특히 미국에서는 더욱 그러하다. 대부분의 미국인은 기독교의 유일신을 믿고, 자신을 종교적이라고 말한다. 그렇지만 심리치료 분야의 유명한 인물들, 예를 들어 지그문트 프로이트(Sigmund Freud)와 앨버트 앨리스(Albert Ellis) 등은 종교와 종교적 신념에 대해 상당히 부정적인 견해를 보였다. 한 설문 조사에 따르면, 정신건강 종사자들은 종교 생활의 모든 측면, 즉 종교적 신념, 종교 집회 출석 여부 그리고 종교 의식 실천에서 종교적일 가능성이 더 적었다. 미국의 심리학자들을 대상으로 한 설문 결과를 살펴보면, 심리학자의 32%가 기독교의 유일신을 믿는 것으로 나타났다(Delaney, Miller, & Bisono, 2007). 이는 90% 이상이 기독교의 유일신을 믿는다는 일반 대중의 경우(Gallup, 2011. 6. 3.)와는 큰 차이가 있는 결과다. 더욱이 정신건강 종사자들은 한때 기독교의 유일신을 믿었지만 더 이상은 믿지 않는다고 보고하는 경향성이 높고 이 역시 일반 대중과는 거리가 있다(Delaney, et al., 2007). 더불어 종교적인 상담자가 종교와 영성에 관한 설문조사에 응답할 가능성이 더 크다는 점(Shafranske & Malony, 1990)을 감안하면 실제로는 상담자의 견해와 그들의 내담자가 될 일반 사람의 견해의 차이가 매우 큼을 알 수 있다.

종교에 대한 상담자와 일반 대중의 이러한 큰 격차에도 불구하고, 내담자의 영적 그리고 종교적 신념에 대해 상담자는 수용적인 견해를 보이는 경향이 있다. 북미 지역의 심리학자 상당수는 삶의 영적 차원이 중요하다고 보고했고, 연구자와 상담자들 사이에서 종교와 영성에 관한 관심은 지난 20년 동안 증가했다(Hill & Pargament, 2008). 이러한 우호적인 입장은 외상 후 성장이 다양한 영역, 즉 영성, 종교 그리고 실존에 대한 신념과 경험 같은 영역에서 나타나기 때문에 바람직하다. 이 장에서는 샤니샤(Shanneesha)의 사례를 제시한 후에 트라우마 이후의 실존에 관한 문제, 트라우마 이후의 영성과 종교 그리고 심리치료에서의 외상 후 성장과 영성에 대해 살펴보고자 한다. 마지막 부분에서는 내담자의 종교와 영성에 관한 기본 가정들을 다루는 다양한 상담 접근법에 대해 간단히 논의할 것이다.

샤니샤

샤니샤는 마케팅을 전공하는 22세의 대학교 4학년생으로, 과거에 결혼을 약속한 사람이 있었다. 대학교 2학년 때 샤니샤의 친구인 셰리(Sherry)가 사고로 사망했다. 비록 친구의 죽음은 슬펐지만 그녀는 잘 견뎌 내었다. 3학년 때는 드숀(Deshawn)과 약혼했는데, 그와 3년 동안 교제하면서 스포츠, 영화, 연극, 음악 등의 취미가 같고 특히 핵심 가치관이 같다는 것을 알게 되었다. 두 사람 모두 초교파(denominational) 교회의 독실한 신자였으며, 종교적인 신념이 자신들의 삶의 중요한 나침반이라고 여겼다. 두 사람은 직업면에서 어느 정도 안정을 찾고 싶었기 때문에 결혼하고 2~3년 후에나 아이를 갖기로 했고, 양육은 분담하기로 계획을 세웠다. 두 사람의 장래도 밝아서 샤니샤는 친구에게 "우리의 미래는 너무 밝아서 햇빛가리개를 쓰고 다녀야 해."라는 옛날 노래의 한 소절을 농담 삼아 인용하기도 했다.

4학년이 되어 1학기의 어느 날, 샤니샤와 드숀은 유명 리조트 지역으로 갓 이사한 친구의 집에 주말 동안 방문한 후 돌아오고 있었다. 드숀이 운전하는 중에 차가 균형을 잃고 길가의 언덕으로 굴러 거대한 참나무를 들이받았다. 드숀은 그 자리에서 사망했고 샤니샤는 중상을 입었다. 몇 주 후에 샤니샤는 상담자에게 다음과 같이 말했다. "눈 앞이 흐릿했지만 주변을 살펴보니 드숀이 죽어 있는 거예요. 알아보지도 못할 정도였어요."

샤니샤는 심각한 외상후스트레스장애, 우울 증상으로 상담을 시작했지만, 그녀의 핵심적인 질문은 간단했다. "왜 하나님이 저와 드숀에게 이런 일이 일어나게 하셨을까요? 심지어 전 이 일을 실제로 우리에게 일어나게 한 장본인이 하나님은 아닐까 의심이 가요." 샤니샤에 따르면 사고가 발생하기 전 두 사람이 공유한 것은,

> 서로 성경에 바탕을 둔 단순한 믿음이었어요. 하나님은 의인을 형통하게 하고 보호해 주실 거라는 믿음이요. 하나님의 말씀에 따라 살려고 하는 사람들 말이에요. 우리는 올바르게 살려고 노력했고, 믿음이 있었어요. 그런데 지금의 저를 보세요. 이전에는 모든 일이 다 이해가 되고 내 삶의 목적도 분명했지요. 믿음으로 사는 것, 기독교인으로서 사는 것, 예수님을 따르며 사는 것. 그런데 이렇게 된 이상 그게 무슨 의미가 있지요? 이젠 모든 게 뒤죽박죽이에요. 내 삶은 커다란 검은 구덩이처럼 텅 비었어요.

상담 초기에 샤니샤는 상담자의 눈을 똑바로 쳐다보며 물었다. "하나님이 나와 드숀 같이 믿음으로 사는 자녀들에게 이런 일들이 벌어지게 하는데 하나님이 선하고 사랑이 많은 분이라고 제가 더 이상 어떻게 믿을 수 있겠어요?"

트라우마 직후의 실존적 문제

실존주의에서는 인간이 불멸적인 존재가 아니며, 삶의 의미와 목적에 대한 핵심 신념이 우리 모두에게 중요하다고 주장한다. 핵심적인 실존적 문제는 다음과 같은 요소를 포함한다. 즉, '우리의 삶은 유한하여 반드시 죽음을 직면해야 한다.' '어떻게 죽음을 직면할 것인가가 어떻게 살 것인가에 영향을 끼친다.' '삶의 의미와 목적을 찾는 것이 각 개인의 책임이며, 삶의 의미와 목적을 발견하는 것이 각 개인에게 매우 중요하다'는 것이다(Frankl, 1963; Yalom, 1980, 2009). 우리는 이제까지 트라우마를 극복하고 있는 내담자들이 종종 이러한 주제에 관해 질문을 던지는 것을 보아 왔다.

내담자가 도움을 청하게 하는 많은 상황을 통해 인간이 유한한 존재임을 직접적으로 상기할 수 있다. 샤니샤의 비극적인 상황이 그렇다. 실존주의자의 관점에서 보면 유한한 존재로서의 인간의 위치가 심리적인 문제를 야기하는 직접적인 원동력이 될 수 있다(Yalom, 1980, 2009). 그렇지 않다 하더라도, 자신이 갖고 있는 문제들이 자신의 유한함 혹은 자신이 사랑하는 사람의 유한함을 깨닫게 할 때 내담자들은 상담 중에 실존적 질문들을 던진다.

실존에 관한 핵심 질문들에 대한 대답은 사람마다 다르겠지만, 대부분의 사람은 이러한 질문의 답을 어느 정도 알고 있다. 혹시 그렇지 않다 하더라도 비극적인 상황이나 상실을 겪게 되면 그러한 질문에 대한 답을 찾으려고 당연히 노력하게 된다. 내담자가 지닌 삶에 대한 예측성과 통제 가능성 같은 경험적인 신념과 달리, 실존적 가정에 대해 직접적인 경험적 반증(disconfirmation)을 하는 것은 쉽지 않다. 샤니샤는 약혼자를 빼앗아 간 사고를 통해 세상은 예측할 수 없음을 알게 되지만, 그 사건이 곧 삶은 아무 의미도 없음을 직접적으로 보여주는 것은 아니다. 이와 같은 경험적 반증을 하지 않음으로써 내담자는 영적이며 종교적인 가정을 통해 세상에 대한 기본 가정에 맞추어 비극적 상황과 상실을 이해할 수 있게 된다. 그럼에도 샤니샤의 경험에서 알 수 있듯이, 비극적 상황이 발생할 때 중요한 실존적 가정들조차 질문에 대한 답을 제시하지는 못한다.

실존적 관점의 또 다른 중요한 가정은 각 개인은 우주에서 혼자이고 각 개인은 '자신의 삶을 창조'할 책임과 '자신의 운명'에 대한 책임이 있다는 점이다(Yalom, 1980, p. 218). 삶의 위기에 직면한 많은 사람은 타인과 동떨어져 있는 느낌을 받는다. 사회적 지지에 관한 연구에 따르면 타인과의 정서적 연결은 트라우마 사건을 경험하고 있는 사람들에게 심리적인 도움이 될 수 있다(Yuval & Adams, 2011). 하지만 실존적 관점은 인간이 궁극적으로 홀로임에 대한 관심이 위기에 직면한 사람들에게 심리적인 짐을 더 얹는 것일 수 있음을 상담자에게 상기시켜 준다. 달리 말하면, 인간이 홀로임을 인정하고 수용하는 것이야말로 삶의 철학을 긍정적으로 크게 변화시킬 기회를 얻게 만들 수 있다는 것이다.

실존주의 전통에서 강조하는 또 다른 점은 삶의 목적과 의미에 대한 추구의 중요성이다. '내 삶의 목적은 무엇인가?'는 실존주의의 틀에서 인간이 던지는 가장 중요한 질문으로 간주된다. 특히 트라우마 사건을 경험하는 사람들에게는 필수적인 질문일 수 있다(Frankl, 1963). 내담자들은 이처럼 포괄적인 형태로 질문을 던지지는 않지만, 이 질문의 특정한 측면은 상담에서 드러날 수 있다. 왜 이 일이 일어났을까? 왜 내게 이 일이 일어났을까? 이 일이 일어난 의미는 무엇일까? 우리의 외상 후 성장 모델의 관점에서 이러한 질문들을 살펴보면, 이 질문들은 자신의 핵심 신념이 도전받고 있으며 자신에게 일어난 일과의 만족스러운 수준의 화해 방법을 찾지 못한 사람들이 경험하는 심리적 불편감을 반영하고 있다. 내담자가 발생한 일의 원인, 이유, 더 큰 의미에 대한 질문을 직접적으로 다루도록 돕는 것은 미래에 일어날 또 다른 스트레스원들을 이겨 나갈 힘을 주는 것이자 세상에 대한 더 만족스러운 가정을 계발할 기회를 제공하는 것인 셈이 된다(Janoff-Bulman, 2006).

샤니샤는 보편적인 실존적 질문들과 씨름하고 있다. 그녀의 핵심 신념은 자신이 믿는 종교와 관련이 있으며, 트라우마 이전에는 그것이 실존적 질문들에 대한 만족스러운 답을 제공해 주었다. 하지만 이제는 더 이상 그녀의 신념이 그러한 답을 제공하지 못하고 있으므로, 치료의 초점 중 일부는 그녀의 삶의 목적과 삶을 사는 방법에 대한 그녀 자신의 신념이 어떠해야 하는지를 재건하는 여정에 동참하는 것에 맞춰진다.

실존적 질문을 던지는 샤니샤와 같은 내담자와 상담할 때는 내담자가 변증법적 사고(dialectical thinking)라고 불리는 작업에 참여하는 방법을 배우도록 조력함으로써 내담자와 상담자에게 일어난 사건에 대한 대안적인 사고방식을 제공할 수 있다. "변증법적 사고는 상반되는 것들을 인정하고 효과적으로 다루는 능력이다."(Daloz, Keen, Keen, & Parks, 1996, p. 120) 고통에 직면하는 것은 사람들이 분명히 상반되는 것들에 대한 불편한 감정을 덜 갖게 하고 이러한 상반되는 것들을 사용하는 능력을 향상시킨다(Erbes, 2004). 예를 들어, 사람들은 트라우마 사건 때문에 제한점뿐만 아니라 가능성도 새롭게 생겼음을 알 필요가 있다. 즉, 사람은 누구나 어떤 면에서는 제한을 받게 되지만 다른 어떤 면에서는 더 많은 가능성을 얻게 되며, 잃는 것도 있지만 얻는 것도 있게 된다. 이렇듯 상반되는 것들과 더불어 함께 살아가는 삶에 대해 요약한 기도문이 기독교 신학자인 라인홀트 니부어(Reinhold Niebuhr)가 쓴 '평온의 기도(Serenity Prayer)'로, 현재 널리 인용되고 있다. "제가 바꿀 수 있는 것을 바꿀 힘을 허락하시고, 제가 바꿀 수 없는 것을 수용할 수 있는 평온함을 허락하시며, 이 둘을 구별할 수 있는 지혜를 허락하시옵소서." 어떤 사람은 트라우마를 경험할 때 새로운 사고방식을 통해서 잃어버린 것을 수용해야 함을 역설적으로 보게 되고, 새롭게 얻게 된 무언가가 있을지도 모른다는 가능성을 인정하게 된다. 이것이 바로 외상 후 성장의 필수적인 경험 내용이다.

트라우마 사건은 실존적 문제를 일으킨다. 또한 미래에 경험할 또 다른 삶의 도전거리에 더욱 탄력적이 될 수 있도록 핵심 신념을 개정할 가능성을 제시하기도 한다. 심리치료를 받는 많은 내담자의 세계관에는 영적 혹은 종교적 요소가 포함되어 있다. 다음 절에서 삶의 이러한 차원에 대해서도 다루겠지만, 무종교자 혹은 무신론자인 내담자들에게, 혹은 종교적이거나 영적인 관련 용어로 논의될 수 없는 실존적 문제를 다루는 의미론적(semantic) 접근이 적절한 대안일 수 있는 내담자들에게 이러한 논의는 보편적인 틀로서 도움이 될 것이다.

트라우마 이후의 영성과 종교

상담자가 종교 혹은 영성에 대해서 꼭 알아야만 하는 것은 무엇인가

간단하게 답하자면, 되도록 많은 것을 알아야 한다. 특히 미국이나 남미 그리고 아프리카와 같이 내담자가 상담 시 종교적 문제를 꺼낼 가능성이 큰 지역에서 일하는 상담자는 더욱 그렇다. 전형적인 임상 훈련 프로그램은 내담자가 제기하는 영적 혹은 종교적 문제에 많은 관심을 두지 않기 때문에, 많은 상담자는 내담자가 꺼내는 종교적 문제를 다루는 역량 면에서 자신감을 갖지 못한다 (Crook-Lyon, O' Grady, Smith, Jense, Golightly, & Potkar, 2011. 12. 5.). 자신이 경험하는 트라우마 상황에서 영적인 문제가 중요하다고 생각하는 내담자를 둔 상담자는 이러한 영역에 관한 많은 지식을 갖출 필요가 있다. 심리치료에서 이러한 문제를 편안하고 적절하게 다루기 위해 상담자는 비록 자신이 종교적이지 않거나 영적이지 않더라도 내담자의 종교적이고 영적인 체계에 대해 공부해야 한다.

모든 것을 아는 사람은 없기 때문에 어떠한 상담자라도 모든 내담자의 문화적 그리고 영적 전통에 관해 심리치료에 필요한 수준만큼 미리 익숙해질 수는 없다. 그러므로 동반자적 전문가는 특정한 전통에 대한 자신의 무지함과 경험 부족을 방어하려고 하지 말고 전통과 관련하여 내담자에게 중요한 신념, 경험, 행동을 알려 달라고 요청해야 한다. 자, 이제 동반자적 전문가이고자 노력하는 상담자가 샤니샤의 어려움을 어떻게 다루는지 살펴보자.

내담자: 이 모든 상황을 겪으면서 제가 자란 환경에 대한 궁금증이 생겼어요. 전 항상 부모님의 생각을 존중하고 싶었기 때문에 부모님의 신념이 제 신념이 되었지요. 하지만 이제 와서 생각해 보면 부모님의 신념은 부모님의 신념일 뿐 제 신념은 아니에요. 이젠 뭘 믿어야 할지 모르겠어요.

상담자: 최근까지는 그런 신념들에 불편함이 없으셨잖아요.

내담자: 물론이지요. 대학에 갔을 때 약간 의심이 들긴 했지만요. 하지만 그때 뿐이었어요. 금방 없어졌지요.

상담자: 그 사건 이후로는 더 많은 궁금증이 생겼겠네요.

내담자: 맞아요. 어떤 것들은 저한테 더 이상 맞지 않는 것 같아요. 부모님께 이런 이야기를 드렸더니 마음의 문을 닫으시는 것 같아서 한동안 다시 꺼내지는 않았어요.

상담자: 아마 그때가 부모님의 신념이 내 신념과 다를 수도 있겠다고 여기기 시

작한 시점이겠네요.

내담자: 네. 그 사건 이후 많은 것이 저를 흔들기 시작했어요. 드숀에게 생긴 일 때문에 하나님을 향한 의심을 왜 품기 시작했는지 부모님은 전혀 이해하지 못하셨지요. 그땐 정말 혼란스러웠어요. 여전히 혼란스럽긴 마찬가지예요.

상담자: 부모님에게서 어떤 가르침을 받았는지 제가 더 잘 이해할 수 있게 도와주세요.

내담자: 글쎄요. 전 홈스쿨링을 했는데 매일 성경 시간이 있었어요. 그래서 성경 말씀을 정말 잘 알게 되었지요. 하도 많이 배워서 성경 곳곳을 다 꿰고 있을 정도예요. 저와 부모님은 말씀을 해석하는 것이 아니라 쓰인 그대로 믿어요. 우리는 해석을 믿지 않아요. 누군가가 성경을 해석하는 것을 들으면 부모님은 화를 내세요. 말씀은 절대 해석하는 것이 아니라고 하시죠. 그냥 읽기만 해! 어쨌든 우리는 구세주로 예수 그리스도를 믿고, 언젠가 우리를 들어 올려서 구원하시겠지만, 많은 사람이 구원받지는 못할 거예요.

저희 부모님은 제가 대학에 가는 것에 반대하셨지만 저는 대학에 입학했어요. 신학 대학에서 마케팅 관련 학위를 받지는 못했어요. 그래서 이렇게 되었나 봐요. 어쨌든 대학에 가긴 했고, 그곳에서 만난 몇몇 사람을 정말 좋아했어요. 하지만 그들은 제가 믿는 것들을 믿지 않았고, 그중 한 명은 심지어 유대인이기까지 했어요! 정말 그 사람들이 좋아서 어떻게 하나님이 심판의 날에 이들을 구원하지 않으실 수 있을까 생각하기 시작했어요. 제가 좋아하는 사람들이 구원받지 못하면 정말 슬픈 일일 것 같아요. 제 주변에는 항상 저처럼 착한 기독교인이 늘 있었어요. 기독교인이 아닌 다른 사람을 좋아하게 될 거라고는 한 번도 생각한 적이 없었어요. 기독교인이 아닌 사람은 부도덕할 거라고 생각했지만, 그렇지 않았어요. 셰리는 세상에서 제일 착한 아이였는데 사고로 죽었어요. 전 생각했지요. 어떻게 셰리가 죽게 되었을까? 하나님은 셰리처럼 착한 아이를 원하지 않으신다는 거야? 그러다가 그녀가 천주교 신자만 되었어도 죽지 않았을 거라고 생각하기 시작했어요. 이전에는 이런 생각도 전혀 못 했을 거예요. 하지만 드숀이 사고를 당해 죽었을 때 정말 끔찍했어요. 제가 이전에 말씀드린 대로 우리는 항상 믿음 안에서 보호받는다고 믿었거든요. 하나님은 믿는 자들을 하나로 묶어 주신다고 믿었지요. 드숀은 이제 하나님과 함께 있겠지만, 하나님은 왜 우리를 떼어 놓으셨을까요? 우리는 하나님의 뜻을 따르는 부부가 되었을 거예요. 그럴 생각이었어요. 우리 두 사람이. 하나님의 군사로서요. 우리 관계에는 성령님이 함께하셨어요! 그런데 지금은 뭐예요? 하나님의 뜻을 분별하려고 하지만, 어떻게 이게 하나님의 뜻이 될 수 있겠어요? 드숀이 없이는 너무 슬프고 외롭고, 어떻게 살아야 할지 모르겠어요. 어떻게 그이 없이 살겠어요?

상담자: 그리고 하나님의 뜻을 모른 채 어떻게 사시겠어요?

샤니샤는 보다시피 다양한 상실을 경험하고 있다. 약혼자인 드숀을 잃었다. 그를 잃었을 때 두 사람이 함께 약속한 삶의 계획 또한 사라졌다. 더불어 믿는 자를 보호하고 선한 것만 주시는 하나님의 역할에 대한 핵심적인 신념이 뒤흔들렸다. 친구인 셰리가 죽었을 때 샤니샤는 자신의 믿음을 의심하긴 했다. 하지만 그녀의 눈에 셰리는 진정한 신자가 아니었다. 그래서 착한 셰리가 그런 일을 당했을까 하는 의문이 들었다. 셰리의 비극적인 상황은 샤니샤가 믿는 종교에 대한 셰리의 믿음의 부족으로 인한 것일 수도 있다. 하지만 드숀은 믿음이 신실했기 때문에 그의 죽음은 너무나 큰 도전거리였다. 샤니샤가 처한 딜레마를 다루도록 조력하는 상담자는 샤니샤의 신념을 잘 이해해야 한다. 마음의 문을 열고 그녀의 신념에 대해 배우려고 할 때 상담자는 더 효과적인 동반자적 전문가가 될 것이다.

상담자: 물론 저는 당신의 가정과 같은 종교적 전통 속에서 자라지 않았어요. 그래서 좀 더 함께 이야기해 보는 게 좋을 것 같아요.

내담자: 성경 말씀에 대해서는 많은 것을 말해 줄 수 있어요.

상담자: 이제까지 당신이 믿는 것이 무엇인지 잘 설명해 주었어요. 부모님 같은 믿음을 갖고 있는 사람만이 구원받을 것이라는 가르침을 받았는데, 도덕적이면서도 친절한 다른 사람들을 만나게 된 거지요. 그런 사람들이 구원받지 못할 것이라는 생각이 들면서 마음이 편하지 않게 된 거고요.

내담자: 맞아요.

상담자: 특히 셰리가 세상을 떠났을 때는 더욱 그랬겠지요.

내담자: 맞아요. 셰리가 세상을 떠나기 전에는 제가 이런 생각을 하지 않았죠.

상담자: 셰리에 대해 부모님은 뭐라고 하실 것 같아요?

내담자: 지옥에 있을 거라고요.

상담자: 그 점이 마음에 걸리시는군요.

내담자: 정말 화가 났어요. 그런 생각이 들자 눈물이 났어요. 전 셰리가 예수님과 함께 있었으면 좋겠어요.

상담자: 친구가 예수님과 함께 있을 방법이 아무것도 없을까요?

내담자: 부모님 말씀대로라면 그래요.

상담자: 친구를 위해 기도하실 것 같은데요.

내담자: 네. 기도해요. 기도가 응답되면 좋겠어요.

상담자: 기도를 하면 이뤄진다고 믿으세요?

내담자: 그럼요.

상담자: 부모님은 뭐라고 하세요?

내담자: 친구를 천국에 보내 달라고 기도할 수는 없대요. 그건 하나님만이 결정할 일이니까요.

상담자: 이런 문제들은 참 해결하기 어려운 문제네요. 그렇지 않나요? 드숀이 세상을 떠나고는 하나님의 뜻이 무엇인지 이해하기가 더 어려워졌군요. 당신과 드숀은 셰리와는 달리 믿는 사람들이었잖아요. 제 말이 맞나요?

내담자: 왜 제게 이런 모든 일이 힘든지 이해가 안 돼요. 예전의 흔들리지 않는 믿음을 가졌던 때로 되돌아가고 싶어요. 마치 하나님을 믿지 않는 사람처럼 되어 가는 것 같아요. 셰리의 일도 불행했지만, 이젠 저 자신이 걱정돼요.

상담자: 제가 보기에 샤니샤는 하나님을 간절히 알고 싶어 하고, 삶을 하나님의 뜻대로 살려면 어떻게 해야 하는지 이해하고 싶어 하는 것 같아요. 그 점이 많은 것을 설명하지요. 상관도 없다면 이렇게 힘들지는 않았겠지요. 하지만 분명히 당신에게는 중요한 일인 것 같아요. 하나님을 아는 것이 당신의 삶에서 중요한 관심사이고, 아마도 하나님은 자신을 더욱 알고 싶어 하는 당신을 보시고 매우 기뻐하실 거예요. 제가 목사는 아니지만, 제 생각은 그래요.

앞의 대화를 통해 적어도 두 가지 사실을 알 수 있다. 첫째, 상담자는 자신의 무지에 대해 솔직했고, 동반자로서의 역할에 충실하게 자신이 더 잘 이해할 수 있도록 내담자에게 도움을 요청했다. 둘째, 상담자는 자신이 특정 종교에 대해 잘 알지 못하는 점을 인정하면서 내담자를 여전히 지지할 수 있었고, 전문가적 지식이 없음에도 지속적으로 지지를 제공할 수 있었다.

상담자가 친숙하지 않은 종교에 대한 정보를 얻을 수 있는 부가적이면서도 손쉬운 방법은 지역의 해당 종교 단체 지도자에게서, 혹은 내담자가 속한 종교 단체에서 어느 정도의 조언을 얻는 것이다. 우리는 여러 종교 단체의 지도자들이 자신의 종교를 상담자가 더 잘 이해할 수 있도록 기꺼이 상담자에게 도움을 준다는 것을 깨달았다. 하지만 기억해야 할 중요한 사실은 같은 이름을 사용하는 종교 단체 안에서도 매우 다양한 경험과 관점이 존재한다는 것이다. 예를 들어, 미국에서는 장로교 내에 11개의 분파가 있으며, 한 분파 안에서도 종교적 · 윤리적 문제에 대한 견해가 상이하다. 가령, 여자가 목사로 임명될 수 있는지, 동성애자가 지도자의 위치에 설 수 있는지 등이 여기에 해당한다. 우리가 3장에서 강조한 것과 같이 한 개인을 그가 속한 집단의 일원으로만 이해하는 것보다, 그 개인의 내담자 경험의 고유성과 사회문화적 환경의 맥락에서 이해하는 것이 중요하다.

상담자가 내담자의 영성에 대해서 무엇을 알아야 하는가

영적인 그리고 종교적인 문화가 매우 다른 내담자를 조력할 충분한 역량을 상담자가 지니고 있는지 결정하는 방법은 다소 모호할 수 있다. 그러나 잘 모를 것이라는 편견으로 상담자가 스스로를 폄하해서는 안된다. 또한 상담자가 내담자와 공고한 치료 관계를 성공적으로 수립했다면, 상담자는 내담자의 영성에 대해 충분한 지식이 없다는 이유로 내담자를 포기해서는 안 된다. 비록 상담자가 자신과 매우 다른 사회적·종교적·문화적 배경 맥락 안에서 내담자가 겪고 있는 어려움을 배우고 이해하기 위해 내담자의 도움을 받아야 할지라도, 공고한 관계를 수립한 동반자적 전문가라면 삶의 큰 위기들을 극복해 가고 있는 내담자에게 큰 힘이 될 수 있다. 동반자적 전문가는 배울 준비가 되어 있고, 그러한 자발성은 내담자와의 신뢰 및 상호 존중 관계를 형성하는 데 도움이 될 것이다.

어떤 상황에서는 상담자가 내담자의 종교 혹은 영성에 관해 체계적으로 평가하기를 원할 수 있다. 큰 어려움에 대처할 때 영성과 종교를 학문적으로 평가하는 데는 심리 척도가 필수적이다. 하지만 우리의 경험으로 볼 때 대부분의 내담자에게 양적 척도가 반드시 필요하지는 않다. 상담자가 선택하는 평가의 양식이 임상적인 것이든 측정식이든 간에, 내담자가 보고하는 종교적 혹은 영적인 주제들에 항상 귀 기울여야만 한다.

이러한 문제들을 다루는 데는 상당한 기술이 필요하다. 하지만 상담자가 내담자에게 영적인 문제가 중요할 수도 있다는 어느 정도의 신호를 감지했을 때는 직접적인 질문이 바람직할 수 있다. "스스로 생각할 때 자신이 얼마만큼 종교적 혹은 영적인 사람이라고 생각하시나요?" "이제까지 경험한 일들을 통해 영적 혹은 종교적인 문제에 대해 얼마만큼 생각하게 되었나요?" 이런 탐색 질문들이 유용할 수 있다. 우리는 첫 회기 때는 상담자가 영적인 문제에 초점을 맞춘 이러한 평가를 하지 않도록 권장한다. 대신에 영적인 문제와 관련되는 신호 및 내담자의 영적 혹은 종교적 관점에 대해 더 많은 것을 알아낼 기회를 잘 감지하는 것이 중요하다는 점을 제안한다. 만약 내담자가 외상 후 성장을 경험하고 있을 가능성을 열어 놓고자 한다면, 상담자는 이러한 영역에 대한 내담자의 관점과 경험을 잘 알고 있어야 한다는 것이 매우 중요하다.

앞의 사례에서는 샤니샤의 세계관에 포함된 종교적 그리고 영적 요소들이 심각한 도전을 받고 있고, 어떤 면에서는 그녀 스스로 더 이상 그러한 요소들을 타당하지 않게 여기고 있다. 그녀는 이 부분에 대해 자신이 경험하고 있는 어려움을 잘 표현하고 있다. 많은 내담자는 자신의 영적 영역에서의 인지적 불일치에 대해 명확하게 인식하지 못한다. 상담자들은 트라우마를 경험한 직후에 내담자의 영적 신념이 흔들리고, 부서지고, 이미 변화하였음을 암시하는 신호에 귀 기울이는 것이 현명하다. 많은 영적 가정이 일상적인 경험으로 쉽게 무너지지는 않지만, 트라우마 사건을 겪은 많은 사람은 자신이 지닌 중요한 철학적 가정들이 어느 정도 흔들리는 것을 경험한다. 내담자가 이전에 지녔던 영적 신념이 무엇인지 그리고 어떤 중요한 가정이 여전히 내담자의 마음속에서 떠나지 않는지를 잘 이해하는 것이야말로 상담 시 등장하는 영적 문제들을 다루는 데 유용하다.

영성은 트라우마를 겪은 이후에 도움이 될 수 있다

많은 내담자에게 영성 혹은 종교는 별 상관이 없을 수 있지만, 일상의 삶에서 종교가 매우 중요한 부분을 차지하는 지역에 거주하는 상당수의 사람은 심리치료를 받을 때 종교적 관심사를 꺼내 놓을 가능성이 크다. 매우 힘든 상황에 처한 사람들에게 종교와 영성이 도움을 주는 방식은 다양하다.

종교 집단에 소속되어 있는 사람들에게는 위기에 처했을 때 소속 공동체가 유용한 자원이 될 수 있다(Green & Elliott, 2010; Pargament, 1997). 종교 공동체는 정서적 지지, 사회 활동, 특정 상황(예를 들면, 장례식)에서의 사회적 의례와 같은 다양한 유형의 지지를 직접적인 봉사 혹은 물질적인 도움을 통해 제공할 수 있다. 예를 들어, 북미 지역의 여러 기독교 단체는 노인을 정기적으로 간호할 수 있는 교구 간호사들을 두고 있어서 노인이 병원 진료를 받아야 할 때 도움을 주거나 심각한 질병이 발생할 때 직접적으로 간병을 하고 있다.

삶은 안전하고 예측 가능하며, 통제 가능한 것이라고 가정하는 사람들은 허리케인으로 집을 잃거나 암을 진단받거나, 혹은 자동차 사고를 겪게 되면 순식간에 그 가정이 옳지 않다는 것을 알게 된다. 하지만 종교적 신념은 삶의 여러 사건에 크게 영향을 받지 않을 수 있다. 종교적 신념은 그 자체로 매우 단단해서 삶의 사건들을 통해 반증되는 것이 매우 힘들거나 불가능할 수 있다. 비록 발생한 일에 의해 어느 정도 흔들릴 수는 있다 하더라도, 인간이 지닌 하나님에 대한 믿음은 삶의 어떠한 상황을 통해서도 직접적으로 모순을 일으키지 않는다. 샤니샤를 예로 들면, 그녀는 '자신이 하나님을 제대로 이해하지 못하는 것이 아닌가'와 씨름했을 뿐 하나님이 존재한다는 믿음 자체에는 흔들림이 없었다.

영적인 영역에서 핵심 가정들은 삶의 여러 불행한 사건을 인지적으로 동화시킬(assimilate) 수 있는 길을 열어 준다. 삶의 큰 불행으로 뒤흔들린 기존의 세계관의 기초를 재건하면서 그 사람의 인지적 균형을 되찾게 해 줄 정도로 영적 신념은 대처 과정에서 유용하다. 수많은 연구를 통해 종교적이고 영적인 대처의 특정 측면이 삶의 주요한 부정적 사건을 다루는 데 도움이 될 수 있음이 밝혀져 왔다(Hebert & Schulz, 2009).

영성이 상처가 될 수도 있다

브라질의 금언 중에 "모든 종교는 선하다."라는 것이 있다. 하지만 연구들을 살펴보면 반드시 그렇지만은 않다. 영성은 부정적인 영향을 끼칠 수도 있는데, 종교적인 사람이 부정적인 사건을 해석하는 데 초점을 맞출 때 특히 그러하다.

샤니샤를 예로 들자. 그녀는 자신과 드숀이 한편이 되고, 하나님이 다른 편에서 계약을 맺었다고 결론을 내렸다. 그녀는 만약 자신들이 올바르게 살았다면, 하나님이 자신들을 돌보아 주셨을 것이고 모든 일이 순조로웠을 것이라고 생각했다. 그녀가 이러한 생각을 어떻게 표현하는지, 또 한때는 명확하게 이해했던 믿음을 잃어버리게 된 것에 대해 동반자적 전문가가 어떻게 다루는지를 다음 대화를 통해 살펴보자.

내담자: 아시다시피, 드숀과 저는 우리의 믿음에 관해 많은 이야기를 나누었어요. 말이 통하는 남자를 만난다는 사실이 너무 좋았어요. 부모님도 믿음을 함께하는 사람을 만나는 것에 매우 흐뭇해하셨고, 그가 바로 가족의 일원이 된 듯한 느낌이었어요. 부모님은 제가 대학에서 그를 만난 것에 놀라셨는데, 대학에 가면 제가 믿음을 잃고 방황하게 될까 봐 걱정하셨기 때문이에요. 완벽했지요. 우린 서로 깊이 사랑했고 하나님께 모든 것을 바쳤어요. 하나님의 뜻에 따라 결혼 전까지 성관계를 맺지 말자고 약속했어요. 그래야 진정한 행복을 얻을 것이라고 생각했기 때문이에요. 우리는 사랑에 관해서는 하나님이 가장 잘 아실 거고, 그의 뜻대로 해야 축복을 받을 수 있다고 믿었어요. 하지만 하나님이 우리를 저버리셨어요. 최악의 방식으로. 부모님은 제가 하나님의 뜻을 받아들여야 한다고 말씀하시지만, 이게 하나님의 뜻일 리가 없잖아요. 전 그렇게 생각해요.

상담자: 제 생각에 부모님은 하나님이 어떤 식으로든 딸의 삶을 망가뜨릴 리 없고 뭔가 더 큰 하나님의 뜻이 있을 것이라는 확신을 주시려고 그러신 것 같아요.

내담자: 그래요. 우리는 우리를 넘어선 더 큰 그림을 볼 수 없기 때문에 하나님의 뜻을 항상 알 수는 없다고 말씀하셨죠. 나와 드숀만의 문제가 아니라는

거지요. 우리보다 큰, 삶의 전체 과정에서 우리가 수행해야 할 역할과 관련이 있다고 말씀하세요. 이 부분이 제가 이해하기 힘든 부분이에요. 부모님은 어쩜 그렇게 뭐든지 잘 받아들이시는지. 저에겐 힘든 문제예요.

상담자: 당신은 드숀을 잃었잖아요. 그래서 더 힘들겠지요.

내담자: 맞아요. 정말 힘들어요. 그 사람을 무척 사랑했어요. 앞으로도 사랑할 거예요. 다시 그 사람을 만나려면 기다려야겠지요. 그런데 그 사람을 만날 때까지 전 무엇을 하지요? 앞길이 보이지 않아요. 부모님은 하나님이 인도해 주실 거라 말씀하시지만, 전 모르겠어요. 제 앞길에는 아무것도 없는 것 같고, 하나님이 저에게서 모든 것을 거둬 가 버리신 것 같아요. 절 버리셨어요.

상담자: 하나님이 계획하시는 길이 샤니샤에게 있었으면 하는 마음이 드나 보지요?

내담자: 네. 그렇게 믿고 싶어요. 하지만 하나님이 드숀을 저에게 주심을 약속했다가 그 약속을 깨셨어요.

상담자: 부모님은 하나님의 약속이란 절대 깨지지 않는다고 말씀하셨고요.

내담자: 네. 부모님은 하나님이 드숀을 제게 주신다는 약속을 하지 않으셨다고 말씀하셨어요. 너무나 완벽했기 때문에 우리 모두 그렇게 느꼈을 가능성이 컸겠지만, 하나님은 절대 쉬운 길을 허락하지 않으신대요. 욥도 마찬가지예요. 요나도 그렇고, 예수님도 마찬가지예요! 성경에 있는 대부분의 사람이 힘든 길을 갔지요.

상담자: 샤니샤도 마찬가지고요.

내담자: 이젠 너무 힘들어요. 하나님의 축복이 뭔지도 모르겠고요.

상담자: 이번 사건에는 샤니샤가 걸어가야 할 길이 어떤 길일지 보여 주는 뭔가가 있어요. 그걸 통해 하나님이 어떤 분인지 샤니샤가 더 알아 갈 수 있

겠지요. 샤니샤는 뭐든지 이해하려고 마음을 다해 노력하는 사람인 것 같거든요.

내담자: 하지만 제 부모님은 하나님과 그분의 뜻을 다 이해하려고 기대해서는 안 된다는 경계심을 갖게 하셨어요. 마치 금단의 열매를 먹는 것처럼 말이에요. 그냥 받아들이는 거지요. 믿음을 가져라. 알 필요는 없다. 하지만 제 마음 한편에서는 정말 알고 싶었어요. 얼마나 혼란스러운 것인지 알겠지요?

상담자: 샤니샤의 의문과 혼란스러운 감정이 앞으로 샤니샤에게 어떤 영향을 끼칠지 잘 알 수는 없지만, 수용하고자 하는 마음과 이해하고자 하는 마음이 합해지면 샤니샤에게 매우 중요하고 가치 있는 변화를 가져오지 않을까 해요.

샤니샤의 관점에서 보면, 샤니샤와 드숀은 약속을 지켰지만 하나님은 그렇지 못했다. 이는 예전에 자신이 믿었던 것과 달리 하나님은 더 이상 믿을 만하지도, 의지할 만하지도 않음을 암시했다. 자신에게 일어난 비극적인 상황을 이렇게 생각한다면 샤니샤는 부정적으로 대처하는 것인가, 긍정적으로 대처하는 것인가? 샤니샤의 신념 체계에 심각한 도전을 시도하는 것이 긍정적인 부분을 지님을 상담자가 암시하기 시작한다. 동시에 상황의 특정한 측면을 수용하는 것이 이후에 샤니샤에게 이전에는 없던 가치를 만들어 줄 수도 있다는 것을 암시한다. 여기에서 상담자는 친구의 죽음과, 특히 약혼자의 죽음을 통해 샤니샤의 신념이 어떻게 도전받았는지 살펴보는 과정에서 가족의 신념으로 대표되는 샤니샤의 세계관을 거부하게 하거나 그저 단순하게 이전의 신념으로 되돌아가도록 종용하지 않아야 한다. 동반자적 전문가로서 상담자는 샤니샤에게 한동안 혼란스러움을 견디면서 이러한 과정을 지속하도록 요청해야 한다.

이 시점에서 상담의 방향을 이끌어 줄 수 있는 적절한 종교적 대처에 대해 상담자가 아는 것이 무엇인지 고려하라. 경험적 연구들은 종교적 삶의 적어도 두 가지 측면이 심리적 적응에 해가 될 수 있음을 암시하고 있다. 그 중 한 가지 해가 되는 방식은 내담자가 속해 있는 종교 집단의 부정적인 반응과 관련된다 (Pargament, 1997). 종교적 집단에 속해 있는 사람의 심리적 안녕은 집단이 그 개인에게 사회적인 손해와 결손을 가져올 때 악화될 수 있다. 예를 들어, 소속된 종교 공동체가 문제를 해소하는 데 도움이 될 수 있는 특정한 조처에 반대하거나 대처 노력을 강하게 비난하는 경우 심리적 기능은 더 저하된다는 보고가 있다(Pargament, 1997). 즉, 내담자가 속해 있는 종교 공동체가 부정적이거나 적대적인 반응을 보이면 내담자는 특정 집단의 소속이라는 것으로 인해 심리적인 해를 입게 된다.

영적인 대처가 전반적인 적응에 부정적인 영향을 끼치는 또 다른 방식은 내담자가 트라우마 상황을 이해하는 것과 관련된다. 만약 트라우마 사건을 하나님이 예방할 수 있었음에도 미리 막지 않았고, 버림받음의 증거 혹은 '내 죄에 대한 대가나 내 영성의 부족'으로 하나님이 '그냥 일어나게 내버려 둔' 사건으로 여긴다면, 심리적 적응은 부정적인 영향을 받을 것이다(Gerber, Boals, & Schuettler, 2011; Pargament, 1997). 비록 많은 경우에 영적인 대처가 도움이 될지라도 어떤 경우에는 도움이 되지 않기도 한다. 경험적인 관점에서 부정적인 스트레스 혹은 부적응의 문제에 관한 한 내담자가 바람직하지 못한 종교적인 해석을 내릴 때가 있다. 하지만 상담자가 어떤 것이 바람직한 영적 혹은 종교적 이해이고 어떤 것이 바람직하지 못한 이해인지 어떻게 구별할 수 있겠는가?

영성: 외상 후 성장에 도움이 되는가, 도움이 되지 않는가

두 명의 동료 상담자가 샤니샤의 비극적인 상황에 대한 상담 요약문을 읽다가 서로 견해가 다름을 알게 되었다. 한 사람은 매우 부정적인 반응을 보이면서 샤니샤의 종교적 믿음이 미성숙하고, 순진하고, 신학적으로 건전하지 못하기 때문에 많은 사람이 요약문을 읽으면 불쾌감을 느낄 것이라고 지적했다. 하지만 다른 한 사람은 샤니샤의 상황이 많은 생각거리를 제공할 수 있기 때문에 영성에 관한 장의 도입부에 넣기 적합한 훌륭한 사례라고 생각한다고 말했다. 이 두 상담자는 다른 것보다도 자신들의 관점에 따라 샤니샤의 종교적 관점의 좋고 나쁨을 판단했다. 한 개인의 종교적인 해석이 좋은지 나쁜지 그리고 그 종교적인 해석이 외상 후 성장에 공헌할 수 있을지 없을지를 상담자가 어떻게 결정할 수 있을까?

어떤 독자는 질문 자체가 부적절하고 오만하다고 생각할 수도 있다. 심리치료의 중요한 원리 중 한 가지는 상담자가 가치, 도덕, 영성과 관련된 문제들에 중립적인 태도를 유지해야 한다는 것인데, 이러한 목표는 대부분 지켜지기 불가능하다고 할지라도 대체로 바람직한 것이다. 즉, 세계에 대한 내담자의 기본 가정과 관련된 문제들에 대해 중립을 지키고 그것을 공감적으로 이해하는 것이 상담자에게 바람직한 목표다. 하지만 내담자의 특정 행동에 대해 윤리 강령마저도 가치 판단을 내리는 경우가 있다. 예를 들어, '심리학자는 한 개인의 안녕을 심각하게 위협하는 신념을 수용하거나 모른 척해서는 안 된다'는 것이다 (American Psychological Association, 2002).

상담자는 내담자의 관점과 선택을 은밀하게 조종하지 않기 위해 할 수 있는 모든 것을 해야만 하지만, 심리치료가 가치나 신념과 전혀 관련 없는 것이 될 수는 없다. 내담자가 심각한 상실 혹은 비극을 겪은 후에 영적 및 종교적인 문제들과 씨름할 때만큼 가치가 중요하게 다루어지는 치료 상황은 아마 없을 것이다. 특정한 영적 해석이 해가 된다는 것을 고려할 때, 다음과 같은 질문이 떠오를 수 있다. '내담자가 신봉하는 종교가 도움이 되는 것인지 상담자가 어떻게 결정할 수 있을까?'

불가피하지만 신중한 마음으로 기권부터 해야겠다. 이 질문에 대한 답은 외상 후 영적 성장에 대한 논의에서 살짝 벗어난 축약된 형식으로는 꼼꼼히 살펴볼 수 없다. 하지만 불완전하게라도 다루어야 할 중요한 질문이다. 따라서 우리는 내담자의 영적 해석과 경험들을 평가하기 위한 유리한 관점으로서 네 가지 보편적인 윤리 원칙을 제공하고자 한다. 이 네 가지 중요한 원칙은 다음과 같다. 즉, ① 정신병리가 종교적 해석 혹은 종교적 경험의 기초가 되는지 여부, ② 호의성(beneficence)과 공동의 선(the common good), ③ 내담자의 개인적 발달과 심리적 안녕, ④ 양극단 사이에서 중도를 지키기다.

정신건강 종사자는 임상적인 상태를 확인하고 진단적 기준을 이용하여 그것을 구분하도록 훈련을 받는다. 강박ㆍ기분 장애 혹은 다른 종류의 정신병리 상태와 같은 심리적 장애로 내담자의 종교적 해석이 나타날 때 이를 다루고 나아가 도전시키는 것이 적절할 것이다(Knapp, Lemoncelli, Vandecreek, 2010). 망상, 환각 그리고 기타 심각한 심리적 장애의 증상이 나타날 때, 그 속에 있는 종교적인 내용은 장애를 반영하는 것으로서 다루어야만 하고, 더 큰 그림 속에서 정신과적 문제의 일부로 다루어야 한다. 이 상황에서는 명확하게 내담자의 '종교적' 해석을 받아들이지 않는 것이 적절하다. 하지만 상담자가 이러한 문제를 다루는 방식이 핵심이다. 우리는 이러한 종류의 문제를 다루는 데서 심각한 정신과적 장애를 보이는 내담자들에게조차 신념의 중요성에 둔감해지기보다는 동반자적 전문가 관계를 유지할 것을 여전히 추천하는 바다.

공동의 선이라는 개념은 미국과 같이 지극히 다문화적인 사회에서는 특히 그 정의에 대한 공통적인 의견을 형성하기 어려운 개념이다. 이러한 어려움에도 윤리에 관한 폭넓은 질문, 즉 내담자의 해석이나 일련의 행동이 공동의 선에 어느 정도로 기여하는가 혹은 기여하지 않는가와 같은 질문은 유용할 수 있다. 내담자의 종교적 해석과 영적인 이해가 공동의 선에 기여할 가능성이 높은 인지적 개념화와 행동으로 이어진다면 상담자는 이러한 해석과 이해를 바람직한 것이라고 여길 수 있다. 달로즈 등(Daloz, Keen, Keen, & Parks, 1996, p. 16)은 "공동의 선은 한 개인의 안녕이 필연적으로 전체의 이익과 연결되어 있다는 포괄적인 조망 능력, 다양성에 대한 인정, 사회에 대한 비전 같은 핵심 요소들을 포함한다."라고 제시했다.

내담자의 종교적 해석이나 종교적 행동을 판단하는 세 번째 원칙은 호의성의 관점을 포함하는데, 특히 자신에 대해 호의적인가다. 즉, 내담자의 자신의 종교에 대한 이해가 자신의 복지를 증진시키고 있는가(Knapp, Lemoncelli, & Vandecreek, 2010)? 힘든 상황을 이해하는 내담자의 방식이 정상적 발달과 심리적 안녕에 긍정적으로 기여하는가? 예를 들어, '성적으로 비도덕적이었기 때문에' 하나님이 벌로 유방암을 주신 것이라고 생각한다면 그러한 해석이 내담자의 안녕에 도움이 되는가? 이제 갓 태어난 아들이 사망한 것을 자신의 믿음이 부족한 벌이라고 생각한다면 상담자는 내담자의 이와 같은 종교적 이해를 수용하고 지지해야 하는가? 앞서 말한 것처럼, 삶의 불행을 자신의 죄 때문이라든가 하나님의 벌이라고 돌리는 부정적인 종교적 대처는 심리적으로 부정적인 스트레스를 증가시킬 가능성이 있다. 공동의 선 원칙과 같이 종교적 해석이 긍정적으로 기여하는지의 여부를 결정하는 것은 경험적으로 원칙을 정하기가 쉽지 않다. 그럼에도 내담자가 자신이 처한 상황을 영적으로 이해하려고 할 때는 상담자가 내담자의 안녕에 미치는 영적인 해석의 영향력을 필수적으로 고려해야 한다.

네 번째 원칙은 고대 그리스 철학자인 아리스토텔레스의 **중도**(the golden mean)의 원리다. 이 개념은 단순하지만 그 적용은 단순하지 않다. 이 원리의 토대가 되는 기본 가정은 바람직한 길 혹은 도덕적으로 올바른 선택은 두 극단의 가운데에 있다는 것이다. 아리스토텔레스는 두 극단을 악덕(vices)이라고 불렀다(Aristotle, 2011). 중도는 과함과 부족함의 극단보다 나은 것으로 간주된다. 경험에 따르면, 영성과 종교의 맥락에서 중도는 광적인 헌신의 한 극단과 적대적인 거부라는 다른 극단의 중간이다. 하지만 여전히 다른 세 가지 원칙처럼 이 원칙을 구체적으로 적용하는 데는 특정한 임상 상황에서의 상담자의 건전하고 현명한 분별력이 요구된다.

심리치료에서의 외상 후 성장과 영성

명확히 분류되는 심리적 어려움에 대해서는 가장 효과적인 치료 접근법을 취하는 것이 중요하다. 주요 스트레스원을 경험하고 있는 사람을 위한 심리치료에서 가장 효과적인 요소는 상담자가 내담자를 얼마나 경청하는가일 것이다(Norcross & Rampold, 2011). 유의미한 외상 후 성장을 경험할 수 있는 영역이 영성 관련 부분이기 때문에 영적 및 종교적 주제들에 귀 기울이는 것이 중요하다. 상담자는 영적 및 종교적 주제가 상담 과정에서 수면에 떠오르면 내담자를 경청하고, 해당 주제를 파악하고 적절한 경우에는 주제를 명명해야 한다. 영적 영역에 해당하는 주제들이 등장했을 때 상담자는 정확한 공감을 보여 주고 회피하지 않아야 한다. 이 장의 앞부분에서 기술한 것처럼, 샤니샤가 자신의 견해를 말했을 때 그것은 기독교적인 교리와 관련된 종교적 문제를 이야기하는 것이 분명했다. 하지만 그러한 주제들이 항상 분명하고 명료한 것만은 아니다.

아들의 자살로 사별한 한 아버지가 이렇게 말했다. "'내가 무슨 일을 했길래 이런 일이 생겼을까?' 수없이 생각하고 또 생각했지요. '내가 아이 엄마와 화해해야 했는데. 아니, 내가 일을 조금만 덜 해야 했는데. 아니면 내가 잘못 살아온 것에 대한 대가일 거야. 내가 더 좋은 사람이어야 했는데' 하고 말이지요."

상담자가 이 아버지에게 할 수 있는 말에는 정해진 답이 없다. 내담자는 직접적으로 영적인 주제를 말하지는 않지만, 더 넓은 의미의 실존적 문제, 즉 삶을 어떻게 살 것인가에 관한 주제를 간접적으로 표현하고 있다. 상담자는 "마음을 짓누르고 갉아 먹는 대답 없는 질문들 때문에 많이 힘들어하시는군요. 한 가지 큰 질문은 '지금부터 난 어떻게 살아야 할까?'인 것 같군요."라고 이야기했다. 이러한 대화가 종교적이지는 않았지만, 상담자는 내담자가 말한 내용에 담겨 있는 잠재적인 실존적 주제들에 귀를 기울였다. 이 사례에서 상담자의 반응을 통해 내담자는 어떻게 삶의 우선순위를 바꾸고 새로운 결정을 할 것인지와 같은 외상 후 성장의 한 측면이라고 할 수 있는 보편적인 주제에 초점을 맞출 수 있게 되었다. 이처럼 상담자는 영적 혹은 종교적 주제가 등장할 때 반드시 귀 기울이고 모르는 체하지 않아야 한다.

이후에 상담자는 내담자에게 "세상일이 어떻게 돌아가는지에 대해 아버님 나름의 생각이 있으실 텐데, 아버님은 아드님의 죽음을 어떻게 이해하고 계시나요?"라고 물었다. 내담자는 자신이 어릴 때부터 청년 때까지 천주교 신자였지만 이후 믿음이 변했다고 말했다. 그는 지금은 무신론자이지만 단순히 '삶에서 올바른 일을 함'으로써 '평화와 깨우침'을 추구하는 종교적이지 않은 영성을 찾을 필요는 있다고 느낀다고 이야기했다.

상담자가 귀를 기울이고 탐색할 만한 영적 및 종교적인 주제는 많다. 사회문화적 맥락에 따르면 너무나 다양한 주제가 있지만, 이미 우리가 알고 있는 몇 가지는 죽음과 관련된 문제, 삶의 의미와 목적, 삶의 우선순위, 어떻게 살 것인가에 관한 근본적인 선택의 문제, 종교적 신념과 경험에 관한 문제 및 포괄적인 영적 주제다. 상담자의 역할로서 취할 수 있는 행동과 관련하여 이러한 주제들은 내담자가 제시하는 내용과 타이밍이 적절할 때만 탐색되어야만 하고, 오직 내담자에게 조력하기 위한 목적으로만 행해져야 한다.

역전이와 외상 후 성장

트라우마를 경험한 내담자와 상담을 진행하다 보면 상담자도 실존적이며 영적인 문제들에 대한 쉽지 않은 의문을 갖게 된다. 종교적인 신념과 행동을 다룰 때는 상담자가 이러한 영역과 관련된 자신의 문제들을 해결하거나, 적어도 여전히 문제가 해결되지 않았다는 것을 진솔하게 자각하는 것이 중요하다. 샤니샤가 경험한 것과 같이 내담자가 트라우마 사건으로 실존적인 고뇌와 불안을 경험할 때, 상담자는 자신의 실존적인 딜레마를 만족스럽게 해결하지 못했다는 점을 더욱 부각하게 된다.

정신분석 이론에서 역전이는 내담자와의 관계에서 무의식적인 갈등이 전개되는 과정을 가리킨다. 영성이나 종교와 같이 가치가 두드러지는 영역에서는 상담자가 자신의 욕구 혹은 불안에 바탕을 둔 반응을 하지 않도록 반드시 끊임없이 경계해야 한다. 외상 후 성장을 도모하는 상담자는 종교적이고 영적인 문제에 관한 자신의 편견을 인식해야만 하고 궁극적인 실존적 문제들에 대한 답을 깨달아야 한다. 내담자가 종교적 및 영적 문제로 고심할 때 상담자는 자신이 내담자에게 보이는 개인적 · 주관적 · 경험적 반응을 자각할 필요가 있다.

샤니샤의 경험에 대한 두 동료 상담자의 상반된 반응을 다시 생각해 보자. 한 사람은 샤니샤가 신에 대해 미성숙하고 순진하게 이해하고 있다고 본 반면, 다른 사람은 샤니샤의 사례가 유용하다고 생각했다. 첫 번째 상담자의 반응은 단순하고 종교적으로 보수적인 관점에 대해 어느 정도의 반감을 담고 있는 듯한데, 이와 같은 특정 입장이 샤니샤가 제기하는 문제들에 대한 자신의 반응에 어떤 영향을 끼칠 수 있을까? 샤니샤의 견해에 반대하여 자신의 더 '세련된' 믿음을 전수하고 싶어 하는 열망이 담겨 있지는 않은가? 아니면 내담자를 '교화' 하려는 유혹 혹은 샤니샤의 믿음 때문에 샤니샤가 문제에 제대로 대처하지 못하고 심리적으로 더 어려움을 겪는다고 상세히 설명하고 싶은 욕구가 담겨 있지는 않은가?

칼 로저스(Carl Rogers)가 제안한 것처럼, 좋은 상담자는 상담 과정에서 매 순간의 진정한 경험을 온전히 그리고 진솔하게 자각해야만 한다(Rogers, 1961). 이러한 주장은 상담자의 관점에서 볼 때 내담자가 바람직하지 못한 종교적 견해를 신봉하고 바람직하지 못한 종교적 경험을 이야기하는 경우에 특히 적절한 듯하다. 상담자가 내담자에게 보이는 외현적 반응은 '내담자에게 최선이 무엇인가'라는 목적으로 행해져야만 한다. 트라우마 이후 영적인 문제를 통해 외상 후 성장을 추구하는 내담자에게 조력할 때 로저스의 조언을 수용하는 것은 매우 중요하다.

외상 후 성장에서 좋은 영적 결과란 어떤 것인가

외상 후 성장 여부와 외상 후 성장의 중요도, 외상 후 성장이 바람직한지의 여부를 궁극적으로 결정하는 사람은 바로 내담자다. 만일 트라우마를 극복하는 과정을 통해 영적인 문제들을 더 잘 인식하게 되어 자신의 의사에 따라 선택한 영적인 영역에 대한 헌신이 더욱 강화되었거나 삶의 목적과 의미를 더욱 깊이 인식하게 되었거나, 혹은 이전과는 다른 영적 경로를 걷게 되었다면 긍정적인 성장이 있었다고 할 수 있다. 물론 그러한 선택과 변화가 좋은 것이라는 가정에서 그렇다. 상담자의 개인적 관점에서는 결과가 좋은 것이 아닐지라도 (윤리 강령이나 기본적인 원리 원칙에서 명확히 벗어나지 않는 한) 내담자가 좋은 것으로 생각한다면 외상 후 성장은 있었다고 할 수 있다.

이 책의 다른 부분에서 적어도 한 차례 이상 성장과 부정적인 스트레스가 공존할 가능성이 크다는 점을 이미 논의했다. 실존적·영적 그리고 종교적인 이해가 중복될 때 공존의 가능성은 가장 크다. 부정적인 스트레스와 외상 후 성장 간 그리고 착각과 진실 간에는 필연적으로 변증법적인 원리가 존재한다. 즉, 심리적 탄력성이 매우 높은 사람과 주요 스트레스원에 성공적으로 대처하는 사람 그리고 부정적인 스트레스를 감소시키기 위해 주요한 자원이나 보호 장치들을 재빨리 모을 수 있는 사람은 영적 혹은 실존적인 외상 후 성장을 경험할 가능성이 상대적으로 낮다. 트라우마 사건에 의해 삶의 철학이 크게 흔들리지 않는 사람은 고통, 상실 그리고 죽음이 안겨 주는 괴로운 실존적 질문들에 대해 기존에 자신이 지닌 실존적·영적 신념 체계를 통해서 쉽사리 답을 얻지 못하거나 재빨리 자신을 방어할 수 없는 사람에 비해 성장을 경험할 가능성이 낮다. 비극적인 상황을 경험한 내담자를 돕기 위해 상담자는 삶에 관한 궁극적이며 힘겨운 질문들을 함으로써 내담자가 회피하지 않도록 반드시 조력해야 한다. 역설적으로 동반자적 전문가는 극심한 스트레스에서 내담자를 보호하는 기능을 지닌 긍정적인 착각을 존중해야 한다.

당신은 어떤 상담자인가

상담자는 대다수의 내담자와 종교적·영적 문화가 상이할 가능성이 크다고 언급하면서 이 장을 시작했다. 대부분의 사람이 종교와 신에 대한 보수적인 견해를 가진 미국과 같은 나라에서는 상담자가 신학적으로 더 자유롭거나 불가지론적인 입장을 취할 가능성이 높다. 이러한 문화적 차이 때문에 내담자의 종교적 입장과 관련하여 자신이 어떤 상담자인지 생각해 보는 것이 유용하다. 상담자가 종교적 문제에 대해서 취할 수 있는 참조의 틀(frame of reference)에는 네 가지가 있다. 그중 한 가지가 모든 것을 무비판적으로 순진하게 수용하는 것이다.

우리는 오랫동안, 물론 구체적으로 세어 본 것은 아니지만 꽤 오랜 시간 임상 수업을 통해 대학원생들을 가르쳐 온 결과, 최근의 학생들이 내담자가 종교적 문제를 언급할 때 더 불안해하고 불편해하는 것을 관찰했다. 심리학자들을 대상으로 한 조사 결과를 통해서도 몇 가지 예외 사항은 있지만 대부분이 자신은 종교적으로 자유롭거나 종교가 없다고 보고했다. 학생들은 상담 중에 종교적 문제가 등장했을 때 내담자에게 최상의 대안이 종교적 문제를 탐색하는 것으로 판단되더라도 그것을 탐색하는 것을 매우 주저한다. 이러한 주저함은 내담자가 말하는 종교적 의미를 띤 주제에 대해 상담자가 순진하게 무비판적으로 수용하는 임상적 태도를 형성하도록 만든다. 우리가 보아 왔듯이 내담자의 안녕에, 때로는 타인에게까지 해를 끼치는 종교적인 해석이 존재할 수 있다. 물론 우리의 기본적인 가정은 상담자가 진정으로 종교적 요소를 포함한 내담자의 세계관을 수용하고 그 세계관 내에서 작업해야만 한다는 것이다. 하지만 종교라는 이름 하에 내담자가 말하거나 취하는 그 어떤 행동이라도 순진하게 무비판적으로 수용하는 것은 임상적 태도에 도움이 되지 않는다.

종교에 대한 두 번째이자 정반대되는 참조의 틀은 **반종교적**(antireligious)인 것이다. 이러한 경향을 지닌 상담자는 어떠한 종류라도 높은 차원의 존재를 부정하고, 무신론자이며, 종교는 해로운 것이고 바람직한 것이 아니라는 확고한 견해를 지닌다. 이들은 종교적 문제가 심리치료의 대상이 아니며, 어떤 방식으로라도 심리치료는 종교적인 자원을 이용해서는 안 된다고 본다. 프로이트가 이 부류에 속하는데, 그는 종교란 환자가 극복해야 할 일련의 신경증적 방어기제라고 보았다.

상담자가 내담자의 종교에 대해 갖는 세 번째 참조의 틀은 **진실한 신앙자**(true believer) 혹은 **종교적 배타자**(religious exclusionist; Pargament, 1997)가 갖는 참조의 틀과 같다. 이러한 관점은 영적인 문제에서 오로지 한 가지 진실만이 존재하며 상담자는 그러한 진실을 알아야 하고, 상담자의 반응이 이 진실에 토대를 두고 이루어져야 한다고 가정한다. 미국 내 상담자 중 소수만이 이러한 관점을 지니고 있는데, 이는 상담자 사이에서 바람직하지 못하고 비윤리적이라고 간주되는 경향이 있다.

네 번째이면서 우리가 가장 호소력이 있다고 보는 참조의 틀은 상담자의 많은 수가 지니고 있는 **실용적인 종교적 구성주의**(pragmatic religious constructivism)다. 구성주의는 한 가지 실재만이 존재하지 않는다는 철학적 토대에 기반을 둔다. 우리가 **실용적**이라고 추가적으로 명명한 이유는 상담자가 나름의 궁극적인 진실에 대한 특정한 가정을 지니고 있다고 하더라도 내담자에게 접근하는 가장 좋은 방법은 세상에 대해 내담자가 지닌 기본 가정 내에서 작업하는 것인데, 그것이 내담자에게 실용적인 유익을 주기 때문이다. 이 참조의 틀의 관점에서 보면, 영적 혹은 종교적 문제가 개인이 경험하는 비극과 트라우마를 이해하는 데 필수적인 요소가 되는 경우 상담자가 존중하는 태도로 내담자의 종교적 세계관을 다루고, 내담자에게 긍정적인 변화를 유발하여 나아가 성장하도록 조력하기 위해 영적인 영역을 활용하는 것이 바람직하다. 내담자가 자신에게 일어난 사건을 이해하고 의미를 찾는 방식이 명백하게 바람직하지 못한 것이거나 비윤리적인 것이 아닌 이상, 이러한 관점은 상담자가 내담자의 이해력과 경험의 범위에서 작업해야 한다는 의미를 내포한다. 동반자적 전문가 관계가 지향하는 관점이 바로 이러한 관점이다.

어떤 면에서 반종교적이거나 종교적으로 배타적인 상담자는 서로 유사하다. 두 사람 모두 삶의 주요 스트레스원을 경험하는 내담자와의 상담 시 특정한 절대적 가정의 영향을 받기 때문이다. 둘 중 한 가지 관점을 취하는 상담자는 자신의 철학적·종교적 신념을 공유하는 내담자와 작업할 가능성이 크고, 그 결과 특별한 문제가 발생하지 않을 가능성이 크다. 하지만 내담자의 철학적·종교적 신념이 유사하지 않을 때 문제가 발생하리라는 것은 명백하다. 특정 종교가 중요한 나라에서 특히 반종교적인 상담자는 매우 바람직하지 못한 방식으로 관점의 대립을 일으킬 수 있다.

우리는 실용적인 종교적 구성주의의 관점을 지지한다. 우리의 관점은 상담자가 세상에 대한 내담자의 종교적 혹은 영적 구성(무신론 혹은 불가지론 포함)을 존중하는 태도로 내담자를 대해야 하고, 그러한 구성이 내담자에게는 타당한 것임을 수용해야 하며, 내담자와 상담할 때 실용적인 종교적 구성주의의 틀 안에서 작업해야 한다는 것이다. 이는 강한, 심지어 절대적인 신념 체계를 지닌 상담자는 상담자가 아니라고 이야기하는 것이 아니다. 우리가 제안하는 것은 절대적인 종교적 참조의 틀에 갇힌 상담자는 문제에 봉착할 가능성이 더 크고, 특정한 내담자에게 문제를 야기할 가능성이 더 크다는 것이다. 그러한 상담자는 동반자적 전문가 관계를 맺기가 어렵고 내담자의 영적 성장과 관련된 주제들을 경청할 기회를 놓치게 될 수도 있다.

샤니샤의 사례에서, 종교가 바람직하지 않다고 여기는 상담자라면 샤니샤의 종교에 대해 중립적인 태도를 유지하기 힘들었을 수 있고, 혹은 샤니샤의 영적인 문제들을 수정이 필요한 바람직하지 못한 것으로 여겼을 수도 있다. 한편, 배타주의적인 관점을 지닌 상담자라면 자신의 종교적 입장과 차이가 있는 샤니샤의 종교론을 바로잡으려는 유혹을 느낄 수도 있다. 또한 순진하게 수용하는 상담자라면 샤니샤에게 유익이 되는 방식으로 샤니샤가 지닌 믿음을 탐색할 수 있게끔 방향을 이끌어 주지 못할 수도 있다. 하지만 실용적인 종교적 구성주의의 관점은 상담자가 해야 할 것을 하지 않음으로써 혹은 하지 않아야 할 것을 함으로써 내담자에게 비효율적이게 되거나 해로움을 끼칠 가능성을 줄여 주고, 상담자가 샤니샤의 삶에 대한 이해의 범위와 삶의 의미에 대한 틀 안에서 상담하도록 도와줄 수 있다. 더불어 실용적인 종교적 구성주의의 관점은 영적인 외상 후 성장의 가능성을 높여 줄 수도 있다.

9장

동반자적 전문가의 심리적 취약함,
탄력성 그리고 성장

    상담자는 상담을 통해 내담자의 용기 있는 싸움과 극복에 관한 이야기에 귀를 기울임으로써 변화할 수 있다. 또한 내담자가 극심한 도전거리에 맞서 보여 주는 용기는 상담자에게 영감을 불러일으킬 수 있다.

9장

동반자적 전문가의 심리적 취약함,
탄력성 그리고 성장

　비극적인 상실이나 심한 고통을 겪은 내담자 혹은 심한 공포에 노출된 내담자를 상담하는 것은 큰 도전거리다. 비록 일부 상담자가 트라우마 사건을 전문적으로 다룬다고 하더라도, 대부분의 상담자는 트라우마를 경험하는 내담자를 상담할 경우가 많지 않다. 하지만 상담을 하다 보면 심각한 비극적인 상황이나 상상을 초월하는 상실 문제를 호소하는 내담자를 만날 수도 있다.

　한 어머니는 여덟 살 난 아들이 집 뒤뜰에서 발을 헛디뎌 앞으로 넘어졌는데 피칸 껍데기가 이마에 박혀 그 자리에서 사망하면서 아들을 잃었다. 군부독재 정권에 의해 독방에 갇혀서 매일 고문을 당했던 한 기자는 42세밖에 안 되었지만 그 이상 나이가 들어 보인다. 한 부모는 사랑하는 자녀가 암에 걸려 하루하루 야위어 가다가 죽어가는 것을 바라보아야만 했다. 한 여성은 심한 구타와 성폭행을 당했는데, 가해자가 그녀가 죽었다고 생각하고 더 이상 폭행하지 않아

목숨만은 건질 수 있었다. 한 남성은 납치당하여 자동 소총으로 머리를 겨누고 총을 발사하겠다고 협박하는 무리에게 몇 시간 동안 붙잡혀 있었다.

　이 장에서는 주요한 삶의 위기를 경험한 사람들과 상담할 때 수반되는 부작용 및 장점 몇 가지를 소개할 것이다. 먼저 트라우마를 경험한 사람들과 상담할 때 나타나는 잠재적인 부정적 효과를 검토할 것이고, 다음으로 그러한 내담자들과의 상담에서 얻을 수 있는 긍정적인 결과를 살펴 볼 것이다. 마지막 부분에서는 상담자의 자기돌봄을 위한 몇 가지 권장사항을 제시하고자 한다.

트라우마 작업의 부정적 효과

　지금까지 일반적인 상담 혹은 트라우마 생존자와의 상담이 심리적 안녕에 부정적으로 영향을 끼치는 여러 방식과 관련한 설명은 다양한 용어와 개념을 통해 이루어져 왔다. 문헌을 살펴보면 가장 흔하게 사용되는 용어가 소진(burnout), 대리 외상(vicarious traumatization), 이차 트라우마 스트레스(secondary traumatic stress) 혹은 공감 피로(compassion fatigue) 등이다.

　소진은 가장 포괄적인 개념으로 '고갈, 상담 직업에 대한 냉소적이고 무심한 감정, 비효율감 및 성취감 결여'(Maslach, Schefeli, & Leiter, 2001, p. 399) 등을 포함하는 용어다. 대리 외상은 인지적 요인에 초점을 맞추면서 트라우마 생존자를 상담한 결과로 상담자가 경험할 수 있는 변화를 가리킨다. 이 용어는 세상에 대한 상담자의 기본 가정, 특히 자신과 타인 그리고 세계에 관한 부정적 변화를 포함한다(McCann & Pearlman, 1990). 공감 피로와 이차 트라우마 스트레스는 같은 의미로 사용할 수 있는 용어다(Elwood, Mott, Lohr, & Galovski, 2010; Figley,

2002). 이러한 용어들은 상담자가 내담자의 극심한 고통에 관한 이야기에 노출된 결과로 발생하는 외상후스트레스장애의 증상을 묘사한다. 비록 이런 모든 용어가 실질적 정의와 조작적 정의에 따라 서로 구별되긴 하지만, 이 장에서 논의하고자 하는 것은 각각의 개념을 구분 짓는 것에 초점을 두지 않는다. 오히려 극심한 삶의 위기를 극복하는 사람들과의 작업이 상담자에게 끼칠 수 있는 더욱 포괄적인 부정적 · 심리적 영향에 초점을 맞추고자 한다.

트라우마 사건의 생존자를 상담하는 상담자에게 부정적 영향은 얼마나 만연하게 발생하는가? 다양한 인구학적 배경, 소속 기관, 상담 부하량, 내담자 유형 등을 포함한 전체 상담자 군에 일반화할 만한 선행연구가 없기 때문에 이 질문에 대한 답은 조심스럽게 조율되어야만 한다. 하지만 기존의 연구들을 통해 얻을 수 있는 신뢰할 만한 답은 두 가지다. 첫째, 트라우마 사건을 경험한 사람과의 임상적 작업은 상담자에게 부정적인 영향을 끼칠 수 있다. 둘째, 일부의 상담자만이 자신의 업무에 의해 부정적인 영향을 받는다. 예를 들어, 미국 내의 트라우마 상담자를 대상으로 한 한 조사 연구에서 15% 미만의 상담자만이 유의미한 공감 피로 혹은 소진을 보고했다(Craig & Sprang, 2010). 다른 연구들을 살펴보면, 트라우마 생존자를 상담한 상담자들에게서 그보다 많은 부정적 반응이 보고되었지만 대부분의 상담자가 대리 외상 혹은 공감 피로를 경험하고 있지는 않다고 응답했다(Figley, 2002).

트라우마 상담에 대한 부정적인 반응에는 몇 가지 위험 요인이 존재한다. 삶의 중대한 위기를 극복하는 사람과의 상담에서 얻게 되는 부정적 반응의 첫 번째 위험 요인은 초심 상담자다. 상담이라는 직업을 시작한 지 얼마 되지 않아서 트라우마 작업을 별로 해 보지 못한 상담자는 오랜 기간 상담한 경험 많은 상담자에 비해 위험 요인이 더 크다(Devilly, Wright, & Varker, 2009; Ellwood, Mott,

Lohr, & Galovski, 2010). 초심자는 소속된 기관에 적응하는 문제나 더 낮은 직급에서 역할을 수행해야 하는 문제 등을 포함하여 트라우마 내담자와의 상담 자체와 관련 없는 다양한 스트레스원에 직면할 수 있다. 이러한 연구 결과들은 상담자의 자기돌봄이 젊고 경험이 적은 상담자들이 특히 주의를 기울여야만 하는 주제임을 암시한다.

대부분의 상담자가 아는 것과 같이, 특정한 사람이 외상후스트레스 증상을 발전시킬 가능성을 평가하기 위한 한 가지 보편적인 원칙은 트라우마가 끼치는 영향의 강도다. 트라우마 경험이 강하고 심각할수록, 트라우마에 노출된 기간이 길수록 증상이 발생할 가능성은 더 크다. 이와 같은 원칙은 상담자에게도 적용된다. 내담자의 이야기가 생생하고 끔찍하고 강렬할수록, 또 이런 강렬하고 끔찍한 이야기에 더 많이 노출될수록 상담자가 자신의 일에서 부정적인 심리적 반응을 발전시킬 가능성은 더 커진다(Brady, Guy, Poelstra, & Brokaw, 1999).

상담자 자신이 트라우마를 경험한 경우에는 자신의 직업으로 인해 부정적인 심리적 반응이 유발될 가능성이 더욱 커진다(Baird & Kracen, 2006). 내담자의 경험이 상담자에게 미해결된 문제를 불러일으키는 경우는 특히 그러하다. 예를 들어, 이전에 심각한 성폭행을 경험한 상담자는 내담자의 이야기를 통해 자신의 피해 경험과 관련된 힘든 기억 및 강렬한 정서가 떠오를 경우 심각한 영향을 받게 될 수 있다.

상담을 시작한 지 얼마 되지 않았거나 강렬하고 끔찍하고 생생한 구체적 내용을 포함한 내담자의 이야기에 반복적으로 노출되었거나, 자기 자신이 트라우마 생존자이거나, 특히 상담자가 예전에 경험한 트라우마와 유사한 트라우마를 내담자가 경험하고 있을 때 상담자는 소진과 공감 피로를 경험할 위험이 증가한다. 하지만 이러한 위험을 객관적으로 살펴보는 것이 중요하다. 설령 한

두 개 이상의 위험 요인을 지닌 상담자라 할지라도 대부분의 상담자는 부정적인 심리적 반응을 경험하지 않는다. 상담을 통해 부작용이 생기더라도 상대적으로 심각하지 않을 가능성이 크다(Brady et al., 1999). 더불어, 상담자에게 부정적 반응을 불러일으킬 수 있는 내담자 경험이 동시에 긍정적 변화의 가능성도 제공할 수 있다.

상담의 긍정적 측면: 만족과 성장

직업에 대한 만족이 단순히 임상적 작업에만 국한되는 것은 아닐지라도, 특별히 삶의 중대한 스트레스원을 경험한 내담자를 상담하는 상담자에게 있어서는 남다른 만족을 줄 수 있는 특정한 측면이 상담 속에 있을 수 있다. 공감 만족은 상담이 상담자에게 긍정적인 효과를 주었을 때 나타나는 결과 중의 하나다. 공감 만족은 내담자와의 직접적인 상담을 통하든지, 아니면 상담의 다른 측면을 통해 상담하면서 얻게 되는 즐거움을 가리킨다(Horrell, Holohan, Didion, & Vance, 2011). 선행 연구를 살펴보면, 공감 만족이 상담에 대한 부정적 반응보다 일반적이며(Sprang, Clark, & Whitt-Woosley, 2007) 상담 경력이 많은 상담자가 초심자보다 공감 만족의 수준이 더 높은 것으로 보고된다(Craig & Sprang, 2010).

자신의 작업에 대한 유의미한 만족과 더불어, 매우 심각한 상황을 경험한 내담자와 상담하는 상담자는 대리 외상 후 성장을 경험할 가능성도 존재한다(Arnold, Calhoun, Tedeschi, & Cann, 2005; Horrell, Holohan, Didion, & Vance, 2011). 이처럼 내담자의 삶의 이야기를 경청함으로써 상담자는 다양한 긍정적 변화를 경험할 수 있다.

상담자는 상담을 통해 내담자의 용기 있는 싸움과 극복에 관한 이야기에 귀를 기울임으로써 변화할 수 있다. 또한 내담자가 극심한 도전거리에 맞서 보여 주는 용기는 상담자에게 영감을 불러일으킬 수 있다(Pearlman & Saakvitne, 1995). 내담자가 끔찍한 상황에 처했고, 그러한 상황에 굴복하지 않았으며, 맞서서 싸우는 과정에서 어떤 식으로든 성장을 경험했다는 단순한 사실이 보통 사람 혹은 상담자에게 잠재적으로 유사한 능력을 발휘할 수 있을 것으로 생각하게 만드는 기회를 줄 수 있다. 작가인 앨런 루커(Allen Rucker)가 표현한 대로, 상담자는 "정서적으로 더 많은 투지를 소유할 수 있으며… 그리고 상상하는 것 이상으로… 해결할 수 있다. … 당신은 스스로 생각하는 것만큼 연약한 존재가 아니다."(Rucker, 2007, p. 226)라는 사실을 간접적으로 배울 수 있다.

그러나 동시에 내담자의 이야기는 사람은 누구나 비극과 상실에 취약할 수밖에 없음을 상담자에게 명백하게 보여 준다. 따라서 상담자는 비극적 상황에 대한 내담자의 이야기를 통해 많은 내담자가 스스로 배우게 되는 역설적 변증 원리를 충분히 이해할 수 있게 된다. 또한 상담자는 공감적 이해를 바탕으로 인간은 모두 기대 이상으로 상실에 취약하지만, 더불어 상상 이상으로 강한 존재임을 알게 된다. 즉, 상담자는 내담자가 대항할 수 없을 정도의 압도적인 어려움을 겪는 과정에서 분투하는 것을 통해 삶은 극심한 도전거리와 상실을 제공할 뿐만 아니라 트라우마 사건을 경험할 때 맞서 싸움으로써 강점이 발견되고 계발된다는 필연적인 현실을 더욱 인식할 수 있게 된다.

우리 모두 위험에 처할 수 있다는 이러한 진실이 때때로 상담자에게는 현실이 된다. 그러므로 동반자적 전문가가 내담자에게서 배우는 교훈이 특별히 유용할 수 있다. 자녀를 잃은 부모들을 대상으로 집단상담을 실시하는 한 동료 상담자가 자기 자녀의 비극적 죽음에 직면하게 되었던 적이 있다. 곧 그녀는 자녀를 먼저 떠나 보낸 부모들을 오랫동안 상담한 경험을 통해 자신이 귀중한 교훈을 얻었음을 깨닫게 되었다. 그녀는 많은 사람이 이러한 비극을 극복하는 것을 보아 왔기 때문에 자신도 그럴 수 있을 것이라는 희망을 품었다. 또한 사람들이 다양한 방식으로 대처했으며, 그녀 역시 자신이 조력한 부모들에게서 얻은 교훈을 통해 스스로 극복할 방식을 선택할 수 있음을 알았다. 다른 사람에게 고통을 직면시키는 것이 익숙했기 때문에 자신의 고통을 직면할 자유와 용기를 스스로 허락할 수 있었으며, 간접적으로 축적한 지식을 통해 자신의 고통을 피하지 않아야 한다는 가르침을 얻었다. 더불어 친구는 자신이 이겨 낼 수 있음을 알았다.

매우 힘든 삶의 도전거리에 직면한 사람들과의 상담은 상담자 자신의 세계관과 삶의 철학이 긍정적으로 변화되는 경험의 기회를 부여한다. 내담자가 전하는 애도, 상실, 비극 그리고 공포에 관한 이야기는 직접적으로 트라우마를 직면하는 사람들이 경험하는 애도, 상실, 비극, 공포와 매우 유사한 방식으로 세상에 대한 상담자의 기본 가정에 도전거리를 제공한다. 공감 피로와 대리 외상에 관한 연구들이 시사하는 것처럼, 트라우마에의 대리 노출은 핵심 신념에 이의를 제기하고 그 결과 부정적인 변화를 유발할 수 있다. 하지만 내담자의 경험을 통해 상담자가 자신의 삶의 철학을 재검토하게 될 때는 대리 성장의 가능성 또한 존재한다. 실존적인 문제들에 직면하는 것은 상담자에게도 똑같이 실존적인 문제들을 제기할 수 있다.

내담자의 경험은 상담자에게 유쾌하지만은 않은 실존적 문제들을 제기할 수 있다. 내담자가 실존에 대한 근본적인 질문을 던질 때 상담자의 심리적 불편감 또한 야기될 수 있으므로, 상담자는 실존에 대한 근본적인 질문에 직면하는 것이 좋다(Yalom, 1980, 2009). 트라우마 사건에 맞서고 있는 내담자와 상담하는 사람에게는 실존적 문제에 직면하는 것이 필연적이며 필수적이다. 따라서 내담자의 경험을 통해 이러한 문제들을 개방적이고 진실하게 다루는 정도 자체가 상담을 통해 얻게 되는 성장의 한 형태로 간주할 수 있다.

외상 후 성장 경험의 일반적인 요인은 삶의 우선순위를 재평가하거나 때로는 우선순위를 변경하는 것이다. 내담자가 말하는 트라우마 이야기를 상담자가 들을 때, 상담자는 자신의 우선순위에 대해 생각하고 자신에게 진실로 중요한 것이 무엇인지를 자각하며 선택할 수 있게 된다. 예를 들어, 자녀를 잃은 부모들과의 집단 상담을 진행하면서 집단 상담자는 자신의 자녀가 얼마나 소중한지 더욱 자각하게 된다. 또한 비극적 상실 사건을 경험한 내담자와의 상담을 통해 상담자는 가족, 자녀 혹은 친구들과 더 많은 시간을 보내는 것과 같은 일에 더 우선순위를 두는 선택을 하게 된다. 이처럼 내담자가 상실에 관한 이야기를 할 때마다 상담자는 자신이 잃지 않은 것이 무엇이고 우선순위가 어떠해야 하는지를 되새겨 볼 기회를 얻을 수 있다.

매일을 더 소중하게 여겨야 한다는 동반자적 전문가가 배울 수 있는 교훈은 삶의 우선순위를 바람직하게 변경시키는 것과 밀접한 관련이 있다. "전 단지 일상을 더 감사하게 여기는 방법을 배웠어요." 이것은 다양한 어려움에 직면한 사람들의 경험 속에 담긴 일반적 주제다. 상담자는 내담자가 말하는 것을 귀담아 들음으로써 같은 종류의 교훈을 얻을 수 있다. 상담자가 내담자의 어려움을 통해 자신의 삶의 많은 요소를 더욱 소중하게 생각하게 될 수 있는 수많은 가능성이 존재한다. 배우자에게 학대받은 내담자를 상담하는 상담자는 자신이 경험하고 있는 지지적이며 상호 친절을 베푸는 부부관계를 더욱 감사하게 여길 수 있다. 어렸을 때 학대받은 성인 내담자와 작업하는 상담자는 자신의 원가족의 좋은 면들을 깨닫게 되고 감사하게 될 수 있다. 노숙자인 내담자를 상담하는 위기 상담자는 자신이 소유한 크지 않은 아파트를 더욱 소중히 여기게 될 수 있다. 또한 학대 가해자인 내담자를 상담하는 상담자는 자신이 좋은 부모, 배우자 혹은 친구가 될 필요성에 대해 더욱 자각하게 되고, 스트레스를 받을 때도 자신의 짜증을 더 잘 통제하도록 노력하게 될 수 있을 것이다. 한 동료가 말한 대로다. "매우 힘든 사건을 경험하는 내담자와의 상담을 통해 나는 나 자신의 우선순위를 재점검하게 되고, 그럴 때면 어떤 방식으로든 내가 처한 상황을 필연적으로 소중히 여기게 된다."

성장에 관한 연구가 제시한 것처럼, 사람들은 위기에 맞서 분투함으로써 다른 사람과 결속되었다는 것을 더 크게 경험하게 된다. 마찬가지로 내담자가 경험하는 위기를 간접적으로나마 상담자가 맞닥뜨림으로써 상담자는 자신의 삶에서 중요한 사람들과의 연결감을 더 크게 경험한다. 애도 문제를 경험하는 부모들의 지지 집단을 이끄는 한 상담자가 다음과 같이 말했다. "집단 상담이 끝난 후 집에 돌아가면 아이들을 더 꼬옥 껴안아요." 대리 경험을 통해 상담자는 자신이 사랑하는 사람들과의 결속감을 유지하고 키우는 것이 얼마나 중요한지를 더욱 온전히 알아차리게 된다. 사랑하는 사람의 중요성을 더 잘 깨닫게 되는 것에서 나아가, 상담자는 내담자의 이야기를 통해 타인과의 유대감을 더 적극적으로 강화하고자 하는 동기도 얻을 수 있다. "다른 사람과의 유대감을 더욱더 소중히 깨닫게 되고, 동시에 그러한 연결감을 유지하면서 더 심화하고 향상시키기 위해 노력하고 싶어질 것이다." 내담자가 경험하는 트라우마 사건들과 상실을 통해 그 상실과 비극이 상담자 자신의 삶의 일부가 될 가능성이 명확히 전달되기 때문에, 이러한 대리 경험은 양날의 칼이다. 한 상담자는 다음과 같이 말했다. "매일 새로운 하루가 새로운 시작의 가능성을 열어 준다는 것을 자각할 수 있지만, 더불어 그것은 비극적인 상실이 발생할 가능성 또한 열어 준다.

그러므로 오늘을 온전히 살면서 사랑하는 사람들에게 사랑한다고 말하는 것을 내일로 미루지 마라."

"섬과 같이 고립된 사람은 아무도 없다." 이것은 영국의 시인 존 던(John Dunne)의 유명한 문구다. 직·간접적인 경험을 통해 상담자는 다른 사람, 특히 심리적으로 고통받는 사람과 자신이 연결되어 있음을 더 잘 이해하게 된다 (Pearlman & Saakvitne, 1995). 이처럼 상담자는 자신이 타인과 연결되어 있음을 더 잘 이해하게 될 뿐만 아니라 타인에 대한 연민도 더 커진다. 2001년 9월 11일에 미국에서 발생한 테러 공격의 직접적인 피해자이기도 했던 한 상담자는 자신의 경험을 통해 내담자의 어려움에 더 큰 연결감과 연민을 느꼈다고 보고했다(Bauwens & Tosone, 2010). 동료 인간에 대한 상담자의 보편적인 연민은 트라우마 사건 생존자들을 상담한 결과로 더욱 커질 수 있다. 상담자는 내담자가 이야기하는 상실과 고통을 통해 유사한 경험을 하게 되고 타인과의 결속감을 다시 한 번 기억하게 되는데, 이는 힘들고 때로는 끔찍한 상황에 처한 다른 사람과 유대감을 형성하게 할 수 있는 복합적인 축복이다. 던의 문구대로, 트라우마 상담자는 '누구를 위해 종은 울리는지' 매우 잘 알고 있다.

중대한 삶의 위기에 직면한 내담자와의 상담은 상담자에게 중요한 실존적 질문들을 제기할 수 있지만, 더불어 다른 사람들, 특히 고통받는 사람들과의 연결감을 더 뚜렷하게 할 수 있다. 실존적 자각이 향상되고 연결감이 증대되면 어떤 상담자는 사회에 적극적으로 참여하는 시민으로서 유의미한 목적을 찾게 될 수 있다. 아동기에 학대를 받은 성인들을 상담하는 한 상담자는 아동 학대 예방 프로그램을 확대하는 공공 정책의 수립에 앞장서고 있으며, 성소수자를 옹호하는 여러 활동에도 정기적으로 참여하고 있다. 또한 트라우마를 경험한 사람들을 상담하는 한 상담자는 자신이 속한 종교 단체 내에서 타인종 혹은 타민족 간의 관계를 향상시키기 위한 노력을 적극적으로 기울이고 있다. 일부는 정치적이기도 한 이와 같은 의도적인 활동은 내담자의 고통과 아픔에 상담자가 공감적으로 연결됨으로써 발생할 수 있다. 결국 상담자는 타인의 삶을 향상시키기 위한 활동에 참여함으로써 자신의 삶의 의미와 목적을 유의미하게 할 수 있다.

간접적으로 뺨 맞기: 기회를 잡아라

외상 후 성장 가능성의 출발점은 한 개인의 세계관의 근간이 심각하게 도전받거나 풍비박산이 날 때다. 내담자의 트라우마를 간접적으로 경험하는 것은 동반자적 전문가에게 자신의 세계관의 근간이 변화할 수 있을 만큼 흔들리는 경험의 기회가 된다. 상담자는 자신의 내담자들과 달리 고통에 대한 직접적이고 심각한 대가를 치르지 않은 채 세계관의 근간이 흔들리는 것을 경험하고 자신의 핵심 신념에 위협이 되는 잠재적 요소들을 확인할 수 있게 된다. 또한 내담자의 이야기를 통해 상담자가 때때로 느끼는 세계에 대한 간접적인 도전들이 대리 외상 후 성장의 가능성을 제공한다.

배우이자 희극인이었던 리처드 벨저(Richard Belzer)는 암을 극복한 뒤 자신의 질병에 대해 '뺨을 제대로 맞은 것'이라고 표현했다. 삶의 위기에 의해 뺨을 제대로 맞은 사람들을 상담하는 상담자는 고통을 직접적으로 경험하거나 뺨을 맞을 필요 없이 삶의 중요한 문제들을 살펴볼 간접적인 기회를 얻는다. 상담자가 내담자에게 일어나는 외상 후 성장을 확인하고, 명명하고, 강화하고, 격려할 준비를 갖춰야 하는 것처럼 상담자는 자기 자신에게도 그러해야 한다. 상담자는 외상 후 성장이 발생할 가능성을 잘 살피고 트라우마 사건과 맞서 싸우는 내담자에게 깊이 공감함으로써 얻을 수 있는 기회를 잘 활용해야 한다.

동반자적 전문가에게 필요한 기반

상담을 효과적으로 이끌고 내담자가 외상 후 성장을 경험할 가능성을 증가시키기 위해 동반자적 전문가에게 필요한 중요한 철학적·영적 기반이 있다. 3장에서 살펴 본 것과 같이, 가장 단순하면서도 쉽게 얻을 수 있는 기반은 세계에 대한 내담자의 기본 가정과 관련하여 포괄적이면서도 심도 있는 지식을 갖추는 것이다. 외상 후 성장의 가능성을 추구하는 내담자에게 조력하기 위해 이러한 지식은 필수적이다.

내담자의 세계관에 관한 보편적인 지식을 얻는 가장 쉬운 방법은 그러한 세계관에 대해 읽고 적극적으로 연구하는 것이다. 상담자는 내담자의 종교적·영적 그리고 철학적 관습에 대하여 읽어야만 한다. 간단한 예로는 무신론자, 배타론자, 어떠한 종교의 교리도 따르지 않는 사람의 관점을 포함하여 내담자의 종교적 전통에 관한 지식을 얻는 것이다. 폭넓은 지식이 상담자에게 특정 개인, 부부 혹은 가족에 대한 구체적인 사항을 말해 주지는 않는다. 하지만 그러한 지식을 통해 개인에게 미치는 복잡한 문화적 영향력 안에서 이루어지는 한 개인의 경험을 이해하는 잠정적이지만 폭넓은 틀을 마련할 수 있다. 또한 그러한 지식을 통해 동반자적 전문가가 내담자에게서 배울 수 있는 유용한 틀 역시 얻을 수 있다. 상담자가 치료할 사람들의 '삶에 대한 패러다임과 관점 그리고 삶을 살아가는 방법'은 무엇인가?

저자들이 다양한 배경의 내담자들과 상담해 오긴 했지만, 그들을 표본 삼아 전형적인 내담자의 특성을 요약해 보면 '온건 보수적인 신교도의 공화당 지지자' 다. 이 복합적인 단어를 두 가지로 분류해서 설명해 볼 수 있다. 첫째는 온건적이거나 보수적인 특성을 지닌 신교도 분파이며, 둘째는 미국 공화당의 정치적 전통이다. 이러한 광범위하면서도 이질적인 분류 기준에 내담자가 속하게 되면, 이러한 전통을 공유하는 사람들이 지닌 가치와 기본 가정들을 잘 이해하는 상담자일 수록 더욱 효과적인 역할을 수행할 수 있을 것이다. 이와 같은 폭넓은 기본 가정들을 이해하는 것이 특정 개인에 대한 구체적인 정보를 알려 주지는 못할지라도 상담자에게 바람직한 출발점을 제공할 수는 있다.

우리도 알다시피, 대부분의 미국인은 정신건강 종사자 집단에 비해 좀 더 종교적인 것으로 보고된다(8장 참고). 미국 내 주요 종교들의 특징과 내담자 집단의 우세한 특정 관습을 아는 것은 특히 미국의 상담자에게 유용하다. 특정 집단의 교리를 반영하든 그렇지 않든 간에 상담자가 종교적 신념을 이해하는 것은 특히 위기를 경험하고 있는 내담자에게 중요하다. 인구학적 그리고 문화적 배경이 다양해짐에 따라 상담자는 내담자의 영적 · 철학적 관점이 점점 이질적이 되어 감을 알게 될 것이다. 그에 따라 상담자는 점점 다양한 전통, 신념 그리고 관습 등에 익숙해질 필요가 있다.

상담자는 이런 사실을 이미 알고 있지만, 계속해서 명심하려는 노력을 해야 한다. 매우 중요한 지식은 동반자적 전문가로서 상담자가 조력하는 개별적 인간(individual persons) 각각의 세계관이다. 예를 들어, '라틴계' 와 '앵글로계' 의 차이점과 같이 개괄적인 차이를 숙지하는 것도 유용하지만, 인종에 관한 개괄적인 차이를 아는 것은 상담자가 내담자를 문화적 혹은 인종적 분류에 속한 개인으로 단순히 이해하게 할 뿐이지 오직 하나뿐인 개인으로서 이해하도록 도와주지는 않는다. 물론 한 문화 내의 신념 체계를 폭넓게 보편적으로 이해하는 것은 바람직하며 권장할 만하다. 하지만 그보다도 핵심 신념의 주요 요소들을 포함한 개인의 세계관을 아는 것이 결정적이다.

내담자가 외상 후 성장이라고 여기며 경험하는 대부분의 것은 내담자의 삶에 대한 철학적 지평 안에서 발생한다. 트라우마 사건을 극복하고자 하는 내담자에게서 점점 눈에 띄게 두드러지는 요소는 삶의 유한성과 의미에 관한 실존적 질문과 관련될 가능성이 있다. 이러한 질문에 내담자가 어떤 답을 갖고 있는지를 상담자가 잘 이해할수록 외상 후 성장의 가능성을 증진시키는 데 더욱 효과적인 역할을 할 수 있다.

트라우마 생존자와 상담하는 상담자는 내담자가 끔찍한 경험으로부터 상담자를 신뢰하게끔 하는 과정에서 만족감, 영예로움 그리고 특권감을 종종 느낀다(Horrell, Holohan, Didion, & Vance, 2011). 내담자가 자신이 겪은 고통의 구체적인 내용을 꺼내 놓을 때 상담자는 자신이 내담자의 이야기를 들을 수 있도록 선택받았다는 영예로움을 느낄 수 있다. 그러한 정직함이 살아 있는 대화는 어떤 다른 대화에서도 찾아보기 어렵다. 내담자가 주변 사람들을 보호하고자 하는 마음에서 자신의 이야기를 하지 않을 수도 있다. 이때 동반자적 전문가는 전반적인 태도와 양식을 통해 자신이 오랫동안 함께할 것이며 내담자가 진심을 다해 고통을 털어 놓을 때 온전하게 그리고 진솔하게 내담자와 기꺼이 함께할 것임을 명료하게 전달할 필요가 있다. 그러면 매 내담자와의 관계에서 온전히 인간다워진다는 것이 무슨 의미인지를 반복해서 배우게 되고, 이러한 신뢰가 동반자적 전문가의 또 다른 기반이 된다.

마음을 사로잡는 이야기를 읽는 독자나 감동적인 영화 혹은 연극을 보는 관객은 자신이 읽고, 보고, 듣는 것을 통해 개인적인 영향을 받을 수 있다. 그 결과 독자나 관객은 자신의 견해를 재고할 가능성도 있다. 유사하게, 공감적인 상담자는 내담자가 말하는 트라우마와 극복에 관한 이야기를 통해 필연적으로 영향을 받게 된다. 즉, 생존자가 바로 눈앞에 있고 그 내용도 사적인 것이기 때문에 내담자가 말하는 이야기는 상담자에게 정서적으로 큰 영향을 줄 수 있다.

내담자가 전하는 트라우마에 관한 이야기는 이제까지 별 문제가 없던 상담자의 삶에 관한 근원적인 관점을 재고할 수밖에 없게 만든다. 더욱이 왜 어떤 사람은 트라우마로 고통을 받고 어떤 사람은 고통받지 않는지에 관한 질문을 불러일으킬 수 있다. 상담자에게 필요한 또 다른 기반은 번영하는 삶을 사는 것의 의미가 무엇인가와 같은 실존적 문제들에 대한 상담자 자신만의 답을 적극적으로 심사숙고하는 것이다. 만족스러운 답을 찾았든 그렇지 않든 간에 상담자는 이와 같은 질문들에 대해 내담자와 함께 이야기하는 데 익숙해질 필요가 있다. 상담 과정에서 이러한 질문들이 제기될 가능성이 매우 크기 때문이다. 이러한 문제들에 관해 다른 사람과 이야기하는 것을 꺼리는 상담자라면 그것에 어느 정도는 둔감해질 필요가 있다. 트라우마 생존자는 삶의 의미는 무엇인가, 그처럼 끔찍한 상실감을 경험한 후에 삶을 지속해야 하는 이유는 무엇인가, 수렁을 극복하여 지금은 그 수렁이 별것 아니게 되었지만 현재 그와 같은 수렁에서 헤매고 있는 주변 사람들과 어떻게 의미 있는 관계를 맺어야 하는가, 신이 있다면 어떤 신이 존재하는가와 같은 질문을 던지는 데 전혀 주저하지 않을 것이다.

내담자가 그러한 실존적 그리고 영적인 질문을 탐색하고자 할 때 상담자는 불편해하지 않는 것이 중요하다. 상담자는 그러한 탐색에는 다양한 방법이 있다는 것에 개방적이어야 하는 동시에, 만족스러운 방법이 간단하게 찾아지지 않을 수 있다는 사실에도 개방적이어야 한다. 상담자는 실존적 답에 한편으로는 우회적이고 다른 한편으로는 지나치게 단도직입적임으로써 세계에 대한 기본 틀을 재건하는 과정과 외상 후 성장의 과정을 단축시킬 수 있다. 우리는 적당한 시기에 그러한 탐색을 시도하는 내담자를 지지하는 것이 외상 후 성장을 제대로 경험하게 하는 데 도움이 된다고 확신한다. 그것이 가장 효과적이기 위해서는 생존자에게 답을 찾을 능력이 충분히 있다는 것을 동반자적 전문가가 정확하게 전달해야 한다.

근간이 되는 실존적 질문들을 곰곰이 생각하는 것은 삶의 심각한 위기에 직면해야만 하는 사람들과 상담하는 상담자에게 바람직한 토대가 되지만, 그렇다고 반드시 구체적인 모든 것의 답을 알아야만 하는 것은 아니다. 오히려 확실하지 않음을 내담자에게 조심스럽게 노출하는 것이 더 바람직할 수 있다. 그렇게 함으로써 내담자는 까다로운 질문들에 대해서 타인이 결론 내린 해답을 최종 답으로 여기고 싶은 유혹을 떨칠 수 있다. 예를 들어, 큰 상실을 경험한 내담자가 상담자에게 사후 세계를 믿는지 물어본다면, 상담자는 잘 모르겠다든지 믿는다 할지라도 구체적으로 어떤 모습일지는 확실히 모르겠다고 정직하게 말해야 한다.

중대한 삶의 어려움을 겪고 있는 사람들의 스트레스를 경감시키고, 그들을 번영하는 삶으로 나아가게 하며, 나아가 그들이 외상 후 성장을 경험할 수 있도록 조력하는 동반자적 전문가는 내담자에게 영적 문제가 현저히 부각될 때 가능하면 개방적인 태도를 취한다. 동반자적 전문가는 내담자에게 자신의 입장을 강요하거나 압박을 주지 않는 태도를 취함으로써 내담자가 이러한 문제를 회피하지 않고 방어적이 되지 않으면서 다양한 관점을 흔쾌히 고려하고, 내담자 자신의 관점을 명료화하면서 자발적으로 이야기 나누도록 적극적으로 조력할 수 있다. 자신의 영적인 삶(무신론적 혹은 배타주의적 관점 포함)에 관해 어느 정도 명료함을 갖춘 상담자는 이러한 영역에서 더욱 편안함을 느낄 수 있다. 내담자가 트라우마 사건을 통해 성장할 수 있도록 가장 효과적으로 조력하는 상담자는 자신의 성장 가능성에 개방적일 가능성이 크다. 그러한 상담자는 상실, 비극, 애도 문제를 극복한 사람들에게서 얻을 수 있는 잠재적 보상에 열린 마음과 감사하는 마음을 지니게 된다. 또한 상담자가 지금까지 설명한 것과 같은 동반자적 전문가로서 상담에 접근할수록 대리 외상 후 성장을 경험할 가능성도 커진다. 그 이유는 상담자가 내담자에게서 배우려는 자세와 내담자가 나누는 지혜에 세심히 귀 기울이려는 용기 및 인내심을 지니게 되기 때문이다. 이러한 작업은 많은 노력을 요구하기 때문에 현명한 상담자라면 다양한 방식으로 자신을 돌봐야 한다.

상담자의 자기돌봄

모든 상담자, 특히 트라우마 생존자를 상담하는 상담자는 더욱 자신을 돌볼 수 있어야만 한다. 상담은 많은 측면에서 보상적이지만 동시에 힘들기도 하다. 끔찍한 사건을 경험한 내담자와의 상담은 너무나 많은 노력이 필요하며, 상담자에게 좋지 못한 영향을 줄 수도 있다. 앞서 트라우마 상담이 항상 부정적인 영향만 주는 것은 아니라는 점에 관해 살펴보았지만, 현명한 상담자는 문제를 예방하거나 상담을 통한 긍정적인 효과를 증대시키기 위해 튼튼한 기초를 세운다. 이는 자명한 이치이지만 이는 여러 번 반복해서 강조해도 지나치지 않다. 상담을 가장 효과적으로 하기 위해 상담자는 심리적·신체적으로 건강한 상태를 유지할 필요가 있다. 트라우마 사건을 경험한 내담자와의 상담을 통한 현저히 부정적인 반응들을 줄이기 위해 상담자가 취할 수 있는 몇 가지를 요약하자면 다음과 같다. 상담자라면 다음에 제시된 대부분의 내용을 이미 알고 있겠지만, 다시 한 번 상기해 볼 기회가 될 수 있을 것이다.

전문가로서의 자기돌봄

소진이나 공감 피로, 대리 외상은 모든 상담자에게서 일어날 수 있다. 이것은 얼마나 훈련을 잘 받았고, 얼마나 심리적으로 잘 회복됐으며, 얼마나 많은 경험이 있는가에 상관없이 상담자라면 누구에게나 일어날 수 있다(Meichenbaum, 2003). 그러한 가능성을 자각하고 정기적으로 자기평가를 하는 것은 상담으로 발생할 수 있는 문제들을 조기에 확인하고 예방할 수 있는 중요한 요인이다.

삶의 난제들에 대한 정확한 자기자각과 더불어 부정적인 반응을 예방하기 위한 또 다른 중요한 요인은 상담자가 촉진해 줄 수 있는 변화와 성장의 정도에는 한계가 있다는 점과 내담자에게 스스로 경험할 능력이 있다는 점을 솔직하게 인정하는 것이다. 비록 선택할 수 있는 다양한 증거 기반 치료 접근법이 있지만, 가장 효과적인 치료 접근법임에도 내담자가 당면한 문제들을 다루는 데 아주 최소한 혹은 거의 아무런 효과도 내지 못할 수 있다. 이는 영적·심리적 혹은 신체적 치료자를 포함한 모든 영역의 치료자가 하는 일의 현실이다. 일부 내담자는 바라는 만큼의 진전, 성장 혹은 향상을 보이지 않을 것이다. 이렇게 생각하는 것이 상담자가 기억해야 할 더 적응적인 생각일 수 있다.

이러한 문제와 관련하여 몇 년 전에 등장한 매우 유용한 개념이 있다(Rotter, Chance, & Phares, 1972). **최소 목표 수준**(minimal goal level)이라는 복잡하지만 학술적인 용어로 알려져 있는데, 이 개념은 내담자에게 기대하는 긍정적인 변화에 대해 상담자가 현실적이 될 필요가 있다는 것을 직접적으로 표현한다. 이러한 최소 목표 수준은 한 개인이 만족스럽다고 지각하는 최소 수준의 수행을 가리킨다. 이 개념은 실험실 상황을 바탕으로 한 연구를 통해 개발되었는데, 연구의 참가자들은 점수를 내는 게임을 하도록 요청받았다. 이때 최소 목표 수준이란 참가자가 스스로 느끼기에 게임을 잘한 것 같다고 생각하는 점수를 가리킨다. 임상적인 영역에 적용해 보면, 상담자인 당신이 치료 전략이 효과적이었다고 간주하는 내담자에게서 보이는 최소 수준의 진전 혹은 외상 후 성장은 어느 정도인지 질문해 볼 수 있다.

더 일반적으로 말하면, 당신이 좋은 상담자라는 것을 가리킬 수 있는 내담자의 진전 정도는 어느 정도 수준인가? 우리가 추측하기에 상담자에게서 부정적인 반응이 일어날 위험은 상담자가 성공적이라고 생각하는 긍정적인 변화의 최소 수준이 높아짐에 따라 함께 커진다. 기대가 비현실적으로 높아질수록 상담자의 실망과 부정적인 자기평가도 높아진다. 부정적인 자기평가가 지속되면 상담자의 스트레스 반응은 증가하고, 직업적 소진이 생길 가능성이 커진다. 상담자가 자신의 일을 잘 꾸려 나가든 그렇지 않든 간에 한 가지 유용한 반향판은 다른 상담자들이다. 이것이 상담자가 정기적인 수퍼비전과 정기적인 또래 자문을 얻는 것이 바람직한 이유다.

모든 상담자가 또래의 동료 상담자에게서 정기적으로 자문을 받는 것이 많은 점에서 유익하다. 하지만 소진 혹은 공감 피로에 유독 취약할 수 있는 상담자는 경험 많고 신뢰할 수 있는 상담자에게서 정기적으로 수퍼비전을 받아야 한다(Horrell, Holohan, Didion, & Vance, 2011). 상담 경력이 많지 않거나 상담자 자신이 중대한 삶의 위기를 경험한 적이 있거나, 중대한 트라우마 사건을 겪고 심각한 트라우마 증상을 보이는 내담자를 주로 상대하는 상담자라면 반드시 정기적인 수퍼비전을 고려할 필요가 있다. 그러나 무엇보다도 심각한 삶의 스트레스를 경험하고 있는 내담자가 단 한 명이라도 있다면 반드시 동료들에게 적절한 자문을 구해야 한다.

전문적인 자기돌봄의 또 다른 요소는 내담자의 분포를 고르게 하는 것이다 (Meichenbaum, 2003). 개인에 따라 다르겠지만, 한 상담자가 효과적으로 상담할 수 있는 내담자의 수는 한정적이다. 일반적으로 사례 수가 많아지면 상담자에게 부정적인 영향이 미칠 수 있다. 따라서 사례 수가 증가하면 상담자는 직업 스트레스의 수준을 주의 깊게 살피며 예방적인 자기돌봄을 꾸준히 할 필요가 있다. 내담자의 문제 유형을 다양화하는 것도 중요하게 고려할 부분이다. 극심한 트라우마 사건을 겪은 내담자를 주로 상담하는 상담자는 트라우마 사례 수가 상대적으로 적은 상담자에 비해 더 취약하다. 상담자는 내담자의 문제 유형이 고르게 분포되도록 살피고, 자신에게 최선인 상태로 혹은 적어도 소속 기관에 해를 끼치지 않는 선으로 잘 유지할 필요가 있다.

효과적이고 경험적으로 입증된 치료 접근법을 사용하는 것이 트라우마 사건의 생존자를 상담하는 상담자에게 보호 요인이 될 것이다(Craig & Sprang, 2010). 상담자의 초기 훈련 및 교육, 지속적인 수퍼비전 그리고 공식적 혹은 비공식적인 자격 갱신 교육과정을 세심하게 밟는 것이 가장 효과적인 치료 접근법에 대한 새로운 지식을 유지하는 방법이다. 효과적인 치료 전략을 수행할 수 있다는 것은 트라우마 생존자들을 상담하는 데 필요한 자신감과 편안함을 상승시킨다. 동반자적 전문가는 내담자의 문제를 호전시키고, 내담자가 성장하도록 도움을 줄 수 있는 최선의 방법에 대해 최신의 연구가 어떠한 정보를 갖고 있는지 잘 알고 있을 필요가 있다.

앞서 언급한 것처럼 상담이 어느 정도의 효과를 가져올 것인지에 대해 비현실적인 기대를 지닌다면 상담자는 자신의 일을 통해 부정적인 반응을 야기하는 위험에 처하게 될 수 있다. 따라서 그 반대가 더 중요하다. 현실적인 조건 내에서 상담자는 내담자가 경험한 긍정적인 변화를 체계적이고 의도적으로 인정할 필요가 있다. 이러한 일이 어렵기는 하지만, 잘 훈련받은 상담자라면 내담자가 더 잘 기능하고 성장할 수 있는 단계로 나아가도록 조력할 것이다. 또한 상담자는 상담을 통해 긍정적인 경험을 하는 내담자가 많이 있음을 자각하기 위해 적어도 가끔은 마음의 재고 정리를 통해 불필요한 것들을 정리할 필요가 있다.

개인적 자기돌봄

대부분의 상담자는 이 절에서 제안하는 내용을 이미 알고 있다. 하지만 알고 있음에도 많은 상담자가 자기를 돌보는 일에는 능숙하지 않다. 다음에서 제시하는 내용의 핵심 주제는 결국 부정적인 스트레스의 효과를 예방하는 실천의 중요성이다. 직업적 책임 및 일에서 벗어난 다른 삶의 영역과 건강한 균형을 유지하는 것은 중요하므로 이를 추천하는 바다.

규칙적인 운동은 심리 상태에 매우 긍정적인 효과를 주고, 스트레스의 부정적인 영향을 예방하며, 스트레스가 발생했을 때 효과적으로 대처할 수단이 된다는 것이 임상적으로 증명되었다. 건강한 성인이라면 활발한 유산소 운동이 적절하겠지만, 이 또한 건강 상태와 신체 상태를 고려하여 조율해야 한다. 상담자는 운동 프로그램을 시작할 때 반드시 전문가의 조언이나 의사의 자문을 받아야만 한다. 상담자의 자기돌봄에서 운동의 더 유익한 측면은 심리적인 부분이다. 규칙적인 운동은 다양한 행동장애 증상을 줄여 줌으로써 전반적인 심리적 안녕을 향상시킬 수 있다(Walsh, 2011).

적절한 영양 섭취와 건강한 수면 패턴은 자기돌봄의 중요한 요소다. 기억할 점은 제대로 먹고 충분히 수면을 취해야 한다는 것이다. 밤중에 내담자의 이야기가 떠올라 반추하게 되면 상담자의 수면은 방해를 받는다. 이런 일이 생기지 않도록 상담자는 내담자의 이야기를 '따로 떼어 놓는' 장소를 마련해야 한다. 이를 위해 수퍼비전 회기를 이용할 수도 있다. 한편, 하루 일과 중 상담자에게 의외로 힘들 수 있는 시간은 점심시간이다. 끼니를 거르거나 책상 앞에 앉아 일하면서 먹거나, 혹은 외식을 하는 것 모두 건강한 식생활은 아니다. 적당한 점심시간을 갖거나 건강한 음식을 먹는 것을 불가능하게 하는 일의 패턴을 경계해야 한다. 카페인을 많이 섭취하는 상담자는 건강하고 편안한 수면이 방해받지 않도록 세심한 노력을 기울여야 한다.

구체적인 내용은 다를 수 있지만, 전 세계의 주요 종교는 각각 적어도 일주일에 하루는 쉬거나 기도하도록 한다. 즉, 권고를 받아서든 종교적 의무에서든 일주일에 하루는 일상의 일들에서 벗어날 필요가 있다. 상담자 또한 일에서 벗어날 시간이 필요하다. 매 주 일하지 않는 시간을 만들거나 때로는 주말 앞뒤로 휴가를 내거나, 혹은 장기 휴가를 이용해 회복의 시간을 갖는 것이 바람직할 수 있다.

기술의 발달로 어려워지긴 했지만, 자신과 일을 분리시킬 수 있는 장치를 만들어 놓는 것이 필요하다. 매일 직업 장면에서 개인적인 삶의 장면으로 전환할 수 있는 활동을 마련하는 것도 단순하지만 효과적일 수 있다. 예를 들면, 직장에서 돌아오자마자 옷을 갈아입는 것이다. 유행 때문에 '직장 옷'과 집에서 주로 입는 옷을 따로 구분하기가 쉽진 않지만, 이런 단순한 활동이 상담자뿐 아니라 함께 사는 가족에게도 유용하면서 상징적인 의미를 줄 수 있다.

한번은 워크숍에서 직장과 가정 간의 전환 활동에 대해 토론하고 있었는데 한 참가자가 미소를 지었다. 휴식 시간에 그녀는 이전에는 전환 활동의 중요성을 알지 못했다고 말하면서 자신의 경험을 털어 놓았다. 간호사였던 그녀는 11세 된 아들을 홀로 키우고 있었는데 자신의 퇴근 시간과 아이의 하교 시간이 그리 차이가 나지 않아 때때로 아이보다 조금 늦게 집에 들어오곤 했다. 그럴 때면 아이는 간호사복을 입고 들어서는 엄마 앞에서 그다지 말이 없었고, 엄마가 간 호사복을 벗고 일상복으로 갈아입으면 그제서야 "엄마, 안녕. 차 좀 타 드릴까 요?"라고 말하며 따뜻하게 맞이했다. 아이에게 그녀는 옷을 갈아입기 전에는 간호사이고 옷을 갈아입고 난 후에야 엄마였던 것이다.

상담자는 자신의 삶에 여흥과 휴식을 포함시킬 필요가 있다. 이전에 한 심리 학자는 전문가로서의 역할을 제대로 수행하는 데 도움이 되는 것들이 무엇인지 에 관해 인터뷰했을 때 '휴식, 이완, 신체 운동, 취미, 휴가'라고 대답했다 (Coster & Schwebel, 1997). 취미에 대해 살펴보자면, 스트레스 관리 워크숍을 진 행하는 한 동료는 워크숍 참가자들에게 "할 만한 가치가 있는 모든 일에는 실 수도 있어야 해요!"라고 즐겨 말했다. 상담자는 자신의 직업과 상관없는, 그 자 체로 회복에 도움이 되고 즐거움을 주는 활동을 찾도록 노력해야 한다. 그 활동 을 얼마나 잘하는가는 상관없다. 즐거운 활동이 또한 자기를 표현하도록 도움 을 주는 활동이라면 더할 나위 없이 좋다. 우리가 알고 있는 상담자 중에는 축 구를 하고, 악기를 연주하고, 허브를 키우고, 추리 소설을 열성적으로 읽으며, 잘하지는 못하지만 목공품을 만들고(하지만 매우 즐거워한다), 청소년 소프트볼 팀의 코치로 일하면서 즐거움을 찾는 이들이 있다. 아주 다양한 활동이 있을 수 있으니 자신만의 활동을 찾아보라!

체계적인 마음챙김 활동, 명상 혹은 체계적 이완 절차 등과 같은 활동을 실천 하는 것도 바람직하다. 최근에는 명상을 바탕으로 한 마음챙김의 다양한 쓰임

새에 대한 관심이 증가하고 있다(Christopher & Maris, 2010). 더불어 신체를 체계적으로 이완시키고 마음을 진정시키기 위해 스트레스와 슬픔, 우울 같은 불쾌한 정서적 상태를 감소시키는 데 유용하다고 입증된 그 밖의 다른 접근 방법들이 있다(Bei-Hung, Casey, Dusek, & Benson, 2010). 이완된 신체 상태를 만들기 위한 이러한 다양한 기법을 규칙적으로 실천에 옮기는 것이 매우 유용한 자기돌봄임을 알 수 있을 것이다.

회복에 도움을 주는 자연의 힘 또한 스트레스를 감소시키고 스트레스에 대한 저항 능력을 향상시킬 수 있다(Hansen-Ketchum, Marck, & Reutter, 2009). 특별히 야외 활동을 좋아하지 않는 사람일지라도 마음에 닿고 손쉽게 할 수 있는 자연 활동이면 어떤 활동이든지 찾아서 하기를 권장한다. 예를 들어, 대도시나 대학교에는 대중에게 무료로 개방하는 식물원이 있다. 또한 대부분의 도시에는 어렵지 않게 찾아갈 수 있는 공원이나 산책로가 있다. 야외로 1박 2일 캠핑을 가는 것에서부터 도시의 풀과 나무가 있는 곳이라면 어디든 단순히 벤치에 앉아 있는 것까지 다양하게 활용할 수 있다.

또 다른 자기돌봄의 요소는 재미있는 유머를 찾아서 동료들과 나누는 것이다. 유머는 스트레스를 다스리는 매우 유용한 방법일 수 있다. 하지만 한편으로 주의 깊게 사용해야 한다. 첫째, 모든 유머가 같은 효과를 내는 것은 아니다. 일반적으로 개인이나 특정 집단을 모욕·비하하는 유머는 피하는 것이 좋다. 둘째, 바보스러움이 포함된 유머도 있지만, 어리석게 행동하는 것과 유머러스한 것에는 차이가 있다. 루돌프 코와 크고 빨간 신발을 신고 있는 모습은 어떤 맥락에서는 재미있을 수도 있지만, 상담 장면에서 유머를 도입하는 바람직한 방식은 아닐 것이다. 어떤 면에서는 유머가 시와 같은 기능을 하기도 한다. 즉, 유머는 말로 표현할 수 없는 감정도 전달한다. 건설적인 유머를 찾아 다른 사람과 나누라. 특히 현재 하고 있는 임상적 작업과 관련 있는 유머를 찾아보라. 개인적·직업적으로 자신을 돌보기 위한 수단으로 유머를 사용할 때 자신을 우스꽝스럽게 만들 필요는 없다는 점을 기억하는 것이 중요하다. 더불어 힘든 상황에서도 유머를 지각할 수 있는 능력을 계발하라. 유머를 나누고 싶다면, 유머 연구자이자 동료인 아니 칸(Arnie Cann)이 추천한 바대로 하라. "모든 유명한 코미디언이 재미있는 소재를 찾기 위해 한 것을 똑같이 하라. 바로 **훔치는 것이다!**"

마지막으로 제안할 것은 상담자라면 다 아는 것이지만 상기시키기 위한 목적으로 포함하였다. 즉, 가정과 직장에서 지지적인 관계를 형성하고 유지하기 위해 노력하라. 직장 밖에서 상담자 이외의 사람들과 다양한 지지적 관계를 형성하도록 하라. 다른 지역에서도 마찬가지겠지만, 북미 지역의 보편적인 믿음 한 가지는 관계란 자발적으로 형성되고 지속되어야 한다는 것이다. 이 믿음은 당연히 관계를 의식적으로 돌보고 관리하는 것이 일견 교묘하고 기만하는 것으로 보일 수도 있다는 것으로 귀결된다. 하지만 상담자는 자신의 삶에서 가장 중요한 관계에 의식적으로 주의를 기울이고 살피는 것, 즉 매일 자신을 지탱해 주는 관계를 유지시키고, 성장시키고, 발전시키기 위해 적극적으로 노력하는 것이 중요하다는 점을 상기해야만 한다.

균형 맞추기

누군가 이야기한 것처럼, 삶은 당신이 일하고 있지 않을 때 일어나는 일이다. 지금까지 살펴보았듯이 대부분의 상담자는 자신의 일이 삶에서 매우 중요한 일부이며, 깊은 만족감을 주고, 온전하고 의미 있는 삶을 사는 데 중요한 기여를 하는 직업임을 안다. 하지만 또한 어떤 상담자는 직업 이외의 더 큰 다른 삶의 영역이 주는 도전거리와 보상을 통해 자신의 직업과 삶 사이의 균형을 찾는 것이 쉽지만은 않음을 안다. 상담자라는 직업과 그 외의 삶의 영역을 어떻게 균형 있게 유지하는가에 관해 쉬운 답은 절대 없다. 하지만 상담자가 어떤 대답을 하더라도, 현명한 방법은 자기돌봄을 할 수 있는 시간과 잘 사는 데 도움이 되는 많은 것을 할 수 있는 시간을 최선을 다해 만들고 그것을 옹호하는 것이다.

Alam, R., Barrera, M., D' Agostino, N., Nicholas, D. B., & Schneiderman, G. (2012). Bereavement experiences of mothers and fathers over time after the death of a child due to cancer. *Death Studies, 36*(1), 1-22. doi:10.1080/07481187.2011.553312

Allen, B. (2002. 2. 3.). In Sylvia' s shadow [Review of *Ted Hughes*]. *New York Times Book Review*, 12.

Alter, A. L., & Oppenheimer, D. M. (2009). Suppressing secrecy through metacognitive ease: Cognitive fluency encourages self-disclosure. *Psychological Science, 20*(11), 1414-1420. doi:10.1111/j.1467-9280.2009.02461.x

American Psychological Association (2002). Ethical principles of psychologists and code of conduct. *American Psychologist, 57*, 1060-1073.

American Psychological Association (2003). Guidelines on multicultural education, training, research, practice, and organizational change for psychologists. *American Psychologist, 58*, 377-402.

Anderson, W. P., & Lopez-Baez, S. I. (2008). Measuring growth with the Posttraumatic Growth Inventory. *Measurement and Evaluation in Counseling and Development, 40*, 215-227.

Ardelt, M. (2003). Empirical assessment of a three-dimensional wisdom scale. *Research on Aging, 25*, 275-324.

Aristotle (2011). *Aristotle' s Nichomachean Ethics* (R. C. Bartlett, & S. D. Collins, Trans.). Chicago, IL: University of Chicago Press. (Original work n.d.)

Arnold, D., Calhoun, L. G., Tedeschi, R. G., & Cann, A. (2005). Vicarious posttraumatic growth in psychotherapy. *Journal of Humanistic Psychology, 45*, 239-263.

Aspinwall, L. G., & Tedeschi, R. G. (2010). Of babies and bathwater: A reply to Coyne and Tennen's views on positive psychology and health. *Annals of Behavioral Medicine, 39*(1), 27-34.

Baird, K., & Kracen, A. C. (2006). Vicarious traumatization and secondary traumatic stress: A research synthesis. *Counselling Psychology Quarterly, 19*, 181-188.

Baker, J. M., Kelly, C., Calhoun, L. G., Cann, A., & Tedeschi, R. G. (2008). An examination of Posttraumatic Growth and Posttraumatic Depreciation: Two exploratory studies. *Journal of Loss and Trauma, 13*, 450-465.

Baltes, P. B., & Smith, J. (2008). The fascination with wisdom: Its nature, ontogeny, and function. *Perspectives on Psychological Science, 3*, 56-64.

Barlow, D. (Ed.). (2008). *Clinical handbook of psychological disorders: A step-by-step treatment manual* (4th ed.). New York: Guilford Press.

Bauwens, J., & Tosone, C. (2010). Professional posttraumatic growth after a shared traumatic experience: Manhattan clinicians' perspectives on post-9/11 practice. *Journal of Loss and Trauma, 15*, 498-517.

Birkett, D. (2011). Review of "The hero in the mirror." *British Journal of Psychotherapy, 27*(1), 124-126. doi:10.1111/j.1752-0118.2010.01225_4.x

Bloom, S. L. (1998). By the crowd they have been broken, by the crowd they shall be healed: The social transformation of trauma. In R. G. Tedeschi, C. L. Park & L. G. Calhoun (Eds.), *Posttraumatic growth: Positive changes in the aftermath of crisis* (pp. 179-213). Mahwah, NJ: Lawrence Erlbaum Associates Publishers.

Bonanno, G. A. (2004). Loss, trauma, and human resilience: Have we underestimated the human capacity to thrive after extremely aversive events? *American Psychologist, 59*, 20-28.

Bonanno, G. A. (2009). *The other side of sadness: What the new science of bereavement tells us about life after loss.* New York: Basic Books.

Bormann, J. E., Thorp, S. R., Wetherell, J. L., Golshan, S., & Lang, A. J. (2012). Meditation-based mantram intervention for veterans with posttraumatic stress disorder: A randomized trial. *Psychological Trauma: Theory, Research, Practice, and Policy.* doi:10.1037/a0027522

Brady, J. L., Guy, J. D., Poelstra, P. L., & Brokaw, B. F. (1999). Vicarious traumatization, spirituality, and the treatment of sexual abuse survivors: A national survey of women psychotherapists. *Professional Psychology: Research and Practice, 30*, 386-393.

Brazilian Institute of Geography and Statistics (1999). What color are you? In R. M. Levine & J. J. Crocitti (Eds.). *The Brazil Reader: History, culture, politics* (pp. 386-390). Durham, NC: Duke University Press.

Brunet, J., McDonough, M. H., Hadd, V., Crocker, P. R. E., & Sabiston, C. M. (2010). The Posttraumatic Growth Inventory: An examination of the factor structure and invariance among breast cancer survivors. *Psycho-Oncology, 19*, 830-838.

Cahill, S. P., Rothbaum, B., Resick, P. A., & Follette, V. M. (2009). Cognitive-behavioral therapy for adults. In E. B. Foa, T. M. Keane, M. J. Friedman & J. A. Cohen (Eds.), *Effective treatments for PTSD: Practice guidelines from the International Society for Traumatic Stress Studies* (2nd ed., pp. 139-222). New York: Guilford Press.

Calhoun, L. G., Selby, J. W., & Abernathy, C. (1984). Suicidal death: Social reactions to bereaved survivors. *The Journal of Psychology, 116*, 255-261.

Calhoun, L. G., Abernathy, C., & Selby, J. W. (1986). The rules of bereavement: Are suicidal deaths different? *Journal of Community Psychology, 14*, 213-218.

Calhoun, L. G., & Tedeschi, R. G. (1999). *Facilitating posttraumatic growth: A clinician's guide.* Mahwah, NJ: Lawrence Erlbaum Associates.

Calhoun, L. G., & Tedeschi, R. G. (Eds.). (2006). *Handbook of posttraumatic growth-research and practice.* Mahwah, NJ: Lawrence Erlbaum Associates.

Cann, A., Calhoun, L. G., Tedeschi, R. G., Kilmer, R. P., Gil-Rivas, V., Vishnevsky, T., & Danhauer, S. (2010). The Core Beliefs Inventory: A brief measure of disruption in the assumptive world. *Anxiety, Stress, & Coping, 23*, 19-34.

Cann, A., Calhoun, L. G., Tedeschi, R. G., Triplett, K. N., Vishnevsky, T., & Lindstrom, C. M. (2011). Assessing posttraumatic cognitive processes: The Event Related Rumination Inventory. *Anxiety, Stress, & Coping, 24*, 137-156.

Cann, A., Zapata, C. L., & Davis, H. B. (2011). Humor style and relationship satisfaction in dating couples: Perceived versus self-reported humor styles as predictors of satisfaction. *Humor: International Journal of Humor Research, 24*, 1-20.

Caplan, G. (1964). *Principles of preventive psychiatry.* New York: Basic Books.

Christopher, J. C., & Maris, J. A. (2010). Integrating mindfulness as self-care into counseling and psychotherapy training. *Counselling and Psychotherapy Research, 10,* 114-125.

Cobb, A. R., Tedeschi, R. G., Calhoun, R. G., & Cann, A. (1996). Correlates of posttraumatic growth in survivors of intimate partner violence. *Journal of Traumatic Stress, 19,* 895-903.

Cohen, A. B. (2010). Just how many different forms of culture are there? *American Psychologist, 65,* 59-60.

Corning, A. F., & Bucchianeri, M. M. (2010). Perceiving racism in ambiguous situations: Who relies on easy-to-use information? *The Journal of Social Psychology, 150,* 258-277.

Coster, J. S., & Schwebel, M. (1997). Well-functioning in professional psychologists. *Professional Psychology: Research and Practice, 28,* 5-13.

Craig, C. D., & Sprang, G. (2010). Compassion satisfaction, compassion fatigue, and burnout in a national sample of trauma treatment therapists. *Anxiety, Stress, & Coping, 23,* 319-339.

Crook-Lyon, R. E., O' Grady, K. A., Smith, T. B., Golightly, T., & Potkar, K. A. (2011. 12. 5.). Addressing religious and spiritual diversity in graduate training and multicultural education for professional psychologists. *Psychology of Religion and Spirituality.* doi:10.1037/a0026403

Cusack, K., & Spates, C. (1999). The cognitive dismantling of Eye Movement Desensitization and Reprocessing (EMDR) treatment of posttraumatic stress disorder (PTSD). *Journal of Anxiety Disorders, 13*(1-2), 87-99. doi:10.1016/S0887-6185(98)00041-3

Daloz, L. A. P., Keen, C. H., Keen, J. P., & Parks, S. D. (1996). *Common fire: Lives of commitment in a complex world.* Boston, MA: Beacon.

Davidson, P. R., & Parker, K. C. H. (2001). Eye movement desensitization and reprocessing (EMDR): A meta-analysis. *Journal of Consulting and Clinical Psychology, 69,* 305-316.

Dekel, S., Ein-Dor, T., & Solomon, Z. (2012). Posttraumatic growth and posttraumatic distress: A longitudinal study. *Psychological Trauma: Theory, Research, Practice,* and Policy, *4*(1), 94-101. doi:10.1037/a0021865

Delaney, H. D., Miller, W. R., & Bisono, A. M. (2007). Religiosity and spirituality among psychologists: A survey of clinician members of the American Psychological Association. *Professional Psychology: Research and Practice, 38*, 538-546.

Descilo, T. T., Vedamurtachar, A. A., Gerbarg, P. L., Nagaraja, D. D., Gangadhar, B. N., Damodaran, B. B., & Brown, R. P. (2010). Effects of a yoga breath intervention alone and in combination with an exposure therapy for post-traumatic stress disorder and depression in survivors of the 2004 South-East Asia tsunami. *Acta Psychiatrica Scandinavica, 121*(4), 289-300. doi:10.1111/j.1600-0447.2009.01466.x

Devilly, G. J., Wright, R., & Varker, T. (2009). Vicarious trauma, secondary stress or simply burnout? Effect of trauma therapy on mental health professionals. *Australian and New Zealand Journal of Psychiatry, 43*, 373-385.

Dohrenwend, B. S. (1978). Social stress and community psychology. *American Journal of Community Psychology, 6*, 1-15.

Doka, K. J. (1995). Coping with life-threatening illness: A task model. *Omega: Journal of Death and Dying, 32*(2), 111-122. doi:10.2190/0WEH-QUBG-67VG-YKJK

Elwood, L. S., Mott, J., Lohr, J. M., & Galovski, T. A. (2011). Secondary trauma symptoms in clinicians: A critical review of the conduct, specificity, and implications for trauma-focused treatment. *Clinical Psychology Review, 31*, 25-36.

Erbes, C. (2004). Our constructions of trauma: A dialectical perspective. *Journal of Constructivist Psychology, 17*, 201-220.

Erikson, E. H. (1963). The Golden Rule and the cycle of life. In R. W. White (Ed.), *The study of lives: Essays on personality in honor of Henry A. Murray* (pp. 412-428). New York: Atherton Press.

Fava, G. A. (1996). The concept of recovery in affective disorders. *Psychotherapy and Psychosomatics, 65*(1), 2-13.

Fava, G. A., & Ruini, C. (2003). Development and characteristics of a well-being enhancing psychotherapeutic strategy: Well-being therapy. *Journal of Behavior Therapy and Experimental Psychiatry, 34*(1), 45-63. doi:10.1016/S0005-7916(03)00019-3

Feigelman, W., Jordan, J. R., & Gorman, B. S. (2009). How they died, time since loss, and bereavement outcomes. *Omega: Journal of Death and Dying, 58*(4), 251-273. doi:10.2190/OM.58.4.a

Figley, C. R. (2002). Compassion fatigue: Psychotherapists' chronic lack of self-care. *Journal of Clinical Psychology, 58*, 1433-1441.

Fiske, A. P. (2002). Using individualism and collectivism to compare cultures. *Psychological Bulletin, 128*, 78-88.

Foa, E. B., Hembree, E. A., & Rothbaum, B. (2007). *Prolonged exposure therapy for PTSD: Emotional processing of traumatic experiences: Therapist guide.* New York: Oxford University Press.

Foa, E. B., Keane, T. M., Friedman, M. J., & Cohen, J. A. (2009). *Effective treatments for PTSD: Practice guidelines from the International Society for Traumatic Stress Studies* (2nd ed.). New York: Guilford Press.

Frankl, V. E. (1963). *Man's search for meaning.* New York: Pocket Books.

_____ (1988/1969). *The will to meaning: Foundations and applications of logotherapy.* New York: Frankl, V. E. World.

Frazier, P., Tennen, H., Gavian, M., Park, C., Tomich, P., & Tashiro, T. (2009). *Psychological Science, 20*, 912-916.

Gallup.com (2011. 6. 3.). More than 9 in 10 Americans continue to believe in God. Retrieved from http://www.gallup.com/poll/147887/americans-continue-believe-god.aspx.

Gilbar, O., Plivazky, N., & Gil, S. (2010). Counterfactual thinking, coping strategies, and coping resources as predictors of PTSD diagnosed in physically injured victims of terror attacks. *Journal of Loss and Trauma, 15*, 304-324.

Gomes, P. (1996). *The good book.* New York: William Morrow.

Green, M., & Elliott, M. (2010). Religion, health, and psychological well-being. *Journal of Religion and Health, 49*, 149-163.

Groleau, J. M., Calhoun, L. G., Cann, A., & Tedeschi, R. G. (2012). The role of centrality of events in posttraumatic distress and posttraumatic growth. *Psychological Trauma: Theory, Research, Practice, and Policy.* doi:10.1037/ a0028809.

Gunty, A. L., Frazier, P. A., Tennen, H., Tomich, P., Tashiro, T., & Park, C. (2010). Moderators of the relationship between perceived and actual posttraumatic growth.

Psychological Trauma: Theory, Research, Practice, and Policy, 3, 61-66.

Habermas, T., & Bluck, S. (2000). Getting a life: The emergence of the life story in adolescence. *Psychological Bulletin, 126*, 748-769.

Hansen-Ketchum, P., Marck, P., & Reutter, L. (2009). Engaging with nature to promote health: New direction for nursing research. *Journal of Advanced Nursing, 65*, 1527-1538.

Hasenkamp, W., Wilson-Mendenhall, C. D., Duncan, E., & Barsalou, L. W. (2012). Mind wandering and attention during focused meditation: A fine-grained temporal analysis of fluctuating cognitive states. *Neuroimage, 59*(1), 750-760. doi:10.1016/j.neuroimage.2011.07.008

Hebert, R., & Schulz, R. (2009). Positive and negative religious coping and well-being in women with breast cancer. *Journal of Pallitative Medicine, 12*, 537-545.

Hensley, P. L. (2006). Treatment of bereavement-related depression and traumatic grief. *Journal of Affective Disorders, 92*(1), 117-124. doi:10.1016/j.jad.2005.12.041

Herman, J. L. (1992). *Trauma and recovery.* New York: Basic Books.

Hill, P. C., & Pargament, K. I. (2008). Advances in the conceptualization and measurement of religion and spirituality: Implications for physical and mental health research. *Psychology of Religion and Spirituality, S*, 3-17.

Hobfoll, S. E., Hall, B. J., Canetti-Nisim, D., Galea, S., Johnson, R. J., & Palmieri, P. A. (2007). Refining our understanding of traumatic growth in the face of terrorism: Moving from meaning cognitions to doing what is meaningful. *Applied Psychology: An International Review, 56*(3), 345-366. doi:10.1111/j.1464-0597.2007.00292.x

Horrell, S. C. V., Holohan, D. R., Didion, L. M., & Vance, G. T. (2011). Treating traumatized OEF/OIF veterans: How does trauma treatment affect the clinician? *Professional Psychology: Research and Practice, 42*, 79-86.

Jain, S., Shapiro, S. L., Swanick, S., Roesch, S. C., Mills, P. J., Bell, I., & Schwartz, G. R. (2007). A randomized controlled trial of mindfulness meditation versus relaxation training: Effects on distress, positive states of mind, rumination, and distraction. *Annals of Behavioral Medicine, 33*(1), 11-21. doi:10.1207/s15324796abm3301_2

Janoff-Bulman, R. (1992). *Shattered assumptions.* New York: The Free Press.

_____ (2006). Schema-change perspectives on posttraumatic growth. In L. G.

Calhoun & R. G. Tedeschi (Eds.), *Handbook of posttraumatic growth* (pp. 81-99). Mahwah, NJ: Lawrence Erlbaum Associates.

Jordan, H. (2000). *No such thing as a bad day.* Atlanta, GA: Longstreet.

Joseph, S., Williams, R., & Yule, W. (1993). Changes in outlook following disaster: The preliminary development of a measure to assess positive and negative responses. *Journal of Traumatic Stress, 6*, 271-279.

Jourard, S. M., & Lasakow, P. (1958). Some factors in self-disclosure. *The Journal of Abnormal and Social Psychology, 56*(1), 91-98. doi:10.1037/h0043357

Kahn, J. H., & Hessling, R. M. (2001). Measuring the tendency to conceal versus disclose psychological distress. *Journal of Social and Clinical Psychology, 20*, 41-65. doi:10.1521/jscp.20.1.41.22254

Kaynak, O., Lepore, S. J., & Kliewer, W. L. (2011). Social support and social constraints moderate the relation between community violence exposure and depressive symptoms in an urban adolescent sample. *Journal of Social and Clinical Psychology, 30*, 250-269.

Keane, T. M., Marshall, A. D., & Taft, C. T. (2006). Posttraumatic stress disorder: Etiology, epidemiology, and treatment outcome. *Annual Review of Clinical Psychology, 2*, 161-197.

Kelly, G. (1969). Personal construct theory and the psychotherapeutic interview. In B. Maher (Ed.), *Clinical psychology and personality: The selected papers of George Kelly* (pp. 224-264). New York: Wiley.

Kemeny, M. E., Foltz, C., Cavanagh, J. F., Cullen, M., Giese-Davis, J., Jennings, P., & Ekman, P. (2012). Contemplative/emotion training reduces negative emotional behavior and promotes prosocial responses. *Emotion, 12*(2), 338-350. doi:10.1037/a0026118

Knapp, S., Lemoncelli, J., & Vandecreek, L. (2010). Ethical responses when patients' religious beliefs appear to harm their well-being. *Professional Psychology: Research and Practice, 41*, 405-12.

Komp, D. M. (1993). *A child shall lead them: Lessons in hope from children of cancer.* Grand Rapids, MI: Zondervan.

Konigsberg, R. (2011). *The truth about grief: The myth of its five stges and the new science of loss.* New York: Simon & Schuster.

Kraus, M. W., Piff, P. K., & Keltner, D. (2011). Social class as culture. *Current Directions in Psychological Science, 20,* 246-250.

La Roche, M. J., Batista, C., & D'Angelo, E. (2011). A content analyses of guided imagery scripts: A strategy for the development of cultural adaptations. *Journal of Clinical Psychology, 67*(1), 45-57. doi:10.1002/jclp.20742

Laurent, A., Daloz, P., Sharon, D. P., Cheryl, H. K., & James, P. K. (1996). *Common fire: Leading lives of commitment in a complex world.* Boston, MA: Beacon.

Lindstrom, C. M., Cann, A., Calhoun, L. G., & Tedeschi, R. G. (2011). The relationship of core belief challenge, rumination, disclosure, and sociocultural elements to posttraumatic growth. *Psychological Trauma: Theory, Research, Practice, and Policy.* doi:10.1037/a0022030

Linley, P. A. (2003). Positive adaptation to trauma: Wisdom as both process and outcome. *Journal of Traumatic Stress, 16,* 601-610.

Linley, P. A., & Joseph, S. (2011). Meaning in life and posttraumatic growth. *Journal of Loss and Trauma, 16,* 150-159.

O'Leary, V. E., & Ickovics, J. R. (1995). Resilience and thriving in response to challenge: An opportunity for a paradigm shift in women's health. *Women's Health: Research on Gender, Behavior, and Policy, 1,* 121-142.

Maddi, S. (2012). Creating meaning through making decisions. In P. T. P. Wong (Ed.), *The human quest for meaning* (2nd ed. pp. 57-80). New York: Routledge.

Mahrer, A. R. (1996). Existential-humanistic psychotherapy and the religious person. In E. P. Shafranske (Ed.), *Religion and the clinical practice of psychology* (pp. 433-460). Washington, DC: American Psychological Association.

Mandel, D. R., & Dhami, M. K. (2005). "What I did" versus "what I might have done": Effect of factual versus counterfactual thinking on blame, guilt, and shame in prisoners. *Journal of Experimental Social Psychology, 41*(6), 627-635. doi:10.1016/j.jesp.2004.08.009

Martin, L. L., & Tesser, A. (1996). Clarifying our thoughts. In R. S. Wyer (Ed.), *Ruminative thought: Advances in social cognition, Vol. 9* (pp. 189-209). Mahwah, NJ: Lawrence Erlbaum Associates.

Maslach, C., Schaufeli, W. B., & Leiter, M. P. (2001). Job burnout. *Annual Review of Psychology, 52,* 397-422.

McAdams, D. P. (2006). *The redemptive self. Stories Americans live by.* New York: Oxford University Press.

───────(2012). Meaning and personality. In P. T. P. Wong (Ed.), *The human quest for meaning* (2nd ed. pp. 107-123). New York: Routledge.

McCann, I. L., & Pearlman, L. A. (1990). *Psychological trauma and the adult survivor: Theory, therapy, and transformation.* New York: Brunner/Mazel.

McCaul, K. D., Solomon, S., & Holmes, D. S. (1979). Effects of paced respiration and expectations on physiological and psychological responses to threat. *Journal of Personality and Social Psychology, 37*(4), 564-571. doi:10.1037/0022-3514.37.4.564

McQuellon, R. P., & Cowan, M. A. (2010). *The art of conversation through serious illness: Lessons for caregivers.* New York: Oxford.

Meichenbaum, D. (2003). *A clinical handbook/practical therapist manual for assessing and treating adults with post-traumatic stress disorder.* Waterloo, Ontario, Canada: Institute Press.

───────(2006). Resilience and posttraumatic growth: A constructive narrative perspective. In L. G. Calhoun & R. G. Tedeschi (Eds.), *Handbook of posttraumatic growth: Research and practice* (pp. 355-364). Mahwah, NJ: Lawrence Erlbaum Associates.

Monson, C. M., Schnurr, P. P., Resick, P. A., Friedman, M. J., Young-Xu, Y., & Stevens, S. P. (2006). Cognitive processing therapy for veterans with military-related posttraumatic stress disorder. *Journal of Consulting and Clinical Psychology, 74*(5), 898-907. doi:10.1037/0022-006X.74.5.898

Moore, A. M., Gamblin, T. C., Geller, D. A., Youssef, M. N., Hoffman, K. E., Gemmell, L., & Steel, J. L. (2011). A prospective study of posttraumatic growth as assessed by self-report and family caregiver in the context of advanced cancer. *Psycho-Oncology, 20,* 479-487.

Myers, A. L. (2012. 1. 8). *Hundreds gather in tribute to Arizona shooting victims.* Tucson, AZ: Associated Press.

Neimeyer, R. A. (2006a). Re-storying loss: Fostering growth in the posttraumatic narrative.

In L. G. Calhoun & R. G. Tedeschi (Eds.), *Handbook of posttraumatic growth: Research and practice* (pp. 68-80). Mahwah, NJ: Lawrence Erlbaum Associates.

——————(2006b). Narrating the dialogical self: Toward an expanded toolbox for the counselling psychologist. *Counselling Psychology Quarterly, 19*, 105-120.

Neimeyer, R. A., Burke, L. A., Mackay, M. M., & van Dyke Stringer, J. G. (2010). Grief therapy and the reconstruction of meaning: From principles to practice. *Journal of Contemporary Psychotherapy, 40*(2), 73-83. doi:10.1007/s10879-009-9135-3

Neimeyer, R. A., Harris, D. L., Winokuer, H. R., & Thornton, G. F. (2011). *Grief and bereavement in contemporary society: Bridging research and practice.* New York: Routledge.

Nisbett, R. E. (2003). *The geography of thought: How Asians and Westerners think differently.* New York: Free Press.

Norcross, J. C., & Wampold, B. E. (2011). Evidence-based therapy relationships: Research conclusion and clinical practice. *Psychotherapy, 48*, 98-102.

O'Leary, V. E., & Ickovics, J. R. (1995). Resilience and thriving in response to challenge: An opportunity for a paradigm shift in women's health. *Women's Health: Research on Gender, Behavior, and Policy, 1*, 121-142.

Ovgu, K., Lepore, S., & Kliewer, W. L. (2011). Social support and social constraints moderate the relation between community violence exposure and depressive symptoms in an urban adolescent sample. *Journal of Social and Clinical Psychology, 30*, 250-269.

Pargament, K. I. (1997). *The psychology of religion and coping.* New York: Guilford Press.

Park, C. L., Cohen, L., & Murch, R. (1996). Assessment and prediction of stress-related growth. *Journal of Personality, 64*, 645-658.

Parkes, C. M. (1971). Psycho-social transitions: A field for Study. *Social Science and Medicine, 5*, 101-115.

Pearlman, L. A., & Saakvitne, K. W. (1995). *Trauma and the therapist: Countertransference and vicarious traumatization in psychotherapy with incest survivors.* New York: W. W. Norton & Co.

Pennebaker, J. W. (1997). *Opening up: The healing power of expressing emotions.* New

York: Guilford Press.

Perry, P. L. (1993). Mourning and funeral customs among African-Americans. In D. P. Irish, K. F. Lundquist, & V. J. Nelsen (Eds.), *Ethnic variations in dying: Diversity in universality* (pp. 51-65). Washington, DC: Taylor & Francis.

Phoenix, B. J. (2007). Psychoeducation for survivors of trauma. *Perspectives in Psychiatric Care, 43*(3), 123-131. doi:10.1111/j.1744-6163.2007.00121.x

Price, R. (1994). *A whole new life: An illness and a healing.* New York: Plume.

Reik, T. (1948). *Listening with the third ear: The inner experience of a psychoanalyst.* New York: Grove.

Resick, P. A., Monson, C. M., & Rizvi, S. L. (2008). Posttraumatic stress disorder. In D. H. Barlow (Ed.), *Clinical handbook of psychological disorders: A step-by-step treatment manual* (4th ed. pp. 65-122). New York: Guilford Press.

Resick, P. A., & Schnicke, M. K. (1993). *Cognitive processing therapy for rape victims: A treatment manual.* Thousand Oaks, CA: Sage Publications.

Roberts, M. (2000). *Shy boy: The horse who came in from the wild.* New York: Harper Perennial.

Rodriguez, R. (2002). *Brown: The last discovery of America.* New York: Viking.

Rogers, C. R. (1957). The necessary and sufficient conditions of therapeutic personality change. *Journal of Consulting Psychology, 21*(2), 95-103. doi:10.1037/h0045357

—————(1961). *One becoming a person.* Boston: Houghton Mifflin.

Rogers, C. H., Floyd, F. J., Seltzer, M. M., Greenberg, J., & Hong, J. (2008). Long-term effects of the death of a child on parents' adjustment in midlife. *Journal of Family Psychology, 22,* 203-211.

Rotter, J. B., Chance, J. E., & Phares, E. J. (1972). *Applications of social learning theory of personality.* New York: Holt, Rinehart & Winston.

Rucker, A. (2007). *The best seat in the house: How I woke up one Tuesday and was paralyzed for life.* New York: HarperCollins.

Ryan, R. M., & Deci, E. L. (2001). On happiness and human potentials: A review of research on hedonic and eudaimonic well-being. *Annual Review of Psychology, 52,* 141-166.

Sakakibara, M., & Hayano, J. (1996). Effect of slowed respiration on cardiac parasympathetic response to threat. *Psychosomatic Medicine, 58*(1), 32-37.

Salsman, J. M., Segerstrom, S. C., Brechting, E. H., Carlson, C. R., & Andrykowski, M. A. (2009). Posttraumatic growth and PTSD symptomatology among colorectal cancer survivors: A 3-month longitudinal examination of cognitive processing. *Psycho-Oncology, 18*, 30-41.

Schroevers, M. J., Helgeson, V. S., Sandernann, R., & Ranchor, A. V. (2010). Type of social support matters for prediction of posttraumatic growth among cancer survivors. *Psycho-Oncoloby, 19*(1), 46-53. doi:10.1002/pon.1501

Schuettler, D., & Bols, A. (2011). The path to posttraumatic growth versus posttraumatic stress disorders: Contributions of event centrality and coping. *Journal of Loss and Trauma, 16*, 180-194.

Schwabe, L., Dickinson, A., & Wolf, O. T. (2011). Stress, habits and drug additions: A psychoneurological perspective. *Experimental and Clinical Psychopharmacology, 19*, 53-63.

Seligman, M. E., & Csikszentmihalyi, M. (2000). Positive psychology an introduction. *American Psychologist, 554*, 5-14.

Semple, R. J., (2010). Does mindfulness meditation enhance attention? A randomized controlled Trial. *Mindfulness, 1*(2), 121-130. doi:10.1007/s12671-010-0017-2

Shafranske, E. P., & Malony, H. N. (1990). Clinical psychologists' religious and spiritual orientations and their practices of psychotherapy. *Psychotherapy, 27*, 72-78.

Shakespeare-Finch, J., & Enders, T. (2008). Corroborating evidence of posttraumatic growth. *Journal of Traumatic Stress, 21*, 421-424.

Shakespeare-Finch, J., Gow, K., & Smith, S. (2005). Personality, coping and posttraumatic growth in emergency ambulance personnel. *Traumatology, 11*, 325-334.

Shakespeare-Finch, J., & Morris, B. (2010). Posttraumatic growth in Australian populations. In T. Weiss & R. Berger (Eds.), *Posttraumatic growth and culturally competent practice* (pp. 157-182). Hoboken, NJ: John Wiley & Sons.

Shapiro, R. (Ed.). (2005). *EMDR solutions: Pathways to healing.* New York: W. W. Norton & Co.

Shapiro, R. (2010). *The trauma treatment handbook: Protocols across the spectrum.* New York: W. W. Norton & Co.

Sharpless, B. A., & Barber, J. P. (2011). A clinician's guide to PTSD treatments for returning veterans. *Professional Psychology: Research and Practice, 42*(1), 8-15. doi:10.1037/a0022351

Shay, J. (1994). *Achilles in Vietnam: Combat trauma and the undoing of character.* New York: Atheneum.

Shay, J. J. (1996). "Okay, I'm here, but I'm not talking!" Psychotherapy with the reluctant male. *Psychotherapy, 33,* 503-513.

Shear, M., & Mulhare, E. (2008). Complicated grief. *Psychiatric Annals, 38*(10), 662-670. doi:10.3928/00485713-20081001-10

Showers, C. J., & Ryff, C. D. (1996). Self-differentiation and well-being in a life transition. *Personality and Social Psychology Bulletin, 22*(5), 448-460. doi:10.1177/0146167296225003

Silvia, P. J. (2011). Evaluating self-reflection and insight as self-conscious traits. *Personality and Individual Differences, 50,* 234-237.

Solnit, R. (2009). *A paradise built in hell: The extraordinary communities that arise in disaster.* New York: Viking.

Spiegel, D. (2010). Hypnosis in the treatment of posttraumatic stress disorders. In S. Lynn, J. W. Rhue, I. Kirsch, S. Lynn, J. W. Rhue, I. Kirsch (Eds.), *Handbook of clinical hypnosis* (2nd ed. pp. 415-432). Washington, DC: American Psychological Association.

Spitzer, C., Barnow, S., Volzke, H., Ulrich, J., Freyberger, H. J., & Grabe, H. J. (2009). Trauma, posttraumatic stress disorder, and physical illness: findings from the general population. *Psychosomatic Medicine, 71,* 1012-1017.

Sprang, G., Clark, J. J., & Whitt-Woosley, A. (2007). Compassion fatigue, compassion satisfaction, and burnout: Factors impacting a professional's quality of life. *Journal of Loss and Trauma, 12,* 259-280.

Stapel, D. A., & Lonneke, A. J. D. (2011). What drives self-affirmation effects? On the importance of differentiating valued affirmation and attributed affirmation. *Journal of Social and Clinical Psychology, 101,* 34-45.

Stockton, H., Hunt, N., & Joseph, S. (2011). Cognitive processing, rumination, and posttraumatic growth. *Journal of Traumatic Stress, 24,* 85-92.

Stuart, R. B. (2004). Twelve practical suggestions for achieving multicultural competence. *Professional Psychology: Research and Practice, 35*, 3-9.

Taku, K. (2011). Commonly-defined and individually-defined posttraumatic growth in the US and Japan. *Personality and Individual Differences, 51*, 188-193.

Taku, K., Cann, A., Calhoun, L. G., & Tedeschi, R. G. (2008). The factor structure of the Posttraumatic Growth Inventory: A comparison of five models using confirmatory factor analysis. *Journal of Traumatic Stress, 21*, 158-164.

Taylor, S. E. (1989). *Positive illusions.* New York: Basic Books.

Taylor, S. E., & Brown, J. D. (1988). Illusion and well-being: A social-psychological perspective on mental health. *Psychological Bulletin, 103*, 193-210.

_____ (1994). Positive illusions and well-being revisited: Separating fact from fiction. *Psychological Bulletin, 116*, 21-27.

Taylor, S. (2003). Outcome predictors for three PTSD treatments: Exposure therapy, EMDR, and relaxation training. *Journal of Cognitive Psychotherapy, 17*(2), 149-161. doi:10.1891/jcop.17.2.149.57432

Tedeschi, R. G., & Calhoun, L. G. (1995). *Trauma and transformation: Growing in the aftermath of suffering.* Thousand Oaks, CA: Sage.

_____ (1996). The Posttraumatic Growth Inventory: Measuring the positive legacy of trauma. *Journal of Traumatic Stress, 9*, 455-471.

_____ (2004). *Helping bereaved parents: A clinician's guide.* New York: Brunner-Routledge.

_____ (2006). Expert companions: Posttraumatic growth in clinical practice. In L. G. Calhoun & R. G. Tedeschi (Eds.), *Handbook of Posttraumatic growth: Research and practice* (pp. 291-310). Mahwah, NJ: Lawrence Erlbaum Associates.

Triplett, K. N., Tedeschi, R. G., Cann, A., Calhoun, & Reeve, C. L. (2012). Posttraumatic growth, meaning in life, and life satisfaction in response to trauma. *Psychological trauma: Theory, Research, Practice, and Policy, 4*, 400-410.

Vishnevsky, T., Cann, A., Calhoun, L. G., Tedeschi, R. G., & Demakis, G. J. (2010). Gender differences in self-reported posttraumatic growth: A meta-analysis. *Psychology of Women Quarterly, 34*, 110-120.

Wachtel, P. L. (2011). *Therapeutic communication, knowing what to say when* (2nd ed.).

New York: Guilford Press.

Wagner, K. G., & Calhoun, L. G. (1991). Perceptions of social support by suicide survivors and their social networks. *Omega: Journal of Death and Dying, 24*, 61-73.

Walsh, R. (2011). Lifestyle and mental health. *American Psychologist, 66*, 579-592.

Washburn, M. (2011. 6. 12.). Applauding the airliner on which lives changed. Retrieved from http://www.charlotteobserver.com/2011/06/11/2371846/ applauding-the-airliner-on-which.html

Weiss, T. (2002). Posttraumatic growth in women with breast cancer and their husbands: An intersubjective validation study. *Journal of Psychosocial Oncology, 20*, 65-80.

_____ (2004). Correlates of posttraumatic growth in married breast cancer survivors. *Journal of Social and Clinical Psychology, 23*, 733-746.

Weiss, T., & Berger, R. (2010). *Posttraumatic growth and culturally competent practice.* Hoboken, NJ: John Wiley & Sons.

Wilcox, S. (2010). Social relationships and PTSD symptomatology in combat veterans. *Psychological Trauma: Theory, Research, Practice, and Policy, 2*, 175-182.

Wild, N., & Paivio, S. (2003). Psychological adjustment, coping, and emotion regulation as predictors of posttraumatic growth. *Journal of Aggression, Maltreatment and Trauma, 8*, 97-122.

Wilson, J., Friedman, M., & Lindy, J. (Eds.). (2001). *Treating psychological trauma and PTSD.* New York: Guilford Press.

Wolchik, S. A., Coxe, S., Tein, J. Y., Sandler, I. N., & Ayers, T. S. (2009). Six-year longitudinal predictors of posttraumatic growth in parentally bereaved adolescents and young adults. *Omega: Journal of Death and Dying, 58*(2), 107-128. doi:10.2190/ OM.58.2.b

Wong, P. T. P. (2012). From logotherapy to meaning-centered counseling and therapy. In P. T. P. Wong (Ed.). *The human quest for meaning* (2nd ed. pp. 619-647). New York: Routledge.

Wrosch, C., Scheier, M. F., Miller, G., & Carver, C. S. (2012). When meaning is threatened: The importance of goal adjustment for psychological and physical health. In P. T. P. Wong (Ed.). *The human quest for meaning* (2nd ed. pp. 539-557). New York: Routledge.

Yadin, E., & Foa, E. B. (2007). Cognitive behavioral treatments for posttraumatic stress disorder. In L. J. Kirmayer, R. Lemelson, M. Barad, L. J. Kirmayer, R. Lemelson, & M. Barad (Eds.), *Understanding trauma: Integrating biological, clinical, and cultural perspectives* (pp. 178-193). New York: Cambridge University Press.

Yalom, I. (1980). *Existential psychotherapy.* New York: Basic Books.

Yalom, I. D. (2009). *Staring at the sun: Overcoming the terror of death.* San Francisco, CA: Jossey-Bass.

Younoszai, B. (1993). Mexican American perspectives related to death. In D. P. Irish, K. F. Lundquiat, & V. J. Nelsen (Eds.), *Ethnic variations in dying, death, and grief: Diversity in universality* (pp. 67-78). Washington, DC: Taylor & Francis.

Yuen, A. C., & Sander, J. W. (2010). Can slow breathing exercises improve seizure control in people with refractory epilepsy? A hypothesis. *Epilepsy and Behavior, 18*(4), 331-334. doi:10.1016/j.yebeh.2010.05.019

Yuval, N., DiGRande, L., & Adams, B. G. (2011). Posttraumatic stress disorder following the September 11, 2001 terrorist attacks: A review of the literature among highly exposed populations. *American Psychologist, 66,* 429-446.

Zoellner, T., & Maercker, A. (2006). Posttraumatic growth and psychotherapy. In L. G. Calhoun & R. G. Tedeschi (Eds.), *Handbook of posttraumatic growth: Research and practice* (pp. 334-354). Mahwah, NJ: Lawrence Erlbaum Associates.

[인명]

Berger, R. 38
Bonanno, G. A. 20

Calhoun, L. G. 26, 27, 32, 38, 39, 41, 42,
    46, 48, 49, 50, 52, 58, 103, 253
Cann, A. 46, 48, 49, 52, 103, 319
Csikszentmihalyi, M. 27

Daloz, L. A. P. 282
Deci, E. L. 53

Ellis, A. 260
Erikson, E. H. 224, 248

Fava, G. A. 227
Frankl, V. E. 27, 67, 248, 263, 264
Freud, S. 260

Kelly, G. 61

McAdams, D. P. 224
Meichenbaum, D. 63

Neimeyer, R. A. 21, 44, 68, 223

Pargament, K. I. 279
Park, C. L. 27, 40

Rogers, C. 61, 286
Ryan, R. M. 53

Seligman, M. E. 27
Shakespeare-Finch, J. 42, 45, 51

Taku, K. 49
Tedeschi, R. G. 26, 27, 32, 38, 39, 41, 42,
    46, 46, 48, 49, 50, 50, 52, 58, 103, 253

Weiss, T. 38, 42, 49, 103, 118

Yalom, I. 27, 263

[내용]

저자 소개

　　저자들은 외상 후 성장 분야의 개척자로, 1990년대 중반부터 외상 후 성장에 관한 연구를 시작한 후 지금까지 왕성한 연구 활동을 하고 있으며, 2013년에 『외상 후 성장: 상담 및 심리치료에의 적용(*Posttraumatic Growth in Clinical Practice*)』을 저술했다. 이 책을 통해 상담자는 트라우마를 경험한 내담자나 트라우마 치료에 대한 접근법으로 적용 가능한 쉽고 유연성 있는 지침을 알 수 있을 것이다. 그리고 저자들은 이 책을 상담자가 내담자와의 관계를 형성하는 것에 관한 모델로 활용할 수 있도록 '동반자적 전문가'에 대해 기술했다. 따라서 이 책을 통해 상담자는 다양한 트라우마 생존자들을 돕기 위한 가장 효과적인 공감 방법을 배울 수 있고, 외상 후 성장을 평가하는 법과 상담에서 성장에 초점을 맞추는 법을 배울 수 있으며, 다양한 문화적 맥락에서 성장을 증진시킬 수 있는 기본 방식을 배울 수 있을 것이다. 또한 이 책에서 인용한 여러 사례를 통해 외상 후 성장 경험의 근거 모델로부터 발달되고 활용되는 치료 과정이 트라우마 사건 이후 중요한 개인적인 변화를 어떻게 증진시킬 수 있는지 살펴볼 수 있을 것이다.

■ **로렌스 칼훈** (Lawrence G. Calhoun, Ph. D)

　　노스캐롤라이나 대학교 샬럿 캠퍼스(UNC Charlotte)의 심리학과 교수이자 상담 전문가로, 테데스키와 함께 외상 후 성장을 연구하고 관련 이론을 발달시킨 이 분야의 개척자다. 현재는 대학에서 학부생과 대학원생들을 가르치고 있다.

　　수상 경력: Bank of America Award 우수 교수상, University of North Carolina Board of Governor's Award 우수 교수상

■ **리처드 테데스키** (Richard G. Tedeschi, Ph. D)

　　노스캐롤라이나 대학교 샬럿 캠퍼스(UNC Charlotte)의 심리학과 교수로, 성격심리와 심리치료를 가르치고 있으며, 애도와 트라우마 분야의 상담 전문가로서 1987년부터 자녀를 잃은 부모를 위한 자조 모임 리더로 활동 중이다. 또한 미국심리학회의 트라우마와 심리적 탄력성 영역 자문위원으로도 활동하고 있다.

□ 테데스키와 칼훈(Tedeschi & Calhoun)의 다른 공저서
- 『외상 후 성장 핸드북: 연구 및 실제(*Handbook of Posttraumatic Growth: Research and Practice*)』(Routledge, 2006)
- 『자녀를 잃은 부모상담: 상담자를 위한 안내서(*Helping Bereaved Parents: A Clinician's Guide*)』(Routledge, 2004)

■ **강영신 (Kang Young-Shin)**

강영신은 미국 노스이스턴 대학교 대학원에서 상담심리학 전공으로 철학 박사학위를 받았고, 현재는 전남대학교 심리학과 교수로 재직 중이다. 주요 저서 및 역서로는 『성격심리학』(공저, 학지사, 2003), 『아들러 상담이론과 실제』(공역, 학지사, 2005), 『마음챙김 교수법으로 행복 가르치기』(공역, 학지사, 2014) 등이 있으며, 주요 연구 관심사는 외상 후 성장, 애도 상담, 마음챙김을 활용한 내적 자원과 강점 계발, 상담자 관련 변인과 상담 효과, 다문화 상담 등이다.

■ **임정란 (Lim Jeong-Ran)**

임정란은 전남대학교 의과대학을 졸업한 후 동 대학원에서 상담심리학 전공으로 박사 과정을 수료하였다. 현재 산부인과 전문의로 개원 중이고, 광주지방법원의 상담위원으로서 이혼 위기 부부를 상담하고 있으며, 광주교육대학교 대학원에 출강하고 있다. 주요 논문으로는 「상담교사의 대리외상과 대리외상 후 성장 간의 관계에서 마음챙김과 자기조절능력의 이중 매개효과」(2014) 등이 있고, 박사학위 논문 주제로 외상 후 성장 관련 질적 연구를 진행하고 있다.

■ **장안나 (Jang An-na)**

장안나는 전남대학교 대학원에서 상담심리학 전공으로 박사 과정을 수료하였다. 약 8년간 교사로 재직하였고, 현재는 20년 이상 PET 및 TET 전문 강사로 활동하면서 트라우마를 경험한 부모와 교사, 학생들을 만나고 있으며, 학교 밖 위기 청소년에 대한 상담을 진행하고 있다. 또한 교육청 컨설턴트 장학위원으로서 부모 양육 태도와 교사 역할이 학생에게 미치는 영향에 대한 강의를 하고 있다. 청소년 선도에 기여한 공으로 광주광역시장 및 법무부장관 표창을 받은 바 있으며, 주요 논문으로는 「청소년이 지각한 초기대상관계와 또래 및 우울과의 관계」(2008) 등이 있다.

■ **노안영 (Noh An-Young)**

노안영은 미국 켄터키 대학교 대학원에서 상담심리학 전공으로 철학 박사학위를 받았고, 전남대학교 카운슬링센터 소장 및 광주 · 전남상담학회 회장을 역임하였다. 현재는 전남대학교 심리학과 교수이자 한국아들러연구회 회장으로 재직 중이다. 주요 저서로는 『Becoming A Wise Counselor』(학지사, 2011), 『삶의 지혜를 위한 상담심리』(학지사, 2011), 『상담자의 지혜』(학지사, 2011), 『집단상담 이론과 실제』(학지사, 2011), 『게슈탈트치료의 이해와 적용』(학지사, 2013) 등이 있다.

외상 후 성장
상담 및 심리치료에의 적용
Posttraumatic Growth in Clinical Practice

2015년 4월 10일 1판 1쇄 발행
2024년 1월 25일 1판 7쇄 발행

지은이 • Lawrence G. Calhoun · Ricard G. Tedeschi
옮긴이 • 강영신 · 임정란 · 장안나 · 노안영
펴낸이 • 김 진 환
펴낸곳 • (주) **학지사**
　　　　04031 서울특별시 마포구 양화로 15길 20 마인드월드빌딩 5층
대표전화 • 02) 330-5114　　팩스 • 02) 324-2345
등록번호 • 제313-2006-000265호

홈페이지 • http://www.hakjisa.co.kr
인스타그램 • https://www.instagram.com/hakjisabook

ISBN 978-89-997-0635-6 93180

정가 17,000원

▎출판미디어기업 **학지사**

　간호보건의학출판 **학지사메디컬** www.hakjisamd.co.kr
　심리검사연구소 **인싸이트** www.inpsyt.co.kr
　학술논문서비스 **뉴논문** www.newnonmun.com
　원격교육연수원 **카운피아** www.counpia.com